AF555295

HISTOIRE
DE HUON
DE BORDEAUX,

PAIR DE FRANCE, DUC DE GUIENNE,

CONTENANT ses Faits et Actions Héroïques, mis en deux Livres aussi beaux et divertissans que jamais on ait lu.

LIVRE PREMIER.

MONTBÉLIARD,

CHEZ I.-F. DECKHERR, IMPRIMEUR.

1821.

HUON DE BORDEAUX.

HISTOIRE
DE HUON
DE BORDEAUX,

PAIR DE FRANCE, DUC DE GUIENNE,

CONTENANT ses Faits et Actions Héroïques, mis en deux Livres aussi beaux et divertissans que jamais on ait lu.

LIVRE PREMIER.

MONTBÉLIARD,

CHEZ I.-F. DECKHERR, IMPRIMEUR.

1821.

HUON DE BORDEAUX.

LIVRE PREMIER DU NOBLE ET VAILLANT DUC HUON DE BORDEAUX, PAIR DE FRANCE.

L'AN 756 après le crucifiement de Notre-Sauveur Jésus-Christ, il régnait en France le très-glorieux et victorieux Prince Charles-le-Grand, surnommé Charlemagne, qui se distingua par plusieurs hauts faits et généreuses entreprises, était soutenue par la toute-puissance qui lui envoya plusieurs nobles Princes et Barons qui le secondèrent vaillamment dans l'exécution de ses grandes entreprises. Il conquit l'Allemagne, l'Esclavonie, l'Espagne et une partie de l'Afrique et Saxonie, ce qui lui causa beaucoup de peine et de fatigue; il fit tant de conquêtes qu'il fut couronné Roi des Romains.

La renommée de sa valeur et de sa noble Chevalerie s'étendit d'un bout du monde à l'autre, tellement qu'il en sera parlé à jamais, comme vous verrez ci-après.

Comme l'Empereur Charlemagne dit à ses Barons qu'ils voulussent élir un d'eux pour gouverner son Empire.

IL arriva qu'après ce tems-là le noble Empereur Charlemagne eut perdu ses deux très-chers neveux, Roland et Olivier et plusieurs autres Barons et Chevaliers en la très-douloureuses bataille qui fut faite à Roncevaux, où il y eut une si grande perte, que tous les douze Pairs de France moururent excepté le Duc Naimes de Bavière; un jour que le noble Empereur tenait sa Cour plénière en sa Cité de Paris, en laquelle il y avait plusieurs Ducs Comtes et Barons, tant fils que neveux ou autres parens, qui étaient parens de nobles Princes dernièrement morts en la bataille dites ci-dessus, pour le pourchas et grande trahison qu'avait été faite et tramée par le Duc Ganelon, le noble Empereur qui était toujours en deuil et en souci pour le grand ennui et déplaisir qu'il avait eu de la susdite perte, ainsi pour ce que déjà était affoibli par le grand âge qu'il ressentait.

Quand ce vint que le Roi, les Princes et Barons eurent dîné, l'Empereur de France les appella tous, et s'assit sur un banc richement paré, auprès de lui étaient assis les nobles Barons et Chevaliers et lors appella le Duc Naimes, et lui dit: Sire, Duc et vous tous mes Barons qui êtes présens; vous savez le grand tems et espace que j'ai été Roi de France et Empereur de Rome: lequel tems j'ai été servi et obéi de vous tous, dont je vous remercie, et rends grâce et louange à Dieu mon doux créateur, et parce que certainement je sais que ma vie par cours de nature ne peut être longue, pour cette cause principale je vous ai fait venir aujourd'hui pour vous dire ma volonté, qui est que je vous prie très-humblement que vous vouliez aviser lequel pourra ou voudra avoir le gouvernement de mon royaume, car je ne puis plus supporter le travail et la peine du gouvernement d'icelui, car je veux vivre en paix et servir Dieu le reste de mes jours, c'est pourquoi vous tous qui êtes présens, tant que je vous puis prier, qu'à cette chose veuillez aviser qui de vous y sera le plus propre.

Or vous savez que j'ai deux fils, savoir Louis qui est trop jeune, et Charlot que j'aime tant, est assez en âge pour le faire, mais ses mœurs et conduite ne sont pas d'avoir le gouvernement de deux si nobles Empires, comme le Royaume de France et le Saint Empire de Rome; car vous savez qu'il ne tint pas à lui par son orgueil que mon Royaume ne fût prêt d'être détruit et que je n'eusse à vous tous la guerre, quand par sa rage il occit Baudouin le fils du bon Oger le Danois, dont tant de maux en sont survenus, que jamais ne sera heure qui n'en soit mémoire, parquoi tant que je vivrai, je ne pourrai ni voudrai consentir qu'il en ait le gouvernement, quoiqu'il soit le vrai héritier, et qu'après moi, il doit avoir la Seigneurie, et je vous prie tous penser ce que j'en dois faire.

De la réponse que firent les Barons, et du méchant Comte Amaury de Hautefeuille, et du conseil qu'il donna au Roi contre les deux enfans du Duc Sevin de Bordeaux, dont grand méchef en advint, et du bon conseil que le Duc Naimes donna à l'Empereur.

ALors le Duc Naimes et tous les Barons se mirent ensemble à un coin du Palais où ils furent long-tems, mais à la fin ils conclurent que le gouvernement desdits Royaumes, appartenait à Charlot fils aîné du Roi. ils s'en retournèrent et lui dirent la conclusion sur laquelle ils s'étaient arrêtés dont l'Empereur fut très-joyeux. il appella son fils et lui fit de belles remontrances devant les Barons qui étaient là. Mais ainsi qu'en ses parlers était, s'avança un félon qui avait grand crédit auprès du Roi et même gouvernait Charlot, qui n'agissoit que par lui, il se nommait le Comte Amaury de Haute-feuille, et était fils d'un des neveux du traître Ganelon, il s'écria et dit: Ha! noble Empereur d'où vient que vous vous hatez encore; mais pour l'éprouver et voir son gouvernement, donnez-lui une terre dont vous n'êtes point servi, qui est occupé par deux très-orgueilleux garçons qui depuis sept ans passés ne vous ont pas daigné servir, ni depuis que leur père le Duc Sevin mourut, ne vous ont voulu faire obéissance. L'aîné à nom Huon et l'autre Girard, ils tiennent Bordeaux et tous le pays d'Aquitaine, lesquels n'ont de vous daigné relever leurs terres. Sire, si ces gens vous voulez donner, je les amenerai prisonniers en votre palais, pour en faire à votre volonté et donnerez à votre fils Charlot, la terre qu'ils tiennent. Amaury, dit l'Empereur, bon gré vous sais de ce que de cette chose vous m'avez averti, je veux que vous preniez de vos meilleurs amis, et avec cela vous donnerai trois mille Chevaliers choisis et aguerris que vous menerez avec vous, et je veux que vous m'ameniez les deux fils de Sevin, savoir Huon et Girard qui par leur orgueil ne tiennent pas compte de moi.

Quand le Duc Naimes qui était présent entendit les paroles qu'Amaury avait avancé, et qu'il vit l'Empereur Charlemagne qui avait consentit à faire ce qu'il lui avait dit, il marcha fièrement regardant Amaury, et dit tout haut: Sire, grand mal et grand péché faites de sitôt croire gens que vous savez ne pas vous avoir été loyaux. Sire, le Duc Sevin vous a toujours servi bien loyalement, et ne fit jamais chose qui vous engage à déshériter ses enfans, la raison pourquoi ils ne vous ont pas servi est leur jeunesse, et comme leur mère les aime, elle ne les laisse point partir; mais Sire, si vous me voulez croire, vous ne serez si hardi de leur ôter leur terre; mais ferez comme noble Prince doit faire pour l'amour de leur père qui vous a si loyalement servi, vous enverrez deux de vos Chevaliers vers leur mère, qui lui diront de votre part qu'elle vous envoye ses deux enfans dans votre Cour pour vous servir et vous rendre hommage, et s'il arrive qu'elle ne veuille le faire, alors vous aurez juste cause de faire cela; mais je suis certain que la duchesse vous les enverra aussitôt, car la longue attente qu'ils ont faite de venir vers vous, n'est que par rapport à l'amour que ladite mère a pour ses enfans.

Comme l'Empereur Charlemagne envoya deux Chevaliers vers la Duchesse de Bordeaux, lui dire qu'elle envoyât ses deux enfans à sa Cour.

QUand l'Empereur Charles ouit parler le Duc Naimes, il lui dit: je sais de certain que le Duc Sevin nous a servi avec zèle, et que la raison que vous avec proposé et juste; et pour cela j'accorde à ce que vous avez dit. Sire, dit le Duc, je vous remercie. Aussitôt le Roi fit partir deux Chevaliers qu'il chargeât d'aller à Bordeaux, et dès qu'ils furent arrivés, ils montèrent au Palais, où ils trouvèrent la Duchesse qui ne faisait que de se lever de dîner, qui désira être avertie de leur venue, elle vint vîte au-devant d'eux, accompagnée de Huon son fils qui marchait à côté d'elle, et Girard qui était plus jeune venait après portant un Epervier sur le poing. Quand les messagers apperçurent la Duchesse et ses enfans qui étaient bien beaux, ils se mirent à genoux et saluèrent la Duchesse et ses deux fils de par le Roi Charlemagne, dirent: Dame, auprès de vous l'Empereur Charles, qui par nous vous mande salut, honneur et amitié. Quand la noble Dame entendit et vit qu'ils étaient messagers de l'Empereur Charles, elle s'avança, leur mit les bras au cou et leur dit qu'ils étaient les bien-venus. Lors les messagers lui dirent: Dame, l'Empereur nous a envoyé vers vous pour vous dire de lui envoyer vos deux fils pour le servir à sa Cour, car il en a peu en ce Royaume qui ne soient venus à son service, excepté vos fils. Vous savez d'ailleurs que le pays que vous tenez, qui appartient à vos enfans, est tenu par l'Empereur Charlemagne à cause de son Royaume de France, il s'étonne que vous ne les ayez envoyés pour être à son service, ainsi que font les autres Ducs et Princes. Ainsi il vous mande que pour conserver votre terre vous les lui envoyez, faute de quoi, soyez persuadé qu'il vous ôtera la terre que vous tenez, et la donnera à Charlot son fils, ainsi dites-nous votre volonté.

De la réponse que fit la Duchesse de Bordeaux aux Messagers de l'Empereur Charlemagne.

LA Dame entendant les messagers, elle leur répondit doucement en leur disant: Seigneurs, sachez que la démarche que j'ai faite de ne les avoir envoyés à la Cour du Roi pour le servir comme de raison, a été parce que je les voyais si jeunes, et pour l'amour du Duc Sevin leur Père, et parce que je sais certainement que mon droiturier Seigneur l'Empereur Charlemagne aimait le Duc Sevin, et que jamais ne se courroucerait contre les enfans. Voilà la seule cause pourquoi je ne les ai pas envoyé plutôt vers lui pour le servir. Seigneur, je vous prie, autant qu'il m'est possible, que veuillez prier l'Empereur et tous les Barons de la Cour de pardonner à mes enfans, car ce n'est qu'à moi qu'il faut en imputer la faute. Alors Huon s'avança et dit à sa mère la Duchesse: Dame, si c'eut été votre plaisir vous dussiez nous y avoir envoyé, car nous sommes tous deux assez grands pour être Chevaliers: elle regarda ses enfans en pleurant, et dit aux messagers: Seigneurs, vous retournerez vers le Roi, et vous reposerez cette nuit dans mon Palais, si bon vous semble, et à votre retour, vous recommanderez mes enfans et moi à la grâce du Roi, des Barons et Chevaliers, principalement au Duc Naimes à qui mes enfans sont près parens, vous lui direz que pour l'amour du Duc Sevin ils soient recommandés. Dame, lui répondirent les messagers, n'en doutez pas car le Duc Naimes est prud'homme et loyal Chevalier, qui ne voudrait être en un lieu où mauvais jugement fut fait.

La Duchesse commanda à ses deux enfans qu'aux messagers du Roi fissent bonne chère, et qu'on les menât à leurs chambres pour se reposer, ce qu'ils firent et furent fêtés comme il appartenait. Quand vint le lendemain matin, ils retournèrent au Palais où ils trouvèrent la Duchesse et ses deux enfans ; ils saluèrent humblement la Dame. Quand la Duchesse les vit, elle appela Huon et Girard ses deux fils, et leur dit : Enfans, en la présence de ces deux chevaliers, je veux qu'à Pâques vous alliez vers notre souverain Seigneur, le noble Empereur Charlemagne ; et quand vous serez en Cour, servez-le comme deux bons vassaux doivent faire ; soyez diligens à le servir et lui être loyaux, associez-vous de tous nobles hommes que vous verrez bien conditionnés, ne soyez jamais en un lieu où mauvais conseil soit donné, fuyez ceux qui n'aiment pas l'honneur, n'écoutez ni les menteurs ni les flatteurs, fréquentez les Eglises, soyez courtois, donnez aux pauvres chevaliers et tout vous réussira. Je veux qu'à ces chevaliers soit donné un beau destrier et une riche robe comme il appartient aux messagers d'un si noble Empereur comme est le Roi Charlemagne, et vous donnerez à chacun cent florins. Dame, dit Huon, puisqu'il vous vient à plaisir, nous le ferons volontiers. Alors les deux enfans firent amener devant le Palais deux beaux destriers et les présentèrent aux deux chevaliers et leur donnèrent à chacun une riche robe et cent florins, dont les messagers furent contens et remercièrent la Duchesse et les deux enfans, disant tout haut que cette générosité leur seroit valable dans la suite ; ils sentaient que que tous ces présens étaient à l'honneur du Roi. Après avoir pris congé de la Duchesse et de ses fils, ils partirent et ne cessèrent de marcher jusqu'à Paris où ils trouvèrent l'Empereur en son Palais, qui était assis entre ses Barons. Le Roi les reconnut et les appela avant qu'ils pussent lui parler, et leur dit qu'ils étaient les bienvenus ; il leur demanda s'ils avaient été à Bordeaux et s'ils avaient parlé à la Duchesse et aux deux enfans du Duc Sevin, et s'ils le viendraient servir en sa Cour. Sire, dirent les messagers, nous avons été à Bordeaux et fait votre message à la Duchesse qui nous a très-bien reçus ; elle nous a dit, lorsqu'elle a su que nous étions vos messagers, que ce n'avait été que la trop grande jeunesse de ses fils qui l'avait empêché de les envoyer à votre Cour. Elle vous supplie humblement de l'excuser, et enverra ses fils au temps de Pâques. Sire, ses deux enfans sont si beaux qu'il y a plaisir de les regarder, surtout Huon qui est l'aîné. Ils nous ont donné, par égard pour vous, un beau destrier et une riche robe avec cent florins d'or. Sire, la générosité de la Duchesse et de ses enfans ne peut se comprendre.

Comme l'Empereur Charlemagne fut content du rapport sur les deux fils du Duc Sevin, et comme le Comte Amaury, le traître, se plaignit à Charlot fils du Roi.

QUAND l'Empereur ouit parler ses messagers, il fut bien joyeux et dit : J'ai toujours ouï dire que d'un bon arbre il en vient un bon fruit. Je le dis pour le Duc Sevin qui en son tems fut vaillant chevalier, et, à ce que je vois, les deux enfans ressembleront à leur père, ils ont reçu mes messagers bien honorablement et leur ont fait de grands présens qui leur seront valables, car ils ne seront pas plutôt arrivés qu'en dépit de ceux qui en voudront parler, je leur ferai tant de bien, s'ils me servent, que ce sera pour tous un exemple de bien faire, car je leur ferai de mon propre avis pour l'amour de leur père. Alors l'Empereur regarda le Duc Naismes et lui dit : Sire Duc, vos parens ont toujours été bons et loyaux ; je veux que le Comte Amaury soit banni de ma Cour, car ni lui ni sa parenté n'ont été faits pour donner de bons conseils. Sire, répondit le Duc Naismes, je savais bien que les enfans du Duc Sevin n'avaient différé à venir en votre Cour qu'à cause de leur trop grande jeunesse.

Quand le Comte Amaury eut ouï le Roi qui était outré contre lui, il fut très-triste, et partit secrètement de la Cour, en faisant serment qu'il chercherait tous les moyens de détruire les enfans du Duc Sevin, et causerait grande tristesse à la France. Il s'en revint plein de couroux à son hôtel et se mit à penser de quelle manière il pourrait réussir dans son entreprise; il sortit de son hôtel et fut auprès de Charlot dont il avoit besoin; il le trouva sur un lit brillant, qui conversait avec un jeune chevalier. Amaury les larmes eux yeux entra dans la chambre, et se jeta aux genoux de Charlot qui en eut grande pitié le voyant en cet état. Il le pressa de lui dire pourquoi il était si triste, et qui était l'homme qui l'avait ainsi courroucé. Sire, dit Amaury, je vous dirai que les enfans du Duc Sevin de Bordeaux doivent venir en Cour, et comme j'ai appris que le Roi a dit qu'à leur arrivée il les fera ses privés conseillers, et l'on ne pourra rien gagner auprès du Roi; je ne puis voir, sans être indigné, que l'on renvoie ceux qui sont en place, et que devant qu'il soit deux ans, ils n'ayent le meilleur quartier du Royaume de France, et vous-même, si vous le souffrez, ils vous mettront mal dans l'esprit de votre père. Ah! Sire, je vous prie de me vouloir aider, car au tems passé ledit Sevin leur père me destitua d'un château très-fort, sans que je lui eusse donné sujet. Vous devez m'aider puisque je suis de votre parenté du côté de la Reine votre mère.

Charlot ayant entendu le Comte Amaury, lui demanda comment il le pourrait aider. Sire, dit Amaury, je vous le dirai, j'assemblerai tous mes parens et vous me donnerez avec moi soixante chevaliers bien armés, et me mettrai en chemin pour aller au-devant des deux fils, nous nous mettrons en embuscade dans un petit bois qui est à une lieue de Monthlery, sur le chemin d'Orléans, par où ils doivent venir, nous les mettrons à mort que personne n'en saura rien; quand bien même on le saurait, qui est celui qui, à l'encontre de vous, en voudrait prendre les intérêts! Amaury, ce dit Charlot, quittez votre deuil, car je ne serai jamais content que je ne vous aye vengé. Allez, dit Charlot, faire préparer vos gens et je ferai préparer les miens de mon côté, et j'irai avec vous pour terminer votre entreprise. Quand Amaury ouït Charlot qui lui accorda si facilement son secours, et qu'il voulait y être lui même, il l'en remercia et lui baisa le pied; mais Charlot le releva et lui dit: Amaury, hâtez-vous et faites ensorte que nous puissions réussir. Amaury quitta Charlot bien joyeux de ce qu'il avait ainsi travaillé, il ne cessa d'assembler ses meilleurs amis; et quand ce vint le soir, il vint trouver Charlot qui était là avec ses gens, et ils partirent tous armés de Paris, environ à l'heure de minuit; ils ne cessèrent de marcher qu'ils ne fussent arrivés au lieu où ils devaient prendre les deux enfans. Je les laisse pour parler de Huon et de Girard.

Comme les deux enfans du Duc Sevin de Bordeaux prirent congé de la Duchesse leur mère, et aussi comme ils conduisirent le bon Abbé de Clugny, leur oncle, qui s'en allait à Paris vers le Roi Charlemagne.

Bien avez entendu comme les messagers du Roi partirent de Bordeaux et laissèrent les deux enfans qui se préparaient pour venir à la Cour, ils s'étaient richement munis de ce qui leur était nécessaire tant en or, argent, qu'en riches étoffes de soie; ainsi l'exigeait leur état: puis assemblèrent les Barons du pays auxquels ils recommandèrent leurs terres et seigneuries, et élurent dix chevaliers et quatre conseillers pour mener avec eux et les aider à gouverner. Ils mandèrent ensuite le Prévôt de Ceronville qui s'appeloit Guyre, à qui ils recommandèrent la Justice. Et quand Huon et son frère eurent choisi ceux qu'ils voulaient emmener, ils prirent congé de la Duchesse leur mère et des Barons qui les regrettaient tendrement, ce qu'ils avaient sujet de faire et encore plus amplement qu'ils ne le firent, et s'ils eussent su la malheureuse aventure qui les attendait, jamais eux ni la Duchesse ne les eussent laissé partir, car il en arriva tant de malheurs que c'est un récit très-triste. Ainsi les deux enfans partirent en embrassant leur mère qui pleurait en les quittant, puis ils montèrent à cheval avec leur compagnie, et passant par les rues de la ville, ouïrent le peuple qui menait grand deuil à cause de leur départ, et disaient: Dieu les conduise; les enfans même y joignaient leurs larmes, et l'on peut dire qu'ils furent beaucoup regrettés.

Quand ils eurent un peu marché, Huon appela son frère Girard, et lui dit: Mon frère, nous allons en cour servir le Roi, et pour cela nous avons sujet de nous réjouir; je vous prie que nous chantions tous deux une chanson pour nous éveiller. Frère, dit Girard, je n'ai point le cœur joyeux pour chanter, car j'ai fait cette nuit un songe affreux: je voyais que trois léopards m'assaillaient et qu'ils m'avaient arraché le cœur; mais vous fûtes sauf.

Ainsi, mon frère, mon ami, s'il vous plaisait, malgré mon songe que je tiens pour dangereux présage, je vous prie de nous en retourner à Bordeaux auprès de notre mère qui sera bien réjouie de notre retour. Frère, répondit Huon, à Dieu ne plaise que pour un songe allions à Bordeaux sans avoir vu le Roi dont on parle tant; très-cher frère, ne vous étonnez pas, faites toujours chère, Dieu nous garantira et conduira à bon port; alors les deux frères achevèrent de marcher nuit et jour, tant qu'ils apperçurent l'Abbé de Clugny, qui était accompagné de trente hommes et qui allait vers Charlemagne.

Dès que Huon apperçut la compagnie, il appela son frère Girard et lui dit: Je vois gens de religion qui tiennent la route de Paris; vous savez qu'à notre départ, la Duchesse notre mère nous recommanda de nous mettre en bonne compagnie, ainsi tâchons de les atteindre. Frère, dit Girard, comme il vous plaira; ils se hâtèrent tant qu'ils les atteignirent. L'Abbé de Clugny regarda sur sa droite; dès qu'il les vit, il s'arrêta et regarda Huon qui marchait le premier, Huon le salua humblement. L'Abbé lui rendit son salut et lui demanda où ils allaient si hâtivement, qui était leur père, et d'où ils étaient? Sire, lui répondit Huon, puisque vous désirez le savoir, le Duc Sevin de Bordeaux fut notre père et il y a sept ans qu'il est mort.

Voici mon frère qui est mon aîné, nous allons à la noble Cour du Roi Charlemagne pour relever de lui nos terres et nos pays, car il nous a mandé par deux noble chevaliers, et nous craignons que quelque malheur nous arrive en route.

Quand le bon Abbé eut appris qu'ils étaient fils du Duc Sevin, il en fut bien joyeux, et en signe d'amitié il les embrassa tous deux, et leur dit: Enfans, ayez foi à Notre-Seigneur, je vous conduirai sans danger à Paris; comme le Duc Sevin votre père était mon cousin germain, je dois vous aider; apprenez que je suis du grand conseil du Roi Charlemagne, et s'il y a quelqu'un qui veuille aller à votre encontre, je vous défendrai. Sire, dit Huon, je vous remercie; et en causant, ils marchaient avec l'Abbé de Clugny leur parent, et cette nuit ils vinrent coucher à Monthlery; le lendemain ils montèrent à cheval au nombre de quatre-vingt, après avoir ouï la messe, et arrivèrent dans un petit bois, lequel Charlot et le Comte Amaury, qui reconnurent Huon et Girard qui marchaient devant; il en fut joyeux, et vint auprès de Charlot, et lui dit: Sire, il est tems que je sois vengé du tort que m'a fait le Duc Sevin, sur ses deux enfans que je vois venir, si nous ne venons pas à bout de nous en défaire dès maintenant, vous ne serez jamais digne de posséder aucunes terres; car faites attention qu'en les détruisant entièrement, vous allez devenir Sire de la ville de Bordeaux et en même tems de tout le Duché d'Aquitaine.

Comme Charlot, par avis du Comte Amaury, sortit de l'embuscade où il s'était mis, et courut sur Girard frère de Huon avec tant de force qu'il le jeta par terre, dont Huon fut dolent.

Quand Charlot ouït le Comte Amaury, il se mit sur ses étriers et prit une lance, dont le fer était bien tranchant, il sortit du bosquet, et Amaury voyant que Charlot était parti, il se retira hors du chemin et

dit

dit à ses gens: Laissez aller Charlot, il n'est besoin que personne y aille plutôt que lui; ainsi parlait le traître, car il ne désirait rien, sinon que l'un des deux enfans du Duc Sevin occis Charlot, afin de les faire détruire en les accusant de meurtre et pour mieux parvenir à sa damnable intention. Charlot s'en vint tout à l'encontre des deux enfans et de l'Abbé de Clugny qui causoit avec eux; dès qu'il vit Charlot qui venait à eux tout armé, il regarda vers le bosquet et vit beaucoup de gens armés: il s'arrêta et appela Huon et Girard, en leur disant: Mes neveux, j'ai apperçu en ce bosquet un chevalier devant moi tout armé et le bois plein de gens, je ne sais ce qu'ils cherchent. N'avez-vous fait tort à personne? si vous l'avez fait, offrez-lui de restituer.

Sire, dit Huon de Bordeaux, je ne sais personne à qui mon frère et moi ayons fait aucun tort, alors Huon appela son frère Girard, et lui dit: Mon frère, partez d'ici, allez au-devant de ce chevalier qui vient ici, savoir ce qu'il veut. Frère, dit Girard, je le ferai volontiers; il piqua son cheval aussi-tôt du côté d'où venait Charlot, le fils de Charlemagne, et lui demanda ce qu'il désirait, et s'il était garde du passage, que si c'était un tribut qu'il fallut payer, ils étaient prêts à le satisfaire; alors Charlot lui demanda fièrement qui il était. Girard répondit: Sire, je suis de la ville de Bordeaux, fils du noble duc Sevin, à qui Dieu veuille bien faire pardon.

Après moi vient Huon mon frère aîné, nous allons en la Cour de Charlemagne pour relever nos terres et nos fiefs, et pour le servir en tout ce qui lui plaira nous commander, s'il y a quelqu'un qui veuille nous demander quelque chose, qu'il vienne à Paris, et nous lui rendrons raison. Tais-toi, dit Charlot, veuille ou non, j'aurai raison de ce que Sevin ton père m'a ôté; il m'a pris trois châteaux que je n'ai jamais pu reprendre? et puisque je te tiens, j'aurai vengeance du tort que ton père m'a fait, et je ne serai jamais content, tant que toi et ton frère serez en vie; ainsi prends garde avant que la nuit soit venue je vous ferai mourir tous deux. Sire, dit Girard, ayez pitié de moi, vous voyez que je suis sans armes, vous auriez à rougir de me tuer; car on n'a jamais vu un brave chevalier attaquer un autre sans défense; c'est pour cela que je vous crie merci, vous voyez ici mon frère aîné qui sera prêt à vous mander, si aucun tort vous a fait. Tais-toi, lui dit Charlot; je n'ai rien en vue que de te mettre à mort, ainsi, méfie-toi de moi. Girard qui était jeune eut grande peur, et détournant son cheval, il voulut se sauver vers son frère; mais Charlot qui était déja affairé, baissa sa lance et poursuivit le jeune enfant; il le frappa au côté de telle sorte que le fer et le fût lui passèrent au travers du corps, il tomba; Charlot croyant l'avoir tué, ne lui perça point les entrailles, il ne reçut point de coup mortel, car Notre-Seigneur le garantit, il ne fut pourtant pas si blessé qu'il ne pût se mouvoir; alors le bon Abbé de Clugny regarda Girard qui était à terre, puis dit à Huon: Ha! cousin, je vois votre frère qui est blessé, dont je suis bien fâché. Sire, lui répondit Huon, que dira la Duchesse notre mère, quand elle saura que mon frère est mort. Ha! mon cher Girard, or vois-je bien que votre songe est arrivé, pourquoi ne vous ai-je pas cru quand vous m'avez raconté votre songe, cela ne fut pas arrivé; ah! Sire, dit Huon à l'Abbé, pour Dieu je vous prie de me secourir, car si j'étais tué, irai-je demander pour quelle occasion il a tué mon frère, jamais je ne m'en irai que je ne me sois combattu avec lui. Neveu, dit l'Abbé, prenez garde à ce que vous ferez, n'espérez pas que je vous porte secours, car vous savez que nullement je ne puis vous aider, je suis Prêtre et je ne puis être où un meurtre serait commis. Sire, dit Huon, nous nous serions bien passé de votre compagnie.

Alors Huon regarda vers les chevaliers qu'il avait amenés de Bordeaux, et leur dit: Seigneurs qui êtes venus avec moi, et qui avez été nourris en mon Hôtel, que dites-vous? me voudriez-vous aider à venger la mort de mon frère, et me secourir contre ces meurtriers qui du guet-à-pens ont occis mon frère Girard. Sire, nous vous secourerons à la mort à la vie; allez en avant et n'ayez aucun doute. Incontinent chacun d'eux s'accommoda de ce qui lui était nécessaire; quand ils furent arrangés, Huon piqua son cheval et avança si fièrement que la terre tremblait sous lui. Ses dix chevaliers piquèrent leurs chevaux et le suivirent courageusement. Quand le bon Abbé vit partir son neveu et ses gens, il se mit à prier Dieu de les vouloir garantir de mort; ensuite il se mit en chemin après Huon pour voir la fin. Huon marcha tant qu'il vint où son frère était; il lui cria tout haut: Mon frère, vivez-vous encore? comment vous sentez-vous? Frère, dit Girard, je me sens bien blessé, je ne sais si j'en pourrai revenir; songez à vous, fuyez d'ici, ce bois est plein de gens qui n'attente qu'à votre vie, comme ils ont attenté à la mienne.

Comme Huon de Bordeaux fut fâché de voir son frère blessé; comme il tua Charlot et vint au Roi l'accuser de trahison.

Lorsque Huon entendit son frère, il en eut grande pitié, et jura qu'il ne partirait pas sans s'en être vengé, alors il piqua des deux après Charlot qui retournait au bois pour s'embusquer avec les autres; mais quand il apperçut Huon qui venait après lui, il l'attendit en le regardant avec fierté. Huon l'ayant suivi, s'écria à haute voix: Vassal, qui a tué mon frère, d'où es-tu né? Charlot lui répondit qu'il était né d'Allemagne et était fils du Duc Thiery; Huon pensa qu'il disait vrai, parce que Charlot avait un écu inconnu. Vassal, dit Huon, Dieu te maudisse: pourquoi as-tu tué mon frère? Charlot lui répondit alors: Le duc Sevin, ton père, m'a usurpé jadis trois châteaux que je n'ai pas pu reprendre, c'est pour cela que j'ai tué ton frère et en ferai autant de toi.

Alors Huon irrité, lui dit: Faux et déloyal meurtrier, je vous ferai sentir aujourd'hui la douleur que vous m'avez faite. Charlot répondit à Huon: Garde-toi de moi, je te défie; Huon qui était un peu armé, prit son manteau d'écarlate, il l'enveloppa autour de son bras, et tirant son épée, il piqua son cheval et vint contre Charlot qui venait à lui la tête baissée, atteignit Huon au bras droit, et lui perça son manteau, sa robe et sa chemise, sans le blesser. Huon, qui ne manquait pas de courage, remercia Dieu de ce qu'il l'avait garanti, et levant son épée après avoir abandonné les rênes de son cheval, il en frappa Charlot sur la tête, d'un coup si terrible, que l'épée atteignit jusqu'à la cervelle; il tomba sur le coup et périt misérablement. Le traître Amaury qui était en embuscade dans le bois, apperçut et vit bien que Charlot était mort; transporté de joie, Dieu soit loué, dit-il, je causerai tant de troubles en France, que je viendrai à mon but. Huon voyant que Charlot était mort, revint vers son frère Girard qui était encore par terre, il lui amena le cheval de Charlot, lui demanda s'il pourrait se lever, à quoi il lui répondit: Si ma plaie était bien bandée, je pourrais chevaucher.

Huon coupa alors un morceau de sa chemise, et en banda la plaie de son frère Girard. Pendant ce tems, les chevaliers de Huon arrivèrent, ils mirent Girard à cheval du mieux qu'il leur fut possible; mais il se pâma entre leurs bras, tant la douleur qu'il sentait était forte; après qu'il fut revenu à lui, ils le mirent sur un palefroy, un chevalier le soutenait par derrière; il dit ensuite à Huon: Frère, partons, et n'allons pas plus avant, retournons vers notre mère à Bordeaux, car je crains que si nous allons plus avant, il ne nous arrive quelque malheur, je suis sûr que si ceux qui sont en embuscade nous apperçoivent, ils feront tous leurs efforts pour nous détruire.

A Dieu ne plaise, dit Huon que je retourne avant d'avoir vu Charlemagne, et l'avoir appelé de trahison. Il nous a fait venir pour nous trahir. Frère, dit Girard, à votre volonté; puis ils marchèrent vers Paris seulement au pas, à cause du blessé.

Les chevaliers qui étaient en embuscade dans le bois, appelèrent le Comte Amaury, et lui demandèrent ce qu'il fallait faire, vû que Charlot était mort; il faut l'emporter au Palais, et me laisser parler. Ce nous serait reprochable de nous en retourner s'il était mort, et si l'on allait après ceux qui l'auraient fait mourir, et il en arriverait mal si on les laissait aller. Alors le Comte Amaury leur répondit et dit: Laissez-les aller, que Dieu soient-ils maudits, et suivons-les jusqu'à ce qu'ils soient à Paris. Si emportons le corps de Charlot devant Charlemagne, vous verrez ce que je dirai, et si vous voulez accorder à ce que je dirai devant le Roi, je vous ferai si riches que jamais vous n'aurez pauvreté; ils répondirent qu'ils feraient tout son plaisir. Ils partirent hors du bois et vinrent où était Charlot mort, puis l'emportèrent devant le Comte Amaury, sur le cou de son cheval, puis se mirent en chemin; Dieu les puisse-t-il confondre, car s'ils peuvent ils feront mourir les deux enfans. L'Abbé de Clugny qui était devant, regarda derrière et vit les enfans. Il les attendit; puis quand ils furent auprès de lui, il demanda à Huon quelle aventure ils avaient eu. Sire, dit Huon, j'ai tué celui qui a navré mon frère et qui voulait me tuer. Beau neveu, dit l'Abbé, j'en suis fâché, si vous êtes accusé devant le Roi, je vous aiderai de tout mon pouvoir. Sire, dit Huon, je vous en remercie. Alors Huon regarda de côté et vit le Comte Amaury et toute la troupe qui venait après eux, tout son sang se glaça, il appela l'Abbé et lui dit: Sire, comment voulez-vous que je demeure, quand je vois approcher ceux qui désirent ma mort et qui sont au nombre d'un cent. Beau neveu, dit l'Abbé, n'ayez doute, car ceux qui viennent après ne songent point à vous, mais dépêchons; il n'y a plus que deux lieues. Alors ils piquèrent des deux et ne s'arrêtèrent pas qu'ils ne fussent arrivés au Palais dans lequel ils montèrent. Huon tenait son frère par la main et l'Abbé le tenait par l'autre. Quand ils furent en haut, ils virent le Roi qui était assis au milieu de ses Barons. Dès que Huon l'apperçut, il salua le duc Naime et les autres Barons qui étaient là, puis dit: Dieu qui pour nous mourut en Croix, veuille sauver tous ces Barons. Le Roi nous a pourchassés, vû que par ses messagers et ses lettres nous avait mandés pour le venir servir, à quoi nous nous sommes rendus; mais par trahison nous fait épier pour nous meurtrir et défaire; les espions ont attaqué mon frère qui est ici présent, l'ayant laissé pour mort.

Après ce, ne se tinrent à cela; mais ils me voulaient occire, et à l'aide de notre Seigneur Jésus-Christ et de mon épée, me défendit tellement que celui qui voulait nous défaire a été mis à mort par moi.

Comme le Roi Charlemagne se courrouça contre Huon, parce qu'il l'accusait de trahison; et comment Huon lui raconta toute la manière pour laquelle il avait tué le Chevalier qui avait navré son frère.

Quand le Roi entendit Huon, il dit: Vassal, regarde et pense à ce que tu dis ici devant tous mes Barons, par Dieu qui mourut en Croix pour tous les pécheurs. Il ne me vint jamais en idée de faire ni consentir à aucune trahison; mais par la foi que je dois à Saint Denis, si vous ne prouvez ce que vous dites, je vous ferai mourir. Huon voyant que le Roi ignorait le fait, lui dit: Sire, vous voyez ici mon frère qui par vous a été ainsi navré et mal mis. Il prit son frère et ouvrant sa robe, il lui débanda sa plaie dont le sang sortit aussi-tôt de manière que Girard tomba devant le Roi et les Barons, dont l'Empereur eut si grande pitié qu'il manda ses Chirurgiens par lesquels il fit visiter la plaie de Girard, et leur demanda si elle était mortelle; quand ils l'eurent visitée, ils lui répondirent: Sire, selon la volonté de Dieu, dans un mois, nous vous le rendrons sain et sauf. Le Roi fut très-joyeux de cette réponse, il regarda Huon et lui dit: Vassal, vous m'accusez de cette déloyauté, sachez que par la foi que je dois à Saint-Denis, que jamais je n'eus envie de faire cette trahison. Mais par le glorieux Saint Jacques et par la couronne que je portes, si je sais qui a fait la trahison, j'en ferai telle punition qu'il en sera mémoire, et je vous en ferai tel droit que vous n'aurez sujet de vous plaindre. Sire, dit Huon, à votre merci; car pour obéir et faire vos commandemens nous est ce mechef avenu. Je ne puis penser que moi et mon frère Girard ayons jamais fait tort à personne. Sire, je vais vous raconter le fait, sachez que depuis que nous partîmes de Bordeaux, nous ne trouvâmes pas d'aventure, sinon, quand nous nous approchâmes à une lieue de Monthlery, nous atteignîmes notre oncle l'Abbé de Clugny, avec lequel nous nous mîmes en campagne pour nous conduire vers vous, et marchâmes ensemble deux lieues, tant que nous apperçûmes un petit bosquet, dans lequel nous vîmes paraître, à la lueur du soleil, lances, heaumes et écus, après quoi il en sortit un tout armé la lance à la main et l'écu au cou, venir à nous au petit pas, alors nous arrêtâmes tous, j'envoyai mon frère au-devant du chevalier, pour savoir s'ils étaient mis pour garder les passages, afin que si aucun tribut voulait demander, qu'il leur fut fait droit. Quand mon frère vint à l'encontre du chevalier, il lui demanda qui nous étions; mon frère leur répondit que nous étions les enfans du duc Sevin, et qu'à votre mandement venions à votre Cour pour relever nos terres et nos fiefs de vous. Le chevalier répondit que nous étions ce qu'il cherchait, et qu'il y avait sept ans passés que le duc Sevin notre père lui avait ôté trois de ses châteaux, laquelle chose ne fit alors mon frère, lui disant qu'il venait à Paris, et que devant vous et devant les Pairs lui ferait droit; le chevalier répondit à mon frère qu'il ne ferait pas ce chemin là; alors il coucha sa lance et en frappa mon frère qui était tout désarmé, tellement qu'il le jeta par terre croyant l'avoir occis, et puis se retira vers le bois. Quand je vis mon frère par terre, je ne pu m'empêcher de prendre vengeance, je demandai à mon oncle s'il voulait aider; il me répondit que non, parce qu'il était Prêtre; alors il se mit en chemin sur une litière et me laissa, puis s'en vint au pas en m'attendant; j'ai pris dix chevaliers qui étaient venus avec nous et qui avaient été nourris en mon Hôtel, je me tins ferme devant eux, crainte que celui qui m'avait fait telle douleur ne m'échappât. Je courus après; mais incontinent qu'il m'apperçut venir, il retourna à l'encontre de moi: je lui demandai qui il était; il me dit qu'il était au duc Thiery d'Ardennes, je lui demandai pourquoi il avait tué mon frère: il me répondit qu'il en ferait autant de moi, et il baissa sa lance, dont il m'atteignit au côté et me perça la robe. Je lui donnai alors un coup sur la tête et le tuai, qu'étant retourné à son frère, il l'avait mis sur un cheval et l'avait amené à sa cour dans l'état où il le voyait, les autres, lui dit-il, seront bientôt ici, car je les ai vu sortir du bois où ils étaient en embuscade et amener le chevalier mort sur un cheval; s'ils ne sont pas arrivés, ils ne tarderont guères. Cependant Huon et ses chevaliers étaient à la Cour du Roi Charlemagne: après lui avoir raconté ce qui s'était passé, il lui dit de plus qu'il ne connaissait pas le chevalier qu'il avoit mis à mort. Quand le Roi entendit ce que disait Huon, il s'étonna qui pourrait être le chevalier mort, et dit à Huon: Je vous ferai raison; il n'y a personne tel qu'il soit que je ne fasse mourir s'il vous a fait quelque trahison; alors il commanda que l'on menât Girard dans la meilleure chambre du Palais et que l'on eût soin de le bien penser, ce qui fut exécuté.

Comme Charlot fut apporté mort devant le Roi et du grand deuil qu'il en eut; comme le Comte Amaury accusa Huon de la mort de Charlot, pour cela le Roi voulait le tuer, et le conseil que le Duc Naîmes donna.

Lorsque Huon et le bon Abbé, son cher oncle, eurent vu la bonne volonté du Roi, et les belles offres qu'il leur avait fait, ils se mirent à genoux pour lui baiser les pieds, en le remerciant de ses bontés. Le Roi les releva tous deux; alors l'Abbé lui dit: Sire, tout ce que mon neveu vous a dit est véritable. Charles leur répondit: Je le crois cependant; il était toujours inquiet de savoir ce qui s'était passé, et il dit de rechef: Sachez que j'ai un fils que j'aime bien, que si vous l'avez tué lorsqu'il troublait ma sûreté, je vous le pardonnerai. Sire, dit Huon, la chose est comme je l'ai racontée. Alors l'Empereur ordonna d'aller chercher son fils: on fut aussi-tôt en son hôtel; mais on apprit que la nuit de devant il était sorti, qu'on ne l'avait pas vu revenir, alors ils s'en retournèrent. Mais étant sorti du logis, ils entendirent un grand bruit dans la rue et virent le Comte Amaury qui, sur le cou de son cheval, apportait à Charlemagne le corps de Charlot. Les rues étaient pleines de Chevaliers, Dames et Demoiselles qui pleuraient la mort de Charlot, voyant qu'on le rapportait, ils coururent au palais; mais ils n'y furent pas plutôt, que Charlemagne ouït nommer son fils Charlot; il appela le duc Naîmes de Bavière, et lui dit: Je suis en grande émotion, j'ai entendu nommer mon fils Charlot; mon cœur me dit que c'est lui qui a été tué par Huon. Je vous prie d'aller voir ce qui est arrivé, afin que je sois plus en repos.

Alors le duc Naîmes sortit et rencontra quatre chevaliers qui portaient le corps de Charlot sur son écu. Le duc Naîmes l'ayant vu en fut dolent. Le Comte Amaury monta au Palais où était Charlemagne avec tous ses Barons, et posa devant lui son fils. Quand le Roi vit son fils en cet état, il s'abandonna à la plus grande tristesse, et il eut fallu avoir un cœur de marbre pour ne pas être touché. Le duc Naîmes qui n'avait pas moins de douleur que les autres, voyant le chagrin du Roi, s'approcha de lui et lui dit: Sire, consolez-vous de ce qui est arrivé; vous savez que le deuil ne ressuscitera pas votre fils. Mon cousin Oger, le Danois, tua mon fils qui portait vos messages au Roi Didier de Pavie; je n'en fis aucun deuil, parce que cela ne pouvait le rappeler à la vie. Je veux, dit Charlemagne, savoir la cause qui les a conduit à cet endroit. Sire, lui répondit Naîmes, Amaury pourra vous dire par qui il a été mis à mort, et pourquoi est-il allé en cet endroit. Alors le Comte Amaury s'avança et dit tout haut: Sire, celui qui a tué votre fils est devant vous, c'est Huon.

Quand Charlemagne eut entendu cela, il regarda fièrement Huon, et lui eut lancé un couteau dans le corps, si le duc Naîmes ne l'en eut détourné en lui disant: Ah! Sire, à quoi pensez-vous? Vous avez reçu aujourd'hui les enfans du duc Sevin en votre Cour, vous leur avez promis de leur faire droit et raison, et maintenant vous voulez vous en défaire. Que diront ceux qui verront cela, ils penseront que vous avez envoyé votre fils en embuscade pour les faire périr. Interrogez le Comte Amaury, pourquoi il avait emmené Charlot, et attaqué les deux enfans du duc Sevin Huon était fort étonné que Charlemagne qui l'avait reçu, voulût ensuite le faire mourir; il en eut si grande peur qu'il se retira arrière. L'Abbé de Clugny, son oncle, ne put l'aider que de paroles; il prit congé de Charlemagne et laissa là Huon qui dit au Roi: Sire, je suis, il est vrai, le meurtrier de votre fils, mais c'était à mon corps défendant, sans le connaître; car si je l'eusse connu, je ne l'aurais pas frappé. Sire, pour Dieu, ayez pitié de moi, faites-moi bon droit, je me soumettrai à ce que vos Pairs jugeront; et si l'on trouve que j'aye occi Charlot, votre fils, et que je le susse, je consens que vous me fassiez mourir. Alors tous les parens qui étaient là, s'écrièrent à haute voix qu'il avait bien parlé, et que si le Comte Amaury voulait dire quelque chose, il pouvait paraître.

Comme le traître Comte Amaury accusa Huon de Bordeaux devant l'Empereur Charlemagne; que traitreusement il avait occi Charlot, et de ce il appela Huon en champ de bataille.

Quand Charlemagne eut ouï parler Huon de Bordeaux, il regarda vers le duc Naîmes en le priant qu'en cette chose il voulut le conseiller. Sire, dit le duc, vous ne sauriez dire autre chose, que ce que je vous ai dit ci-devant, que de rechef demandiez au Comte Amaury, pourquoi il a mené Charlot votre fils armé pour s'embusquer et courir sur les fils Sevin, et ce qu'il cherchait.

Amaury qui était assez près, les entendit et dit: Sire, je vous dirai la vérité, et si je dis autrement, je veux mourir honteusement. La vérité est, que la nuit dernière, Charlot m'envoya chercher pour aller à la chasse; je lui répondis qu'il attendit au jour; mais il n'y voulut pas consentir, et je l'accompagnai, à condition qu'il irait s'armer, parce que je me méfiais de gens de Thierry d'Ardennes, afin que s'ils venaient à notre encontre, nous puissions leur résister; nous partîmes de la ville, et choisîmes un petit bosquet près de là; nous plaçâmes nos hautours, dont un fut perdu; puis nous vîmes venir les enfans du duc Sevin; Huon l'aîné avait déja un de nos oiseaux. Charlot votre fils approcha de lui et le pria de lui rendre son hautour, mais il ne le voulut pas. Girard, son jeune frère, vint contre Charlot, et ils se battirent l'un contre l'autre, tant que Charlot le blessa: Huon qui était là présent leva son épée, et mit votre fils à mort; et s'il veut dire le contraire, voici mon gage que je mets devant vous, qu'il ait la hardiesse de le lever, je mets mon corps contre le sien.

Comme l'Abbé de Clugny voulut prouver la fausseté des paroles d'Amaury, et comme Amaury jetta son gage devant Huon.

Après qu'Amaury eut signé sa parole, l'Abbé de Clugny passa avant et dit, que jamais de sa vie n'avait entendu un si grand mensonge que le traître Amaury avait dit, et que lui et quatre moines étaient prêts de faire serment que tout ce que le traître avait dit était faux; puis il dit à Amaury: Qu'en dites-vous? Sire, je ne veux point démentir l'Abbé; mais je dis que tout ce que j'ai avancé est véritable. Si Huon est assez hardi pour me dédire, qu'il se mette en champ de bataille contre moi; avant qu'il soit vêpres, je lui ferai avouer. Quand l'Abbé l'entendit, il fut fort étonné, et regardant Huon, il lui dit: Neveu, offre ton gage, car le droit est à toi. Si tu es vaincu, je ne retournerai pas à Clugny qu'auparavant je n'aye renversé et brisé la statue de S. Pierre, de manière qu'il n'en restera ni or ni pierre précieuse. Sire, répondit Huon, à Dieu ne plaise que je me déporte de lever son gage, car je lui prouverai qu'il a menti comme un traître, et lui ferai avouer que jamais je ne sus que celui que j'ai tué était le fils du Roi. Alors le Roi s'écria: Il faut que Huon livre des ôtages. Sire, dit Huon, je vous donnerai mon frère, je ne puis vous en donner un autre, car ici je n'ai ni parens ni amis qui veuille se mettre en ôtage pour moi. Neveu, dit l'Abbé de Clugny, ne dites pas cela, car mes moines et moi nous demeurons pour vous; que Dieu veuille que vous soyez vainqueur, car s'il en était autrement, il nous ferait tous pendre. Le Roi dit: Vous dites mal, car je ne voudrais pas le faire; au reste, nous verrons qui aura droit ou tort. Alors le Roi dit à Amaury de livrer des ôtages: il offrit ses deux neveux; ils s'en défendirent; mais le Roi les y contraignit en les menaçant de leur ôter leurs fiefs et terres.

Comme les deux Champions vinrent au champ de bataille, accompagnés de leurs amis.

Après avoir livré des ôtages, de chaque côté, Charlemagne les fit saisir pour en être plus sûr, jusqu'au jour que la bataille devait être faite. On choisit le lieu où ils devaient se battre, et le Roi jura que son fils ne serait pas mis en terre, que le vaincu ne fut pendu et étranglé. Alors il commanda au duc Naîmes de Bavière de prendre avec lui cent chevaliers pour garder le champ, afin qu'il ne se passât aucune trahison, car j'aimerais mieux perdre une des meilleures villes de mon Royaume.

Sire, dit Naîmes de Bavière, je vais tout préparer, aussi-tôt cela fut fait, et les deux combattans furent amenés à l'Eglise de Notre-Dame de Paris, accompagnés chacun de ses amis, comme cela devait être. Amaury avait tous ses amis issus de la parenté de Ganelon, et Huon était accompagné du duc Naimes de Bavière et des plus nobles Barons de la Cour, ce qui fâchait beaucoup Amaury et ceux qui l'environnaient. Quand ils eurent tous deux entendu la Messe, chacun but un coup, puis ils montèrent deux Coursiers et se mirent en chemin pour aller au champ de bataille. On avait ordonné des échaffauds comme il fallait sur lesquels le Roi Charlemagne et les Barons étaient déja montés en attendant les deux Champions qui, l'un après l'autre, venaient par les rues. Amaury vint le premier au champ de bataille, il mit pied à terre et salua le Roi et tous les Barons. Huon vint après bien monté, et tous ceux qui le voyaient passer mettaient la tête aux fenêtres; les Dames et Demoiselles principalement priaient Dieu que Huon remportât la victoire sur le traître Amaury. Beaucoup de personnes tremblaient pour lui par rapport à sa jeunesse, car il n'avait alors que vingt-quatre ans; mais il était bien fait et rempli de courage. On le plaignit beaucoup à cause qu'il allait combattre contre le Comte Amaury qui était vaillant chevalier et expert dans les armes, et qui était le plus fort homme qui fut à la Cour du Roi, dont il était bien venu, et c'était dommage; car il n'y avait pas sur la terre un homme plus méchant et plus traître, il était extrêmement fort et méprisait Huon, parce qu'il lui semblait qu'il ne pourrait pas résister à sa force; mais comme dit un commun proverbe, trop d'orgueil et de prévention perdent l'homme, et petite pluie abat grand vent. Si Dieu veut sauver Huon, la force et la puissance d'Amaury ne lui peuvent faire mal principalement parce que Huon est très-vaillant comme on verra ci-après.

Comme les deux Champions firent serment que ce qu'ils avaient dit était véritable, et ce que dit Charlemagne.

Huon arriva enfin sur le champ de bataille, et étant entré dans la lice, il salua humblement le Roi et tous les Barons, puis s'approcha du lieu où étaient posées les saintes reliques, et là firent serment solennel en la présence du Duc Naimes de Bavière, par qui le champ devait être gardé, et devant plusieurs autres Barons qui étaient là, que c'était sans nulle connaissance, et que jamais de sa vie il n'avait su que le chevalier qu'il avait tué, fut Charlot fils du Roi Charlemagne, son souverain Seigneur, et que le Comte Amaury avait menti comme un traître, il mit les deux mains sur les saintes Reliques, en faisant serment que tout ce qu'il avait dit était véritable. Et quand Huon eut fait serment, le Comte Amaury s'approcha avec un air terrible et jura sur les saintes Reliques que ce que Huon avait juré était un mensonge, et que très-certainement il savait bien que Charlot était le fils du Roi de France, et qu'il l'avait tué parce que Charlot voulait avoir son hautour que Huon lui avait pris. Je lui ferai avouer avant qu'il soit nuit. Dès que le Comte Amaury eut juré, il voulut se tourner, mais peu s'en fallut qu'il ne tombât par terre, dont ceux qui le virent tirèrent un mauvais augure et jurèrent entr'eux que cela tournerait à mal pour le Comte Amaury. Lorsque les deux Champions eurent fait serment, le Duc Naimes de Bavière et les autres Barons qui étaient là, sortirent du champ, puis posèrent des gardes comme cela se faisait en pareil cas.

Ensuite les deux Champions montèrent sur leurs vaillans chevaux, la lance à la main et l'écu au col. Alors le cri fut fait comme il appartenait, savoir, que personne fit aucun signe ni à l'un ni à l'autre des combattans, sous peine de mort. L'Empereur Charlemagne plein de colère, fit crier que s'il arrivait que le vainqueur occit son adversaire sans lui avoir fait avouer la susdite trahison faite de la mort de son fils, le vainqueur perdrait ses terres et serait banni du Royaume et de l'Empire de Rome à jamais; mais aussi-tôt le cri fait, le bon duc de Bavière et les nobles Pairs et Barons de France vinrent auprès du Roi Charlemagne, et lui dirent: Sire, que voulez-vous faire? vos Pairs de France et de l'Empire n'y consentiront jamais; car souvent il est arrivé que l'un des champions a été occis sans pouvoir parler, ce serait dommage de faire un tel Édit, car votre grande réputation qui est élevée à un si grand point, serait bientôt ternie; mais il ne voulut point écouter.

Comme Huon de Bordeaux et le Comte Amaury se combattirent devant Charlemagne, et le traître Amaury fut mis à mort par la vaillance du Chevalier Huon.

QUAND le Roi Charlemagne eut entendu le Duc de Bavière, il jura par Saint Denis de France et par la couronne qu'il portait, que ce qu'il avait dit serait fait et que cela ne serait pas autrement. Les nobles Barons demeurèrent tous interdits et se retirèrent en arrière, disant qu'il ne fallait pas aller chercher le bon droit en la Cour. Plusieurs Princes et Seigneurs qui étaient là commencèrent à murmurer contre l'Édit de Charlemagne.

Les vaillans Champions se retirèrent à part, puis se régardèrent l'un et l'autre avec fierté; et le Comte Amaury s'écria et dit hautement: Huon, traître et déloyal Chevalier, je te ferai avouer ta déloyauté en ce jour; j'ai compassion de toi parce que tu es jeune, si tu veux avouer le meurtre que tu as fait, je parlerai pour toi au Roi Charlemagne, et il aura pitié de toi. Dès que Huon eut entendu parler le Comte Amaury dans cette manière, transporté de colère, il lui répondit: Va, déloyal traître, tes paroles envénimées ne m'effrayent point, car avec l'aide de Notre Seigneur Jésus-Christ et mon bon droit, je te ferai avouer ta déloyauté. Alors ils baissèrent leurs lances et piquèrent des éperons, ils coururent d'une telle force qu'il semblait que c'était la foudre qui tombait du ciel. Ils s'en vinrent l'un contre l'autre et pointèrent leurs lances dont le fer était bien tranchant et affilé, dont ils s'entredonnèrent de si grands coups qu'elles se rompirent jusqu'au poignet, et les éclats en volèrent jusqu'auprès des échaffauds où le Roi Charlemagne était assis, et leurs chevaux sur lesquels ils étaient montés, tombèrent par terre, et n'y eut sangle ni poitrail qui put les empêcher; les deux chevaliers ne purent s'empêcher de tomber; ils furent si étourdis de cette chûte, qu'ils ne pensaient plus aux coups qu'ils s'étaient donnés; ils se relevèrent cependant avec courage, chacun son épée à la main, et approchèrent l'un de l'autre, ils s'entre-regardèrent étant chacun vers son cheval; celui de Huon vint contre le cheval d'Amaury, et l'étrangla aussi-tôt. Le Comte Amaury voyant que son cheval était mort, s'en vint furieusement vers le cheval de Huon pour le tuer; mais Huon s'en donna garde et se mit au-devant de son cheval, et levant son épée, il en donna un si grand coup au Comte Amaury, qu'il le fit reculer et chanceler deux ou trois pas en arrière, et peu s'en fallut qu'il ne tombât à terre, dont tous ceux qui étaient là furent fort étonnés de ce que Huon de Bordeaux avait tant de courage, vû la grande force du Comte Amaury, même l'Empereur Charlemagne en fut surpris.

Quand le Comte Amaury eut senti le grand coup que Huon lui avoit donné, il embrassa son écu, et l'épée à la main, vint sur Huon et lui donna un si grand coup sur le héaume, que s'il n'eut été d'acier, il l'eût fendu jusqu'aux dents; mais Dieu le garantit de mort, et le coup fut si grand que Huon recula de trois ou quatre pas, et le Comte Amaury lui dit: Huon, je vous ai touché de ce coup; alors le vaillant chevalier Huon furieux, éleva son épée dont il donna au Comte Amaury un si grand coup qu'il l'atteignit sur une des côtes en descendant que toutes les mailles de son haubert les détrancha, et lui fit tomber son épée sur la hanche de façon qu'il lui fit une profonde blessure, de laquelle le sang sortit en abondance et tomba pâmé sur le champ de bataille. Encore ledit Amaury se sentit fort angoisseux et navré, il commença à prononcer le nom de Dieu et de la glorieuse Vierge Marie, toutefois il s'avança du mieux qu'il pût vers Huon de Bordeaux en tenant l'épée en haut, de laquelle il donna un si grand coup sur le héaume de Huon, que toutes les fleurs et pierres précieuses tombèrent par terre, et le cercle

qui

qui était à l'entour de son héaume en fut tout détranché et brisé, et le coup fut si grand, que Huon en fut étourdi et fut contraint de mettre un genou en terre, et peu s'en fallut qu'il ne tombât tout-à-fait.

A cette heure il y avait en la place un serviteur du bon Abbé de Clugny, qui voyant le merveilleux coup que Huon de Bordeaux avait reçu, partit vitement et vint à l'Église de Notre-Dame de Paris, où il trouva le bon Abbé de Clugny qui était en prières pour Huon de Bordeaux son neveu. Le serviteur lui dit: Ah! Sire, priez Notre-Seigneur de bon cœur, qu'il veuille secourir votre neveu, car je lui ai vu mettre un genou en terre en grand danger de mort.

Alors le bon Abbé, sans rien répondre à son serviteur, leva au Ciel ses yeux remplis de larmes, et pria Dieu qu'il voulût garantir et aider son neveu qui était sur le champ de bataille en un grand doute de sa vie; et sentant la grande force du Comte Amaury, demandant humblement à Notre-Seigneur qu'il voulut lui garder son bon droit. Le Comte Amaury voyant que Huon de Bordeaux avait reçu un si grand coup, lui dit: Huon, je crois que cela ne durera pas longtems; il vaut mieux que vous avouyez votre faute avant que je vous fasse mourir; car avant qu'il soit vêpres, je vous verrai balayer au vent. Tais-toi, dit Huon, faux et déloyal traître, ta méchanceté ne pourra t'aider; car je te mettrai dans un tel état, que tes meilleurs amis auront honte de te voir. Huon avança alors auprès d'Amaury feignant de le frapper sur le héaume; Amaury croyant que Huon le voulait frapper, leva son écu haut pour parer le coup; mais Huon qui était expert, le regarda et d'un coup de revers le frappa sous le bras qu'il avait levé, de manière que le bras et l'écu tombèrent par terre.

Quand le Comte Amaury vit et sentit le terrible coup dont son bras était tombé, il sentit la grande douleur et s'avisa d'une trahison, il appela Huon et lui dit: Ha! très-noble Sire, ayez pitié de moi; car à tort et sans sujet, je vous ai accusé d'avoir tué Charlot le fils du Roi, j'étais cependant sûr que vous n'en saviez rien, ainsi c'est par ma faute qu'il est mort; car je le menai au bois pour tuer vous et votre frère, je suis prêt de reconnaître devant le Roi et tous les Barons, et vous disculper de ce dont je vous ai accusé, ainsi je vous prie de ne me pas faire mourir.

Prenez mon épée, je vous la rends, alors Huon s'avança et tendit le bras pour la prendre; mais le traître fixant le bras que Huon avait mis en avant, et le frappant à revers il crut lui avoir abattu; mais il manqua, il lui fit seulement une blessure dont le sang jaillit aussi-tôt. Huon voyant la grande trahison qu'il voulait lui faire, lui cria: O très-déloyal traître! ta méchanceté ne te pourra garantir, tu ne feras pas davantage de trahison; alors il leva son épée et en donna au Comte Amaury un coup si terrible entre l'écu et héaume qu'il lui trancha la tête qui tomba d'un côté et le corps de l'autre. Depuis cette action, Huon eut tant de traverses de ne s'être pas souvenu des défenses faites par le Roi que personne, tant habile soit-il, ne pourrait avoir assez de mémoire pour l'écrire et le détailler. Si ce n'eût été l'aide de Notre-Seigneur Jésus-Christ et le secours de ses bons amis, il ne fut jamais échappé sans mourir; et ainsi périt le Comte Amaury, le plus traître qui fut jamais sur terre.

Comme après que l'Empereur Charlemagne eut vu le Comte Amaury mort, il commanda à Huon de Bordeaux de vuider le Royaume et qu'il le banissait de ses terres.

Le duc Naimes qui était garde du camp, voyant que Huon avait tué Amaury sur la place, il en fut très-joyeux et vint vers Huon et lui demanda s'il était sain et sauf. Sire, dit Huon, Dieu merci, je ne sens aucune douleur qui me grève. Il le fit monter sur son cheval et le mena au palais de Charlemagne qui était déja parti du champ et avait vu le Comte Amaury mort dont il eut grand chagrin et ne le pouvait oublier, il demanda à Huon de Bordeaux et au duc Naimes de Bavière, s'ils avaient entendu confesser au Comte Amaury la trahison qu'il mettait sur le compte de Huon au sujet de la mort de son fils Charlot.

Sire, dit le duc Naimes, je n'ai point ouï qu'Amaury l'ait confessé; parce que Huon l'avait tant pressé qu'il n'eût pas le loisir de le faire; alors l'Empereur Charlemagne s'écria, disant: Je sais bien que le Comte Amaury n'était pas capable de trahison, et que c'est sans sujet qu'il a été mis à mort; car il fut plus loyal que jamais tu n'as été, et sais certainement que s'il l'eût fait, il l'eut confessé devant moi. Le Roi appela Huon et lui dit qu'il sortît de son Royaume, et qu'il le banissait à jamais de Bordeaux et d'Aquitaine; par S. Denis, si je sais que tu y reste, je te ferai mourir d'une cruelle mort.

Alors Huon passa avant; quand il eut ainsi entendu parler Charlemagne, il lui dit: Sire, comment donc, n'ai-je pas fait mon devoir, quand devant vous et vos Barons ai déconfit en champ de bataille celui qui vous a fait tant de douleur. Vous avez certainement mal reconnu les grands services du duc Sevin mon père, et par ce moyen donnez exemple à tous vos nobles Barons et Chevaliers d'avoir avis, et comment dorénavant ne voudront se fier à vous, quand ils sont témoins que par votre seule idée vous agissez contre tous les statuts royaux et impériaux. Certes, si un autre Prince que vous me voulait faire ce tort, avant d'y consentir, maints châteaux et bonnes villes en seraient détruits et ruinés, et pauvres gens détruits et déshérités, et plusieurs chevaliers mis à mort. Comme Huon parlait au Roi, le duc Naimes de Bavière, fort irrité, se leva et dit: Ha! Sire, quelle chose avez-vous en pensée de faire? sachez que Huon a fait son devoir quand il a tué son adversaire, vous pouvez penser que c'est œuvre divine, quand un enfant a déconfit un si puissant chevalier que le Comte Amaury. Sire, si vous voulez faire ce que nous vous dirons, et tous tant loin que près, ceux qui de cette exhortation entendront parler quand vous viendrez à mourir. Alors Huon, qui était là, se retourna vers les Barons en leur demandant de prier le Roi Charlemagne qu'il eut merci de lui: car ils étaient tous tenus à cause qu'il était un des douze Pairs. Les Princes et Barons, tenant Huon par les mains, vinrent se jeter à genoux devant le Roi. Huon parla et dit: Sire, puisque tant vous me haïssez, je vous prie qu'à la requête de tous les Barons qui sont ici, me vouliez octroyer que je puisse demeurer en mon pays, sous les conditions que vous voudrez m'imposer, même d'être privé de paraître davantage dans votre Cour; je vous prie très-humblement de ne pas m'en vouloir mal, car je ne savais pas réellement que c'était Charlot votre fils qui m'avait assailli et contre qui je me suis défendu.

Comme le Roi Charlemagne envoya Huon de Bordeaux pour faire un message à Babylone, vers l'Amiral Gaudisse.

Quand l'Empereur eut ainsi ouï parler Huon, il lui dit: Va, ôte-toi de devant mes yeux; car quand je me souviens de la mort de mon fils Charlot que tu as tué, je n'ai pas un membre dans tout mon corps qui ne tremble, à cause de la haine que je te porte.

Je défends à tous mes Barons de m'en jamais parler; le duc Naimes qui était présent ayant entendu le Roi qui était si indigné contre Huon, il parla tout haut et dit aux Barons: Seigneurs, qui êtes ici présens, avez-vous ouï le grand tort que le Roi veut faire à l'un de nos Pairs, c'est contre tout droit, comme vous savez, puisque certainement c'est notre droiturier Seigneur, il nous convient endurer; mais dorénavant, puisqu'il veut agir contre droit et honneur, je ne veux plus rester avec lui, et m'en irai sans plus revenir, je ne puis demeurer davantage en un lieu où il se commet de pareilles injustices, je m'en retournerai en mon pays de Bavière, que le Roi fasse tout ce qu'il voudra.

Alors tous les Princes, Barons et Chevaliers qui étaient là, s'en allèrent avec ledit duc Naimes, sans dire un seul mot au Roi, et il demeura seul en son palais.

Quand le Roi vit que le duc Naimes et les autres Seigneurs et Barons étaient partis, il en fut bien fâché et dit aux jeunes chevaliers, qui étaient demeurés avec lui, qu'il s'ennuyait beaucoup de ce que son fils avait été tué si indignement, et d'ailleurs il se voyait abandonné de tous ses Barons, il dit tout haut: Il m'est bien force de faire leur volonté : il se mit à verser des larmes, il rappela le duc Naimes et les autres Barons, leur disant que tel serment qu'il eut fait, il leur accorderait leurs demandes.

Le duc Naimes et ses Barons retournèrent avec lui au Palais, le Roi s'assit sur un banc d'or fin, et ses Barons autour de lui. Il ordonna qu'on lui amenât Huon qui vint et se mit à genoux devant le Roi en le priant de vouloir bien avoir pitié de lui. Alors le Roi voyant Huon en sa présence, lui dit: Puisque vers moi tu veux être accordé, il convient que tu fasses ce que je t'ordonnerai. Sire, dit Huon, pour vous obéir il n'est rien que je n'ose entreprendre; malgré la la mort je ne laisserai rien à faire, fallut-il aller jusqu'à l'arbre sec, voir jusqu'aux portes d'enfer, combattre les esprits infernaux, comme fit le fort Hercule, afin de m'acquérir vos bonnes grâces, je le ferais. Le Roi dit à Huon : Je vous enverrai dans un mauvais endroit; car de quinze messagers que j'y ai envoyés, il n'en est pas revenu un seul. Je te dirai où tu iras, puisque tu veux que j'ai merci de toi; ma volonté est que tu ailles en Babylone auprès de l'Amiral Gaudisse, pour lui dire ce que je te [illegible], prends garde à ta vie: quand tu seras arrivé, tu monteras au Palais, tu attendras l'heure du dîner et que tu le voies assis à table, il faut que tu sois bien armé, l'épée nue à la main, afin que tu tranches la tête au premier Baron que tu verras manger à table tel qu'il soit, Roi ou Amiral.

Après cela tu te fianceras avec la belle Esclarmonde, fille de l'Amiral Gaudisse, et l'embrasseras trois fois en la présence de son père et de tous ceux qui seront là présens; apprends que c'est la plus belle pucelle qui soit au monde; tu diras ensuite de ma part, à l'Amiral Gaudisse, qu'il ait soin de m'envoyer mille Eperviers, mille Ours, mille Vautours enchaînés et mille jeunes valets, aussi mille des plus belles pucelles de son Royaume, et avec ce je te convie que tu me rapportes une poignée de sa barbe et quatre de ses dents mâchelières. Ha! Sire, dirent les Barons, vous désirez sa mort en le chargeant d'un tel message. Vous dites la vérité, dit le Roi; car s'il ne fait que j'aie la barbe et les dents mâchelières sans aucune tromperie ni mensonge, qu'il ne revienne jamais en France se montrer devant moi, car je le ferai pendre. Sire, dit Huon, m'avez-vous dit toutes vos volontés ?

Oui, dit le Roi, ma volonté est telle si vers moi tu veux avoir paix. Sire, répondit Huon, au plaisir de Notre-Seigneur, je ferai votre message, je ne crains pas la mort. Si Dieu vous fait la grâce de revenir en France, n'allez pas à Bordeaux ni dans vos terres, que vous ne m'ayez parlé; car si j'apprends le contraire, sachez que je vous ferai mourir. Je veux que vous me donniez de bons ôtages. Sire, ce dit Huon, voici dix de mes chevaux que je vous donne pour sûreté, afin que vous soyez satisfait de moi; je vous prie de m'accorder que j'emmène les chevaliers que j'ai amenés de Bordeaux jusqu'au Saint-Sépulcre. Je vous l'accorde, dit le Roi, jusqu'à la mer Rouge. Je vous remercie, dit Huon, et il se prépara pour faire son voyage.

Comme Huon de Bordeaux prit congé du Roi Charlemagne et des Barons de France et s'en allèrent avec le bon Abbé son oncle, jusqu'à Clugny.

Après que le Roi Charlemagne eut chargé Huon de faire son message, il fit venir devant lui Girard le frère de Huon, auquel il donna la terre et seigneurie de son frère, jusqu'à ce qu'il fut revenu de son voyage, et Huon vint prendre congé du Roi et des

Barons, qui lui firent la conduite pendant deux jours; et quand ce vint au sortir de Troyes, le Duc Naimes prit congé de son cousin Huon de Bordeaux; il lui donna un sommier chargé d'or, et le baisa avant que de partir : Girard vint ensuite embrasser Huon et prendre congé de lui; mais son baiser était un baiser de Judas; car il lui fit bien payer comme on verra dans la suite. Ainsi le duc Naimes et Girard reprirent le chemin de Paris.

Huon et l'Abbé son oncle, avec leur compagnie, ne cessèrent de marcher qu'ils ne fussent arrivés en l'Abbaye de Clugny, où ils furent bien reçus et fêtés. Et quand ce vint le lendemain, Huon prit congé de son oncle; il ne put s'empêcher de pleurer, et pria son oncle d'avoir soin de recommander sa mère et son frère Girard, ce que l'Abbé lui promit de faire, il donna à son neveu un mulet chargé de la monnaie qui avait alors cours en France. Ils le quittèrent, et Huon prit le chemin de Rome. Nous laisserons à parler de Huon, et nous traiterons du duc Naimes de Bavière et de Girard qui s'en retournèrent à Paris. Quand ils furent venus, Girard se mit devant le Roi Charlemagne, en le suppliant qu'il lui plût de recevoir son hommage, faisant relever la terre de Bordeaux et ses dépendances, afin qu'il fût en état et avancement de l'un des Pairs. Le duc Naimes n'y voulut pas consentir, et dit au Roi qu'il ne souffrirait pas que Huon fut déshérité, dont Girard fut très-fâché; mais le duc Naimes de Bavière s'en inquiétait peu, car il aimait Huon. La requête de Girard, touchant l'hommage de la terre de Bordelois et de ses appartenances ne lui fut point accordée; il prit congé du Roi et s'en retourna à Bordeaux, où il fut reçu en grande joie; mais quand la Duchesse ne vit point Huon, elle en eut un grand chagrin, et demanda à Girard pourquoi son frère n'était pas revenu avec lui.

Girard lui raconta alors de point en point toutes les sinistres aventures qu'ils avaient éprouvés du départ de Huon et du sujet de son voyage, dont la Duchesse eut tel déplaisir, qu'elle tomba malade et resta vingt-neuf jours au lit, au bout duquel tems elle rendit l'ame à Dieu dont on fit grand deuil dans tout le pays, et Girard la fit très-richement ensévelir et enterrer à S. Severin, avec le Duc son mari. Il se maria ensuite avec la fille du duc Gibouard de Sicile qui était un cruel tyran. Girard, son gendre, eut bientôt saisi le caractère féroce et barbare de son beau-père; car il maltraita si fort la ville de Bordeaux que c'était pitié d'entendre le peuple témoigner par ses larmes le regret qu'il avait de la perte du duc Sevin et de la Duchesse sa femme. Il priait le Seigneur que Huon revint sain et sauf. Je laisserai à parler de Girard et son beau-père, et nous traiterons de Huon.

Comme Huon de Bordeaux vint à Rome et se confessa au Saint Père qui était son oncle, et comme il vint à Brandis où il trouva son oncle Garin de Saint Omer, qui, par amitié pour Huon, passa la mer avec lui.

Après vous avoir raconté comme Huon quitta son oncle, vous saurez qu'il marcha tant avec ses chevaliers qu'ils arrivèrent à la ville de Rome, et se logèrent dans un très-bel hôtel, puis Huon se leva bien matin, accompagné de Guichard son plus familier ami, et des autres chevaliers qui étaient venus avec lui, ils allèrent entendre la messe à l'Eglise de Saint Pierre, et quand elle fut finie, le Saint Père sortit de son oratoire; Huon vint au-devant de lui et le salua très-humblement, le Saint Père lui demanda qui il était et d'où il était né. Saint Père, dit Huon, le duc Sevin de Bordeaux, qui est mort, était mon père. Alors le Saint Père embrassa Huon, et lui dit: Neveu, soyez le bienvenu, dites-moi, je vous prie, que fait ma sœur la Duchesse votre mère, et quel sujet vous amène ici? Saint Père, dit Huon, je vous prie de vouloir bien m'entendre en confession, car j'en ai grand besoin. Je veux bien vous entendre: alors le Saint Père prit Huon par la main et le mena dans son oratoire, où Huon lui raconta tout ce qui lui était arrivé depuis le jour qu'il était parti de Bordeaux, tant de ses aventures que du voyage qu'il allait faire vers l'Amiral Gaudisse de la part du Roi Charlemagne. Quand il se fut confessé, il demanda au Saint Père, pénitence pour ses péchés : il lui répondit qu'il ne lui en donnerait pas d'autre que celle que Charles lui avait donnée et qu'elle était assez grande. Il lui donna ensuite l'absolution de tous ses péchés, puis il le fit monter en son Palais où il fut reçu honorablement et avec grande satisfaction. Et quand ils eurent dîné et causé assez long-tems, le Pape dit à Huon : Mon neveu, votre vrai chemin est d'aller au port de Brandis, où vous trouverez mon frère Garin de S. Omer, votre oncle, je vous donnerai une lettre pour vous faire connaître de lui ; car je sais que très-certainement il vous recevra d'un bon cœur ; il a la garde de la mer orientale, il vous procurera neuf ou dix galères, telles qu'elles vous seront nécessaires, pour vous transporter par-tout où bon vous semblera. Saint Père, dit Huon, je vous remercie humblement.

Beau neveu, dit le Saint Père, demeurez cette nuit avec moi. Saint Père, je vous prie de me laisser partir, car j'ai une grande envie de voir mon oncle Garin. Le Saint Père voyant que son neveu avait un grand désir de partir, lui donna ses lettres, lui disant : Neveu, vous me recommanderez à mon frère votre oncle ; Huon lui promit qu'il s'en acquitterait.

Le Saint Père donna à Huon et à ceux qui l'accompagnaient, de riches présens et embrassa son neveu ; il ne put s'empêcher de pleurer en prenant congé de lui. Il s'embarqua sur le Tibre, et monta sur un riche vaisseau que le Saint Père lui avait fait appareiller et était bien garni de ce qui était nécessaire. Il eut le vent favorable et fut bientôt arrivé ; il pleura et regretta son pays ; mais ses gens le consolaient. Sire, dit Guichard, cessez votre chagrin, car cela ne vous avancera pas, il faut mettre tout entre les mains du Seigneur ; il ne délaisse jamais ceux qui l'aiment ; montrez-vous homme et non enfant, afin que nous, qui sommes venus avec vous, ne soyons pas découragés ; car la douleur que vous avez nous est sensible à tous. Seigneurs, dit Huon, puisque c'est ainsi, je me conformerai à vos désirs ; ils arrivèrent enfin à Brandis ; dès qu'ils furent là, Huon et ses gens sortirent du vaisseau, puis en firent sortir leurs chevaux. Ils trouvèrent Garin qui était sur le port, assis dans un rocher qui était tendu de belles tapisseries. Quand Huon le vit, il le salua, croyant que c'était le Roi du pays ; Garin le regarda fixement : il ne put retenir ses larmes, et dit à Huon : Sire, il ne m'appartient pas un si grand honneur que vous me rendez, la ressemblance que je vois en vous m'est sensible, car vous ressemblez à un Prince du Royaume de France, nommé Sevin, qui fut Duc en son tems et Sire de la ville de Bordeaux ; le grand amour que j'ai toujours eu pour lui, a donné cours à mes larmes. Je vous prie de vouloir me dire de quel lieu vous êtes, et qui sont vos parens et vos amis, car le duc Sevin avait épousé jadis ma sœur la Duchesse. Sire, dit Huon, puisque vous voulez savoir qui je suis, je puis vous le dire ; car le duc Sevin fut mon père, et la duchesse Alis fut ma mère ; nous sommes deux frères, je suis l'aîné et le puiné est resté à Bordeaux, pour garder les terres et le pays.

Quand Garin sut que Huon était fils du duc Sevin de Bordeaux, la joie qu'il eut fut inexprimable ; il embrassa Huon de Bordeaux en pleurant, et lui dit : Mon cher neveu, votre venue m'est plus sensible que l'on ne saurait croire, il se jeta aux pieds de Huon qui le releva aussi-tôt.

Leur joie était si grande, que tous ceux qui étaient là s'en émerveillèrent tous. Alors Garin demanda à Huon quelle aventure l'avait amené. Huon lui raconta son histoire et le sujet de son voyage.

Quand Garin eut entendu Huon, il lui dit : Neveu, c'est où sont les grands honneurs qu'il y a de plus grands dangers. Dieu vous aidera dans vos entreprises, tout lui est possible ; il ne faut rien craindre avec son aide ; alors Huon donna ses lettres à son oncle Garin qui les reçut et les lut avec plaisir: après qu'il eut lu, il dit à Huon: Vous n'avez pas besoin de recommandation, la lettre du Saint Père est suffisante pour vous bien recevoir; sachez que le grand amour que j'ai pour ma femme et mes enfans, l'amitié que j'ai pour vous, par rapport au duc Sevin votre père et la Duchesse votre mère, j'abandonnerois tout pour vous servir et accompagner, apprenez que j'ai trois gros vaisseaux de guerre bien fournis de tout ce qui est nécessaire, je vous les offre et mon secours personnel dans toutes vos entreprises. Mon cher oncle, dit Huon, je vous remercie de toutes vos offres. Garin le mena alors en son château où il fut reçu très-richement, l'épouse de Garin et quatre de ses enfans vinrent au-devant de lui; comme il était poli, il l'embrassa ainsi que ses cousins: ils témoignèrent tous de la joie de le voir, et on se mit à table pour souper. Garin dit à son épouse: Apprenez que ce jeune homme est mon propre neveu et cousin-germain de vos enfans; il est venu ici pour me demander conseil d'un voyage qu'il a entrepris, et dans lequel je dois l'accompagner moyennant la grace de Dieu, je vous prie d'avoir soin de nos affaires et de vos enfans pendant mon absence. Sire, dit la Dame en pleurant, puisque c'est votre plaisir, j'y souscris; mais j'aimerais mieux que vous fussiez de retour. Le lendemain, dès qu'ils furent levés, Garin fit apprêter un vaisseau et le fit charger de biscuit, de vin, de viande et autres vivres. Il le chargea d'artillerie comme il le fallait; ils mirent dedans leurs chevaux et armures, or, argent, et autres richesses nécessaires. Ils prirent ensuite congé de la Dame qui pleurait tendrement en les embrassant. Garin et Huon montèrent avec leurs gens sur le vaisseau, et menèrent avec eux treize chevaliers et deux valets pour les servir.

Comme Huon partit de Brandis avec son oncle Garin; comme il arriva à Jérusalem, vint aux déserts où il trouva Gérasme, et quel fut leur entretien.

Huon et Garin étant entrés dans le vaisseau, firent lever ancres et voiles, et naviguèrent nuit et jour, jusqu'à ce qu'ils furent arrivés au port de Saffe; ils sortirent du vaisseau, firent sortir leurs chevaux, montèrent dessus et marchèrent tant qu'ils vinrent coucher à Rames; le lendemain matin ils se mirent en marche pour aller à Jérusalem, où ils arrivèrent et passèrent la nuit. Le lendemain ils firent leur pélérinage à l'Église du Saint Sépulcre, ils entendirent la messe bien dévotement, et firent des offrandes selon leur dévotion. Quand Huon se vit devant le Saint Sépulcre, il se mit à genoux, priant Notre-Seigneur qu'il voulut par sa grace et pitié, l'aider dans son voyage, le faire retourner en France après, et rentrer en grace auprès du Roi Charlemagne.

Quand Huon, Garin et tous les autres eurent fait leurs oraisons et offrandes, Huon et Garin se retirèrent en une petite chapelle qui est au-dessous du mont de Calvaire, où gissent maintenant Godefroy de Bouillon et Baudouin son frère. Quand ils furent entrés, Huon appela tous ceux qu'il avait amené de France, et leur dit: Entre vous Seigneurs qui, pour l'amour de moi, avez quitté pères et mères, femmes et enfans, et laissé vos terres et Seigneuries pour me suivre, je vous en fait mes humbles remercîmens, vous pouvez à présent vous en aller et retourner en France; recommandez-moi, je vous prie, à la bonne grâce du Roi et des Barons, et quand vous serez retournés à Bordeaux, vous me recommanderez à la Duchesse ma mère, à mon frère et aux Barons du pays. Lors Guichard et les autres chevaliers répondirent tous à Huon qu'ils ne le délaisseraient ni à la mort ni à la vie, jusqu'à la mer Rouge. Seigneurs, leur dit-il, je vous remercie du grand service que vous m'offrez. Garin, qui était présent, appela deux de ses serviteurs et leur commanda de retourner vers sa femme, ce qu'ils firent aussi-tôt. Quand Huon vit que son oncle se disposait à demeurer avec lui, il lui dit: Mon oncle, il n'est pas nécessaire de vous tant inquiéter, je vous prie de retourner vers votre femme et vos enfans. Sire, dit Garin, à Dieu ne plaise que je vous abandonne que vous ne soyez retourné.

Mon oncle, dit Huon, je vous remercie de votre complaisance; ils sortirent de la chapelle et vinrent à Jérusalem, puis ils marchèrent tant par montagnes et vallons que s'il fallait raconter toutes les aventures qu'ils ont eu, je serais trop long à les détailler; mais ce qui est vrai, c'est qu'ils eurent beaucoup à souffrir, car ils passèrent les déserts et trouvèrent peu à manger, dont Huon fut très-fâché par rapport à ceux qui étaient avec lui. Les larmes lui vinrent aux yeux, il commença à regretter son pays, en disant: Noble Roi de France, quel tort vous ai-je fait pour me chasser ainsi et m'envoyer en des pays étrangers, afin d'abréger mes jours? Je prie Dieu qu'il vous le pardonne. Alors Garin et les autres Barons qui étaient là lui dirent: Ha! Sire, ne soyez pas surpris, Dieu est tout-puissant, il peut nous aider et secourir, jamais il ne délaisse ceux qui l'aiment. Ils entrèrent dans le bois et apperçurent, dans un lieu retiré, un vieillard qui avait une grande barbe blanche qui lui descendait sur l'estomac, et des grands cheveux épars sur ses épaules. Dès que Huon l'apperçut, il fut le trouver et le salua au nom de Dieu et de la Ste. Vierge Marie. Le vieillard leva alors les yeux au ciel et regarda Huon avec étonnement, car il y avait long-tems qu'il n'avait ouï un homme parler de Dieu; il regarda plus attentivement Huon et ne put retenir ses larmes: alors il s'avança, embrassa Huon qui lui dit: Ami, je vous prie de me dire pourquoi vous êtes si triste. Sire, dit le vieillard, il y a trente ans passés que je demeure ici, et je n'avais pas vu un seul homme craignant Dieu; mais quand je vous envisage, je me ressouviens d'un Prince que je vis jadis en France, qui avait nom le duc Sevin de Bordeaux, je vous prie de me dire si vous l'avez connu, ne me le cachez pas. Dites-moi, reprit Huon, qui vous êtes, et de quel pays vous êtes né. Sire, répondit le vieillard, vous me questionnez en vain, car premièrement vous me direz qui vous êtes, et pourquoi vous êtes ici. Huon lui dit: Ami, puisqu'il vous plaît je vous le dirai. Huon et ses gens descendirent de leurs chevaux qu'ils attachèrent aux arbres, alors Huon se vint asseoir auprès du vieillard, et lui dit: Ami, apprenez que je suis né à Bordeaux, fils du duc Sevin. Alors il lui raconta comment il vint en France, de la mort de Charlot fils de l'Empereur Charlemagne, et comme il mit à mort le traitre Amaury; il lui raconta ensuite comme l'Empereur Charlemagne l'avait banni du noble Royaume de France, et du message qu'il avait chargé de faire à l'Amiral Gandisse. Tout ce que je viens de vous raconter, lui dit-il, est l'exacte vérité. Dès que le vieillard l'eût entendu parler, il ne put retenir ses larmes; Huon lui dit ensuite: Puisque mon histoire vous touche tant, le duc Sevin, mon père, n'est plus; pour ma mère, je la crois encore vivante, ainsi qu'un frère qui est très-beau et que j'ai laissé avec elle, puisque vous savez maintenant toutes mes affaires, daignez m'aider de vos bons conseils. Je vous prie de me dire à votre tour qui vous êtes, d'où vous êtes né, et quel est le sujet pour lequel vous êtes venu ici? Sire, dit le vieillard, je suis né à Gironovil, et je suis frère du bon Prévôt nommé Guire, dans le tems que je partis de mon pays, j'étais un jeune chevalier qui allait dans les joûtes et tournois, de manière qu'étant un jour en un tournois qui se fit dans la ville de Poitiers, j'eus le malheur de tuer un chevalier de très-noble extraction, pourquoi je fus banni et chassé de France; mais mon frère le Prévôt présenta une requête au duc Sevin votre père, en le priant de faire la paix avec Charlemagne. Le duc Sevin alla à sa requête et prière, et de plusieurs autres Barons, parler au Roi, et firent tant que ma paix fut faite et ma terre me fut rendue, parce que je promis de venir adorer le saint Sépulcre, pour prier Dieu d'avoir pitié du chevalier mort, et qu'il voulût me pardonner mes péchés, et par cette manière, je partis du pays; et quand j'eus accompli mon voyage, je me mis en chemin pour m'en retourner. Mais comme je partais de Jérusalem et que je pris le chemin d'Acre, en passant par un bois qui est en Jérusalem

Naplouse,

Naplouse, dix Sarrasins me sautèrent sur le corps, me prirent et me menèrent en la ville de Babylone, où je fus en prison pendant deux ans entiers, où j'ai souffert une grande pauvreté et misère; mais Notre-Seigneur qui n'abandonne jamais ceux qui le servent et qui ont confiance en lui, me fit la grâce, par le moyen d'une noble et sage fille qui, par une nuit, me fit sortir de prison; je m'en vins en ce bois où j'ai été déja depuis trente ans, et depuis que j'y suis entré, n'ai vu ni entendu aucun homme qui crut en Jésus-Christ; ainsi je vous ai dit et conté toutes mes aventures. Quand Huon eut entendu parler le chevalier, il eut grande joie; il l'embrassa et lui dit qu'il avait vu plusieurs fois Guire le Prévôt, le regretter. Je vous prie, en conséquence, cher ami, de me dire votre nom. Je m'appelle Gérasme; et vous, lui dit Gérasme, quel est votre nom? J'ai nom Huon, et mon frère puîné, Girard.

Or, dites-moi de quoi vous nourrissez-vous depuis tant de tems? Sire, dit le vieux Gerasme, je n'ai mangé autre chose que des racines et des fruits que j'ai trouvé dans ce bois. Huon demanda à Gerasme s'il savait le langage Sarrasin. Oui, dit-il, aussi bien qu'un Sarrasin, et je connais tout le pays.

Quand Huon eut ouï parler Gerasme et qu'il l'eût bien questionné sur son être, il lui demanda s'il savait le chemin de Babylone: oui, dit Gerasme, il y a deux chemins, le plus long est de quarante journées, l'autre de quinze; mais je ne vous conseille pas d'aller par le plus court, parce qu'il faudrait passer un bois qui a seize lieues de long, et qui est plein de choses si étranges, que peu de gens y passent sans être arrêtés ou perdus, parce qu'il y a dedans le roi Oberon, qui n'a que trois pieds de hauteur, il est tout bossu, mais il a un visage angélique; il n'y a personne sur la terre qui, le voyant, ne prenne plaisir à le considérer tant il est beau. Aussi-tôt que vous serez entré dans le bois, si vous y voulez passer, il cherchera le moyen de vous parler, si vous le faites, vous êtes perdu pour toujours, sans jamais revenir; soit que vous passiez le bois en long ou en travers, vous ne pourrez vous empêcher de lui parler, car il se trouvera toujours devant vous. Ses paroles sont d'ailleurs si plaisantes à ouïr, qu'il n'est personne qui puisse se défaire de lui, et s'il voit que vous évitiez de lui parler, il sera fort irrité contre vous; car avant que vous soyez sorti du bois, il fera pleuvoir, venter, grêler et faire un très-grand orage que vous croirez que tout le monde va finir, vous croirez voir une grande rivière noire et profonde; mais sachez que vous pourriez bien y passer sans vous mouiller les pieds, car ce ne sont que fantômes et enchantemens que le nain vous fera pour vous attirer avec lui, et si vous pouvez éviter de lui parler, vous pourrez échapper; mais pour mieux faire, je vous conseille de prendre le plus long chemin, car je pense bien que vous ne pourrez lui échapper et seriez perdu à jamais. Huon ayant entendu Gerasme lui raconter toutes ces choses, en fut fort étonné. Il eût grand désir de voir le nain et les singulières aventures qui étaient dans le bois. Il dit à Gerasme que la crainte de la mort ne l'empêcherait pas de passer par le bois, puisqu'en quinze jours ils pourraient être à Babylone, et qu'il valait mieux laisser le chemin le plus long où ils pourraient trouver aussi des aventures, que d'ailleurs avant il fallait abréger son voyage; il dit à Gerasme que telle chose qui pût lui arriver, il passerait par le bois. Sire, dit Gerasme, vous ferez à votre bon plaisir, car tel chemin que vous teniez je vous suivrai, je vous menerai à Babylone vers l'Amiral Gaudisse que je connais. Quand nous serons arrivés, vous verrez une belle Demoiselle, la plus douce et la plus aimable qui fut jamais; elle est fille de l'Amiral Gaudisse.

Comme Gerasme partit du bois avec Huon, Garin et tous les autres, arrivèrent au bois où ils trouvèrent le Roi Oberon qui les conjura de lui parler.

HUON voyant la bonne volonté de Gérasme en fut bien joyeux, il le remercia des bons services qu'il lui offrait, il lui fit donner un cheval. Puis ils se mirent en chemin, et marchèrent tant qu'ils arrivèrent dans le bois du Roi Oberon. Huon et sa compagnie étaient accablés de lassitude, de faim et de chaleur, il y avait trois jours qu'ils n'avaient mangé de pain; Huon était si foible qu'il ne pouvait aller plus avant, il commença à se plaindre du grand tort que lui faisait l'Empereur Charlemagne; mais Garin et Gerasme eurent grande pitié de lui, car ils savaient bien qu'à cause de sa jeunesse la faim le pressait plus que ceux qui étaient d'un âge avancé. Ils descendirent sous un chêne, pour chercher aux environs de quoi lui donner à manger ainsi qu'à eux.

Ils débridèrent leurs chevaux pour les faire paître. Comme ils étaient sous l'arbre à converser, le nain vint à eux; il était vêtu d'une robe très-riche, car les pierres étaient si belles, qu'elles jetaient un éclat aussi brillant que celui du soleil. Il portait à la main un arc si riche, qu'on ne pouvait en dire la valeur, la flèche était belle aussi. Il portait au cou un riche cor; ce cor était si riche et si beau, qu'il n'y a personne qui en eut vu un pareil. Les fées de l'île chifalonnie l'avaient fait, elles furent quatre qui y travaillèrent; l'une d'elles donna au cor un son si singulier que tous ceux qui l'entendaient sonner, eussent-ils été malades, se sentaient guéris tout-à-coup, cette fée se nommait Gloriande; l'autre fée qui se nommait Goit Transeline, y donna encore un autre beau son, car celui qui aurait le cor, n'aurait qu'à le sonner, eut-il la faim la plus grande du monde, il serait rassasié comme s'il eut mangé d'excellens mets et bû du meilleur vin du monde. L'autre fée qui se nommait Maraphase y donna encore un plus beau son; car celui qui sonnerait le cor, tant de chagrin eut-il au cœur, qu'il danserait et chanterait.

La quatrième fée, qui se nommait Lompatrix, donna au cor un tel son qu'on pouvait entendre sonner le cor de cent journées loin, selon la volonté de celui qui le sonnerait; alors le Roi Oberon qui avait vu ces quatorze compagnons ensemble, mit le cor en sa bouche et lui fit rendre un son si mélodieux, que les quatorze compagnons qui étaient sous un arbre, eurent si parfaite liesse au cœur, qu'ils n'eurent plus ni faim ni soif, ils se mirent à chanter et danser.

Ha Dieu! dit Huon, que nous est-il arrivé? il me semble que nous sommes à Paris; tout-à-l'heure je ne pouvais pas me soutenir par la faim et soif que j'avais, mais je ne sais ce qui doit nous arriver. Sire, dit Gerasme, apprenez que c'est le Nain bossu que vous verrez passer tantôt. Ne lui parlez pas si vous ne voulez rester avec lui. N'ayez aucun doute, dit Huon; comme ils parlaient, le Nain bossu commença à crier, et dit: Mes quatorze hommes, qui passez par mon bois, Dieu vous garde; je vous prie de me parler, je vous conjure de la part du Dieu tout-puissant, de me répondre.

Comme le Roi Oberon fut fâché de ce que Huon ne voulait pas lui parler, et des peurs qu'il fit à Huon et sa compagnie.

HUON et ses compagnons entendirent parler le nain, ils montèrent à cheval très-précipitamment, et s'enfuirent tant qu'ils purent sans sonner mot. Le nain voyant qu'ils s'en allaient sans lui rien vouloir répondre, en fut très-courroucé, il mit un de ses doigts sur le cor, alors il commença à sortir un vent et une tempête si horrible, qu'il n'y avait aucun arbre audit bois qui ne fut brisé, il vint une pluie si grande qu'il semblait que le ciel et la terre se confondissent ensemble. Les bêtes du bois commencèrent à crier et braire, et les oiseaux tombaient morts par terre par la peur qu'ils avaient, il n'y a personne au monde qui n'en fut effrayé. Ils virent ensuite une grande rivière qui roulait précipitamment et paraissait noire et périlleuse, et menait un tel bruit que l'on pouvait l'entendre à dix lieues à la ronde. Huon dit alors: Je vois bien que nous sommes perdus et que nous ne pourrons échapper d'ici, si Dieu n'a pitié de nous; je me repens bien d'être entré dans ce bois, j'aimerais mieux m'être détourné d'un an de chemin plus long que d'être venu ici. Sire, dit Gerasme, ne vous troublez pas, car c'est le nain bossu qui fait tout cela, il faut tous descendre de nos chevaux, car je m'imagine que nous allons périr. La peur s'empara alors de Garin et de ses compagnons. Ah! Gerasme, dit Huon, vous m'avez bien dit que ce bois était dangereux, je me repens bien de ne vous avoir pas cru. Ils regardèrent de l'autre côté de la rivière et virent un château très-riche et très-beau, qui était flanqué de quatorze grosses tours, sur chacune desquelles il y avait un clocher d'or, ils regardèrent long-tems; mais ils n'eurent pas cotoyé la rivière d'un trait d'arc, qu'ils ne virent plus le château et ne surent ce qu'il était devenu; car au lieu où ils l'avaient vu, il n'y avait aucune apparence qu'il y eut un chateau, dont Huon et ses compagnons furent bien étonnés.

Gerasme dit à Huon: Ne soyez pas surpris de tout ce que vous voyez, car c'est pour nous attraper que le nain bossu fait tout cela; mais il sera bien surpris, si nous ne lui parlons pas, et il nous poursuivra en courroux, parce que nous ne voudrons pas lui répondre; mais je vous prie de ne pas vous effrayer; ainsi marchons en sûreté, et ne lui répondons pas un seul mot. Sire, dit Huon, j'aimerais mieux le voir périr que de lui répondre un seul mot. Ils se mirent en devoir de traverser la rivière; mais ils ne trouvèrent point d'eau qui les empêchât de passer; ils marchèrent bien pendant cinq lieues. Seigneur, dit Huon à Gerasme, nous devons bien remercier Notre-Seigneur Jésus-Christ d'être échappé aux poursuites de ce nain bossu; car il nous a fait une grande peur, que Dieu le confonde; ainsi s'en allaient nos gens parlant de la terreur que leur avait fait le Roi Oberon.

Comme le Roi Oberon poursuivit tant Huon qu'il le força de lui parler.

GERASME voyant que ses Barons se croyaient échappés, il leur dit: Ne croyez pas que vous soyez hors de danger, car nous pourrons bientôt le voir. A peine eut-il parlé, qu'ils virent devant eux un petit pont sur lequel ils devaient passer, et virent le nain qui était de l'autre côté; Huon le vit le premier et dit: Je vois devant moi ce diable qui nous a fait tant de maux. Oberon l'entendit et lui dit: Vassal, tu m'injurie sans cause, car je n'ai jamais eu aucune envie de faire du mal à qui que ce soit. Je suis un homme comme un autre; mais je vous conjure de me parler. Lors Gerasme s'écria et dit: Seigneur, laissons-le partir sans lui rien répondre, car par ses belles paroles il pourrait bien nous perdre, il en a bien perdu d'autres. Ils piquèrent alors leurs chevaux et marchèrent tant qu'ils pûrent et laissèrent le nain tout seul très-courroucé contre eux de ce qu'ils n'avaient pas voulu lui parler. Il prit son cor et commença à sonner. Quand Huon et ceux de sa compagnie l'entendirent, ils ne purent aller plus avant, et commencèrent tous à chanter. Oberon dit alors: Ces gens qui s'en vont sont très-sous, parce qu'ils n'ont pas voulu me répondre; mais je fais serment qu'ils me le payeront cher: il reprit son cor et frappa trois coups sur son arc, puis s'écria fort haut: Tous mes hommes, je vous commande de venir me parler. Aussi-tôt arrivèrent plus de quatre cents hommes armés qui demandèrent à Oberon ce qu'il désirait et qui pouvait être celui qui l'avait troublé. Seigneurs, dit Oberon, je vous le dirai; mais je suis bien fâché d'être obligé de vous le dire. Il y a quatorze chevaliers qui passent par ce bois, qui n'ont pas daigné me parler; mais afin de les punir, je leur ferai payer bien cher le refus qu'ils m'ont fait, allez après eux et les faites mourir sans en épargner un. Alors un des chevalier s'avança et dit: Sire, ayez pitié d'eux. Certes, dit Oberon, je ne le puis faire, il y va de mon honneur, puisqu'ils ont refusés de me parler. Sire, dit Gloriant, ne faites pas ce que vous dites, mais croyez mon conseil et vous ferez bien, puis vous ferez à votre volonté: allez encore une fois après eux, et s'ils ne veulent vous parler, alors vous aurez raison de faire à votre volonté, et je ne vous en prierai pas davantage; et s'ils ne le font pas, nous irons tous incontinent les faire mourir, et quand il vous verront, ils auront grande peur. Ami, dit Oberon, je ferai ce que vous m'avez dit: Huon et ses compagnons marchèrent à grandes journées. Gerasme, dit Huon, nous sommes déja bien éloignés de cinq lieues. Je ne crois pas avoir jamais vu un plus beau visage, car plus on le regarde et plus on le trouve beau. Il parle bien de Dieu; si c'était un ennemi d'enfer, je ne peux m'imaginer qu'une créature ainsi formée ait la volonté et le pouvoir de nous faire du mal, car il ne parait pas avoir plus de cinq ans. Sire, lui dit Gerasme, tout petit qu'il est, et quoiqu'il ne paraisse qu'un enfant, il est né plus de quarante ans avant Jésus-Christ. Peu m'importe, dit Huon, son âge m'est indifférent; mais s'il revient encore, ne me sachez pas mauvais gré si je lui parle. Ils avaient fait déja quinze lieues en conversant, lorsqu'ils virent Oberon devant eux qui leur demanda pourquoi ils n'avaient pas voulu lui répondre; mais, dit-il, je viens encore une fois de la part de Dieu qui nous forma, vous conjurer de me vouloir parler; si vous ne le faites, je vous regarderai comme fous, vous ne pourrez m'échapper à moins que je ne le veuille bien. Ah! Huon, dit-il, je vois bien où tu veux aller et ce que tu vas chercher; car je sais que tu as tué Charlot et Amaury, et je sais le message que Charlemagne t'a chargé de faire à l'Amiral Gaudisse; tu ne peux absolument le faire sans mon secours; si tu veux me parler, je te ferai réussir dans ton entreprise; quand tu auras fait ton message, je te remenerai en France en sûreté. Je sais bien que c'est le vieillard Gerasme qui t'a empêché de me parler; mais garde-toi d'aller plus avant, car je sais qu'il y a trois jours passés que tu n'as rien mangé qui put te profiter, si tu me veux croire, tu en auras bientôt et seras libre de t'en aller. Sire, dit Huon, ne me veuillez pas de mal. Non, dit Oberon, apprends que tu viens de faire une bonne action, tu dois en rendre grâce à Dieu.

Des grandes merveilles que le Roi Oberon raconta à Huon de Bordeaux, et des choses qu'il fit.

Lorsque Huon eut entendu Oberon, il fut bien surpris et lui demanda si ce qu'il lui disait était vrai; oui, dit Oberon, n'en faites aucun doute. Sire, dit Huon, je m'étonne fort pourquoi vous nous avez toujours poursuivis. C'est, dit Oberon, parce que je t'aime et chéris à cause de ta loyauté, et si tu veux savoir qui je suis, je te le dirai: Je suis fils de Jules César et de la Dame de l'île Celez, qui fut jadis fort aimée de Florimont d'Albanie; mais parce que Florimont, qui était jeune alors, avait une mère qui fit tant qu'elle vit ma mère et Florimont ensemble dans un lieu écarté sur la marine; quand ma mère vit que la mère de Florimont les avait vu, elle se sauva et laissa à grand regret son ami Florimont, et elle ne le vit depuis ce tems; elle s'en retourna dans l'île de Celez, que l'on nomme à présent Chisalonie, où elle se maria depuis et eut un fils qui, dans son tems, fut Roi d'Egypte, on l'appela Neptanebus, et l'on dit que ce fut lui qui engendra Alexandre-le-grand, qui depuis le fit mourir. Sept ans après ou environ, César passa la mer et alla en Thessalie, où il combattit le grand Pompée; il passa ensuite par Chisalonie, où ma mère lui fit beaucoup d'accueil. Il devint amoureux d'elle, parce qu'elle lui dit qu'il fallait se défaire de Pompée, ce qu'il fit. Ainsi je t'ai dit qui fut mon père; apprends à présent qu'à ma naissance ont assisté des Princes et plusieurs nobles fées qui vinrent voir ma mère en ses couches, dont entre les autres, il y en eut une qui se fâcha de ce qu'elle n'avait pas été appelée comme les autres quand je vins au monde, pourquoi elle me fit un don qui fut tel que, passé l'âge de trois ans, je ne grandirais plus, ainsi tu le peux voir, mais elle s'en repentit aussi-tôt et voulut me récompenser d'une autre manière: elle me doua que je serais le plus beau que jamais la nature forma, comme tu peux le voir aussi. Une autre fée, nommée Transseline, me traita mieux, car elle me fit le don que tout ce qu'un homme pourrait penser, soit en bien ou en mal, je le saurais aussi-tôt. La troisième fée, pour plaire encore plus à ma mère, me doua que tant loin que je souhaitasse me trouver, j'y serais au même instant et que j'aurais à mon service autant de gens que je voudrais en avoir. Si je veux qu'un palais soit bâti, il va paraître et disparaître au même instant. Si je veux des viandes et des vins exquis, je les ai aussitôt: apprends que je suis Roi de Mommur, quoiqu'il y ait quatre cents lieues d'ici, j'y suis aussi-tôt que je désire d'y être. Apprends que tu es arrivé ici à bon port; je sais bien que tu as grand besoin de manger, car il y a trois jours que tu n'as mangé de nourriture solide; mais je vais t'en faire avoir: dis-moi, veux-tu que ce soit dans cette prairie, ou dans la salle du Palais, ce sera comme tu voudras, et il y aura assez pour toi et tes gens. Sire, dit Huon de Bordeaux, je suivrai votre volonté en toutes choses. Sans aller au contraire, je ne t'ai pas encore conté le don que fit à ma naissance la quatrième fée; c'est qu'il n'y a ni oiseau, ni bêtes si cruelles, que je ne puis avoir à la main. Elle me fit encore le don de ne paraître jamais plus vieux que tu me vois, et lorsque je mourrai, ma sépulture est à Paris, car je sais bien que toutes choses créées doivent finir. Sire, lui dit Huon, qui a un tel don doit le garder. Tu as bien fait de me parler, jamais tu ne pourras avoir une si belle aventure. Or, dis-moi naturellement de quelle viande tu veux manger et de quel vin tu veux boire; Huon lui répondit: Pourvu que je mange et que mes gens soient rassasiés, peu m'importe que ce soit des viandes recherchées. Quand Oberon l'entendit, il se prit à rire et leur dit: Asseyez-vous tous dans la prairie, car ce que je fais est par la permission du Seigneur, n'en doutez point. Il commença aussi-tôt à souhaiter: il dit à Huon et à ses gens de se lever, ce qu'ils firent incontinent, et virent devant eux un riche palais, composé de chambres et de salles tendues de riches étoffes de soie brochées d'or. Dans une des salles étaient des tables chargées de différents mets. Quand Huon de Bordeaux et ses gens virent ce beau palais devant eux, ils furent tous étonnés.

Oberon prit alors Huon par la main, et quand ils furent tous venus au palais, ils y trouvèrent des domestiques qui vinrent au-devant d'eux, portant des bassins ornés de pierres précieuses; ils donnèrent à laver les mains à Huon le premier et à ses gens, on se mit ensuite à table où il y avait plus de vivres que l'on en pouvait désirer. Oberon s'assit le premier comme chef de la table, sur un riche banc d'ivoire garni d'or et de pierres précieuses; il avait une telle vertu, que tous ceux qui auraient voulu prendre quelqu'un qui fut assis dessus pour le mettre en prison, mouraient aussi-tôt qu'ils l'auraient touché. Oberon, orné de ses riches atours, était assis dessus. Huon qui était assis auprès de lui, commença à manger d'un fort bon appétit; mais Gerasme qui était là, ne pouvait manger, tant il craignait d'être contraint de demeurer là. Oberon s'en aperçut, et lui dit tout fâché: Gérasme, buvez et mangez, et sitôt que vous serez rassasié, vous pourrez aller où bon vous semblera. Quand Gérasme entendit ces paroles, il en fut bien aise et commença à boire et manger, car il se fiait à la parole qui lui avait été donnée. Tous les Barons burent et mangèrent beaucoup, car il y avait tant de sortes de mets, qu'on ne pouvait en faire le détail. Quand ils eurent bien dîné, ils dirent au Roi Oberon qu'il leur avait promis qu'ils pourraient prendre congé de lui, Oberon leur répondit: Ce sera quand bon vous semblera, mais j'aimerais mieux que vous voulussiez rester. Huon lui dit qu'il en serait assez content; mais s'il voulait auparavant lui montrer ses bijoux. Alors Oberon appela le chevalier Gloriant, puis lui commanda d'aller chercher son hanap, ce que le chevalier fit aussitôt; et dès qu'il l'eut apporté, Oberon le prit, et dit à Huon: Tu vois bien que ce hanap est vuide et qu'il n'y a rien dedans. Sire, dit Huon, cela est vrai; alors le Roi posa son hanap sur la table, et dit à Huon qu'il vit le grand pouvoir que Dieu lui avait donné, et comme dans la féerie on peut faire ce que l'on veut, il fit alors le signe de la croix par trois fois sur le hanap, et il fut incontinent rempli d'excellent vin. Oberon lui dit alors: Vous avez bien vu que cette chose vient de la grâce de Dieu; mais encore, je te veux dire la grande vertu de mon hanap; car si tout le monde qui est sur la terre était ici assemblé, que le hanap fut dans la main d'un homme exempt de péché mortel, il y aurait assez de quoi les rassasier; mais s'il était en péché mortel, le hanap perdrait aussi-tôt sa vertu, et s'il est vrai que tu puisses y boire, je te le permets, prends le hanap. Sire, dit Huon, de ce don je vous remercie, car je ne me crois pas digne d'y toucher ni d'y boire; car jamais de ma vie je n'ai vu un hanap si rempli de vertus; sachez que je me suis confessé de mon mieux de tous mes péchés dont je suis bien repentant d'en avoir tant fait; je n'en veux à personne, quelque soit l'injure qu'on puisse m'avoir fait. Huon prit alors le hanap à deux mains, le porta à sa bouche, but du vin à sa satisfaction, ce qui fit l'admiration de ses gens qui étaient là présents.

Des présens que le Roi Oberon fit à Huon, savoir: du beau cor d'ivoire, et du bon hanap qui avait de grandes vertus que Huon voulut éprouver, et dont il fut en grand doute de mort.

Quand Oberon vit cette chose, il fut très joyeux, et vint auprès d'Huon qu'il embrassa en lui disant qu'il était loyal et prud'homme. Je te donne le hanap tel qu'il est; mais fais attention à ce que je te dirai; si tu veux conserver ton hanap, sois loyal et prud'homme; car si tu veux suivre mon conseil, je t'aiderai et te secourerai dans toutes tes entreprises; mais tu n'auras pas plutôt fait ou dit un mensonge, que la vertu du hanap sera évanouie, et tu perdras mon amitié et mon secours. Sire, dit Huon, je m'en garderai bien; je vous prie maintenant de vouloir bien me laisser partir. Oberon lui dit: Attends encore un peu, j'ai un joyau à te donner à cause de ta prudence, je te donnerai un riche cor d'ivoire qui a bien de la vertu, et tu l'emporteras avec toi, et il est d'une telle valeur, que tant loin que tu puisse être de moi, tu n'auras qu'à sonner ledit cor, et aussi-tôt je serai vers toi avec cent mille hommes armés pour te secourir, s'il en est besoin; mais je te recommande encore une chose, si tu ne veux perdre mon amitié. Je te défends, sur peine de la vie, que tu fasses sonner ce cor sans en avoir besoin, et si cela t'arrive, je fais serment que tu te trouveras dans la plus grande misère où jamais homme ne se soit trouvé, de manière que personne ne pourra te voir sans avoir compassion de toi. Sire, dit Huon, je m'en garderai bien, je vous prie maintenant de me laisser aller d'ici. Ami, dit Oberon, je veux bien que vous partiez d'ici, je prie Dieu qu'il vous veuille garder; alors il fit appareiller et trousser ses équipages, il n'oublia pas son hanap, il prit aussi son cor qu'il passa en forme de carquois; ensuite, lui et ses gens prirent congé du Roi Oberon, et le remercièrent humblement des beaux présens qu'il leur avait fait.

Alors Oberon embrassa Huon en pleurant. Quand Huon vit cela, il en fut surpris, et lui demanda pourquoi et à quel sujet il pleurait; Oberon lui répondit qu'il devait bien le savoir, puisqu'il emportait deux choses qu'il aimait bien.

Dieu vous conduise, je ne puis plus vous parler. Lors les quatorze chevaliers se mirent en chemin; et quand ils eurent fait quinze lieues ou environ, ils virent une grosse rivière qui était très-profonde, ils ne virent aucun gué par où ils puissent traverser, dont ils furent bien surpris, et ne savait quoi faire, comme ils étaient à s'aviser, ils aperçurent un serviteur du Roi Oberon qui passa devant eux, portant une verge d'or à la main, et sans leur dire un seul mot, il prit sa verge et en frappa trois coups sur la rivière : aussi-tôt l'eau se retira des deux côtés, de manière qu'on pouvait la passer à pied sec sans risque. Après qu'il eut fini, il se retira sans rien dire; alors Huon et ses gens passèrent la rivière; ils regardèrent derrière eux, et virent que l'eau de la grande rivière était rentrée dans son lit comme auparavant. Par ma foi, dit Huon, je crois que nous sommes enchantés par le Roi Oberon, et puisque nous sommes échappés de ce péril, nous n'aurons désormais aucun doute; ainsi les quatorze chevaliers marchaient en chantant par le bois qui était très-long; ils conversaient ensemble des choses merveilleuses qu'ils avaient vu faire au Roi Oberon, et ainsi s'avançaient en s'entretenant de lui. Huon regarda à droite et vit un beau pré couvert d'herbe et de fleurs, au milieu duquel était une claire fontaine. Ils débridèrent leurs chevaux en cet endroit pour les faire paître, puis ils étendirent une nappe sur l'herbe, et mirent dessus les vivres dont Oberon leur avait fait présent; ils mangèrent et burent du vin, tel qu'ils le trouvèrent au hanap. Huon dit alors : Nous avons eu un grand bonheur de rencontrer Oberon et de lui avoir parlé; il m'a bien fait connaître son amitié en me donnant ce hanap, car si je puis retourner en France sain et sauf, je le donnerai à Charlemagne qui en sera joyeux; et s'il y peut boire, les Barons en seront aussi bien réjouis. Il se repentit à l'instant d'avoir formé ce dessein, et dit en lui-même : Je suis bien fou d'y penser, je ne sais pas encore quelle fin m'est réservée; mais mon hanap vaut mieux que deux villes. Je ne puis m'imaginer que ce qu'il m'a dit de la vertu du cor soit bien vrai; il n'est guère possible que l'on puisse l'entendre de si loin; mais, m'arrive ce qu'il pourra, je veux l'essayer afin de m'en convaincre. Sire, dit Gérasme, prenez garde à ce que vous ferez, souvenez-vous de la défense qu'Oberon vous a faite lorsque nous partîmes; vous nous feriez pendre tous, si vous passiez ses commandemens. Sire, dit Huon, cela m'est égal, je veux l'essayer : alors il prit le cor, et le portant à sa bouche, il le fit sonner si haut que sa voix en retentit. Gérasme et les autres l'ayant entendu en furent joyeux; alors Garin s'écria et dit : Sonnez, beau neveu, ne feignez point, ce qu'il fit avec tant de force qu'Oberon, qui était à quinze lieues de là, l'entendit très-clairement, et dit : Grand Dieu ! j'ai entendu sonner du cor par mon meilleur ami; qui peut être si hardi pour lui faire du mal ? je me souhaite auprès de lui avec cent mille hommes armés pour le secourir; il n'eut pas plutôt dit, qu'il se trouva auprès de Huon avec cent mille hommes. Quand Huon et ses gens virent venir la puissante armée, à la tête de laquelle marchait Oberon : la frayeur s'empara d'eux, on n'en doit pas être surpris, Huon avait manqué aux ordres qui lui avaient été donnés; alors il s'écria : Seigneurs, que j'ai mal fait de sonner le cor ! car je vois bien que nous ne pourrons échapper, et qu'il ne nous reste plus qu'à mourir. Gérasme lui dit : Vous l'avez bien voulu. Laissez-moi faire, dit Huon, ne vous embarrassez de rien, laissez-moi lui parler. Aussi-tôt vint Oberon, qui s'écria, et dit tout haut : Dieu puisse-t-il te maudire, ou ceux qui veulent te mal faire. Sire, dit Huon, je vais vous dire la vérité : Comme nous étions assis en cette prairie, où nous buvions et mangions des biens que vous nous donnâtes lors de notre départ; comme j'avais essayé la vertu du hanap que vous m'aviez donné, je pensais que je pourrais pareillement essayer le riche cor, afin que je pusse être assuré, si je me trouvais dans quelques affaires; je suis persuadé de la vérité. Sire, je vous conjure, au nom de Dieu, de me pardonner cette faute. Prenez mon épée et tranchez-moi la tête, car je sais certainement que sans vous et votre secours, je ne puis venir à bout de mes entreprises.

Huon, lui dit Oberon, la bonté et la grande loyauté que j'ai toujours reconnu en toi, m'engagent à te pardonner; mais garde-toi bien, dorénavant, d'être assez hardi pour passer davantage mes commandemens. Sire, dit Huon, je vous remercie du pardon que vous m'avez fait. Huon, je sais véritablement que tu auras beaucoup à souffrir, car il faudra passer par une ville appelée Tourmont, en laquelle est un tyran nommé Macaire, et son oncle est frère de ton père le duc Sevin ; du tems qu'il était en France, il avait formé le dessein d'étrangler le Roi Charlemagne ; mais son intention fut découverte, et il eut été pendu, si ce n'eut été pour l'amour de ton père ; le Roi l'envoya au Saint Sépulcre, pour y faire pénitence du mal qu'il avait fait ; il renia depuis Notre-Seigneur, et prit la loi des Payens à laquelle il s'est si fort attaché, que quand il entend quelqu'un qui parle de Jésus-Christ, il le fait mourir incontinent, et ne tient jamais les promesses qu'il donne. Aye de lui une grande méfiance, car certainement il te fera mourir s'il est en son pouvoir ; tu ne pourras pas lui échapper, si tu prends ton chemin par la ville où il demeure ; ainsi je te conseille de n'y pas passer, et de prendre par un autre chemin, si tu veux être sage. Sire, dit Huon, je vous remercie de votre attachement et de vos bons avis, mais quoiqu'il m'en puisse arriver, j'irai vers mon oncle, et s'il est tel que vous me l'avez dit, soyez certain que je le ferai mourir de mort violente ; si je puis me souvenir, je sonnerai de mon cor ; car je suis persuadé que vous me viendrez secourir. Oberon lui répondit : Sois certain de cela ; mais je te défends une chose expressément, c'est que tu ne sois jamais assez hardi pour sonner le cor que je t'ai donné, à moins que tu ne reçoive la première blessure ; car si autrement tu passais ou faisais le contraire de mes commandemens, je te ferai tant de martyre, que ton corps ne le pourra supporter. Sire, répondit Huon, soyez persuadé que je ne voudrais jamais passer vos commandemens pour toutes choses au monde. Lors Huon prit congé du Roi Oberon qui fut bien fâché de le voir partir. Sire, dit Huon, je suis surpris de vous voir verser des larmes.

Je vous prie de vouloir bien me dire quel est le sujet de vos pleurs. Oberon lui répondit : C'est le grand amour que j'ai pour toi qui me donne tant de chagrin ; car je prévois que tu endureras tant de peines, de maux et de tourmens, qu'il n'y a personne qui puisse dire ni raconter ce qui t'arrivera. Sire, dit Huon, vous me dites des choses qui ne me serviront de rien. Certes, dit Oberon, tu en auras encore plus que je ne t'ai dit, le tout par ta faute.

Comment Huon de Bordeaux arriva à Tourmont, et trouva un Sergent à la porte, qui le mena loger à l'hôtel du Prévôt de la ville.

Apres qu'Oberon eût parlé et dit à Huon ce qu'il avait à lui dire, il partit d'un côté et Huon de l'autre ; lui et ses gens montèrent sur leurs chevaux, et marchèrent à si grandes journées, qu'ils arrivèrent enfin dans la ville de Tourmont. Gérasme, qui autrefois avait été envoyé à Tourmont, dit à Huon : Sire, nous sommes bien mal arrivés, car nous sommes près de Tourmont. Nous sommes en danger d'avoir beaucoup à souffrir. Ne vous étonnez de rien, lui répondit Huon, car à la volonté de Dieu, nous lui échapperons ; car personne ne peut nuire à celui à qui Dieu tend une main secourable ; ils entrèrent ensuite dans la ville : et comme ils passaient sous la porte, ils rencontrèrent un Sergent qui portait un arc à la main, avec lequel il venait de s'amuser à la campagne. Huon, qui marchait devant, le salua au nom de Dieu et de la Vierge Marie sa mère, et lui dit : Ami, comment nommez-vous cette ville? alors le Sergent s'arrêta tout court et parut fort surpris de les entendre parler de Dieu. Il leur dit ensuite : Seigneurs, que le Dieu de la part de qui vous m'avez salué, vous veuille préserver de malheur : je vous prie, si vous aimez la vie, de parler si bas, que l'on ne puisse vous entendre ; car si le Seigneur de cette ville le savait, et qu'il fut averti que vous êtes chrétiens, il vous ferait périr dans de cruels tourmens. Vous pouvez bien avoir confiance en moi, car je suis chrétien, et je n'ose me montrer par la peur que j'ai du Duc. Ami, lui dit Huon, je vous prie que vous me vouliez dire qui est le Prince de cette ville, et comment il s'appelle. Sire, lui répondit le Sergent, c'est un traître abominable qui, dans le tems qu'il était chrétien, avait nom Macaire, lequel a renoncé à Dieu, et est si fier et outrageux, qu'il n'est aujourd'hui personne qu'il déteste plus que ceux qui croyent en Jesus-Christ. Mais, Sire, je vous prie de me dire où vous voulez aller. Huon lui répondit qu'il voulait aller vers la mer Rouge, et de-là en Babylone; je voudrais bien séjourner en cette ville, car mes gens et moi sommes fort fatigués. Sire, dit le Sergent, si vous voulez me croire, vous n'entrerez jamais dans cette ville; car si le Duc apprenait que vous y fussiez logé, il n'y a personne qui fût assez puissant pour vous garantir de mort. Sire, si c'est votre plaisir, il y a un chemin qui peut vous empêcher de passer par la ville. Sire, dit Gérasme, écoutez les bons avis que cet homme vous donne; Huon lui répondit: Non, je ne les suivrai pas, il est déja tard, car le soleil commence à baisser; ainsi je me logerai cette nuit dans la ville, quoiqu'il m'en puisse arriver, car on ne doit pas éviter un bon endroit. Sire, dit le Sergent, puisque votre volonté est telle, pour l'amour que je dois à Dieu, je vous mènerai à l'hôtel d'un bon prud'homme qui croit en Dieu, lequel s'appelle Gondre; il est Prévôt de cette ville et bien aimé du Duc. Ami, dit Huon, que Dieu vous récompense; alors le Sergent marcha devant eux: et ils marchèrent par la ville, jusqu'à ce qu'ils furent enfin arrivés à l'hôtel du Prévôt, lequel ils trouvèrent sur la porte. Huon, qui savait bien s'exprimer, le salua au nom de Dieu et de la Vierge Marie. Alors le Prévôt se leva et regarda Huon avec un air d'étonnement, pensant en lui-même qui pouvaient être ceux qui l'avaient salué au nom de Dieu, et leur dit: Seigneurs, soyez les bienvenus; mais, pour Dieu, je vous prie de parler bas, de peur d'être entendu; car si le Duc de cette ville le savait, vous seriez perdu à jamais; mais si en mon hôtel vous voulez demeurer, pour l'honneur de celui par qui vous m'avez salué, tous les biens de mon hôtel, autant qu'il y en a, seront les vôtres, et vous en disposerez comme bon vous semblera, car tout est à votre service. Sire, sachez que dans mon hôtel j'ai tant de biens, grace à Dieu, que si vous étiez deux ans ici, il ne serait pas besoin que vous en allassiez acheter ailleurs. Sire, dit Huon, je vous remercie de la belle offre que vous me faites. Huon et ses gens descendirent de cheval, et il se trouva aussi-tôt des serviteurs qui prirent et menèrent loger leurs chevaux. L'hôte mena ensuite Huon, Garin, et les autres dans sa chambre, pour qu'ils changeassent d'habillemens, puis ils vinrent dans la salle où ils trouvèrent les tables mises et apprêtées; alors ils s'assirent tous et furent très-richement servis de toutes sortes de mets que l'on avait pu trouver ce jour-là. Lorsqu'ils furent suffisamment rassasiés, ils se levèrent de table, et Huon appela Gérasme et lui dit de se hâter d'aller par la ville, pour trouver un hérant qui criât, de carrefour en carrefour, que tous ceux qui voudraient venir souper à l'hôtel du Prévôt Gondre, tant nobles, que non nobles, hommes, femmes, enfans, riches ou pauvres; et avec ce, qu'il leur soit dit qu'ils pouvaient venir, et qu'ils ne payeraient rien, qu'ils auraient à boire et à manger de toutes sortes de viandes et de vins qu'ils pourraient désirer. Il recommanda à Gérasme d'acheter des vivres autant qu'il en pourrait trouver dans la ville. Sire, dit Gérasme, vos ordres vont être exécutés; l'hôte dit à Huon: Vous savez bien que tout ce qu'il y a dans mon hôtel est à votre disposition; ainsi il est inutile que vous en alliez chercher ailleurs, je vous prie de vouloir profiter des offres que je vous fais de bon cœur. Sire, dit Huon, je vous en remercie, nous avons assez d'argent pour fournir à tout ce que nous voulons acheter, et de plus, j'ai un hanap d'une excellente vertu; car si tous ceux qui sont en cette ville, étaient ici, ils pourraient contenter leur soif. Quand l'hôte entendit Huon, il sourit, croyant que c'était par badinage. Alors Huon tira son cor comme un malavisé, il le donna ensuite à garder à son hôte, en lui disant: Le cor que je vous donne à garder est rare, ainsi je vous prie de me le rendre quand je vous le demanderai. Sire, dit l'hôte, je vous le garderai et vous le rendrai quand vous le demanderez. Alors il prit le cor et le mit en son écrin; mais depuis, il eut tout sujet de s'en repentir, comme vous pouvez l'entendre.

Comme Huon donna à souper aux pauvres de la ville; comme le Duc de Tourmont était oncle de Huon, qu'il emmena dans son château.

Gérasme, aussi-tôt qu'il eût le commandement de Huon d'aller par la ville, il monta à cheval, et trouva un garçon par lequel il fit crier ce que Huon lui avait ordonné. Quand le cri fut fait, il ne demeura pautonnière ni tribot, romèle ni jong fûr, ni vieux ménétrier qui ne se trouvassent en foule à l'hôtel du Prévôt, et ils le disaient à tous ceux qu'il rencontraient dans leur chemin. Il y en vint ainsi plus de quatre cents qui se trouvèrent au souper de Huon; et il ne resta point de pain chez les boulangers, ni de viande à l'étal des bouchers; car tout fut acheté et emporté à l'hôtel de Huon. Le souper fut bientôt préparé, et ils se mirent tous à table. Huon les servait, tenant son hanap à la main, duquel il versait de table en table, dans les pots qui y étaient, et le hanap demeurait toujours plein; quand la tête des convives commença à s'échauffer, par l'abondante boisson et nourriture qu'ils avaient pris, les uns commencèrent à chanter, les autres dormaient sur la table, et d'autres se battaient à coups de poing, de sorte que c'était merveille de les entendre mener une telle vie. Huon était bien joyeux de les entendre. Pendant que toutes ces réjouissances se faisaient, le Maître d'hôtel du Duc était allé dans la ville, pensant qu'il trouverait des vivres pour ledit Duc; mais quand il fut arrivé, il ne trouva ni pain ni viande, pas même d'autres vivres, dont il fut très-courroucé; il s'informa d'où cela provenait, et à quel sujet on ne pouvait trouver, à cette heure, des vivres comme on avait coutume. Sire, lui dit le boucher, il y a dans l'hôtel du Prévôt Gondre, un homme qui a fait crier par la ville, que tous truans, ribauts et lourdiers, vinssent souper à son hôtel; en conséquence, il a fait acheter tout ce qu'il a pu trouver dans la ville. Le Payen, fort irrité de cela, sortit précipitamment de son palais, et fut à celui du Duc: il lui dit que l'on n'avait rien trouvé dans la ville en fait de vivres, à cause qu'il y avait un vassal qui était chez le Prévôt, et qui avait fait acheter tout ce qu'il y avait pour donner à souper à tous les truans, ribauts, estrumules qu'il a pu trouver dans la ville, et ils sont logés à l'hôtel du Prévôt. Quand le Duc l'entendit, il en fut bien fâché, et jura par Mahomet qu'il les irait voir; il commanda que l'on se tint prêt et armé pour l'accompagner. Il s'arma lui-même et prit son épée; comme ils étaient prêts à partir du palais, il vint un traître qui était sorti de l'hôtel du Prévôt, où il avait soupé avec les autres, et dit au Duc: Sire, apprenez que dans l'hôtel de votre Prévôt, il y a un chevalier qui donne à souper à tous les gens qu'il a pu voir et rencontrer en cette ville, et il n'y a truant ni paillard, ni autre qui eût désiré avoir à souper, qui n'y soit accouru; apprenez aussi que ledit vassal dont je vous parle, a avec lui un hanap qui vaut mieux que toute cette ville; car si tous ceux qui sont en Orient étaient venus, et qu'ils eussent bien soif, ils pourraient tous se désaltérer, quand il y aurait même ceux d'Occident. Quand le Duc entendit le Payen, il se donna grande merveille, et dit qu'un tel hanap lui serait bien utile, et il jura, par Mahomet, qu'il l'aurait de façon ou d'autre. Or partons d'ici, car j'ai une grande envie d'avoir le hanap, ainsi que les chevaux et les bagages des chevaliers, car je ne leur demanderai pas des choses dont ils pourraient avoir besoin. Alors il partit et emmena avec lui trente chevaliers, et ne s'arrêtèrent point qu'ils ne fussent arrivés à l'hôtel de Gondre, où il trouva le pont ouvert; ils entrèrent aussi-tôt dans l'hôtel. Dès que le Prévôt les eût apperçu, il vint auprès de Huon et lui dit: Ha! Sire, nous avons bien mal fait, car voici le Duc qui vient ici très-courroucé, si Dieu n'a pitié de vous, je ne vois point que vous puissiez échapper à la mort. Sire dit Huon, ne vous abaissez pas, car je parlerai si bien, qu'il sera content de moi. Alors Huon vint au-devant du Duc et lui dit : Sire, soyez le bienvenu. Vassal, dit le Duc, prenez garde de m'approcher ; car aucun Chrétien ne peut rester dans la ville sans ma permission. Je veux que vous sachiez que je vous ferai trancher la tête à tous, et il ne vous restera pas ni cheval, ni bagages que vous avez apporté ici. Sire, dit Huon, quand vous nous auriez tous mis à mort, vous n'y gagneriez rien ; vous avez grand tort de vouloir faire cela. Vassal, dit le Duc, je vous dirai pourquoi je veux faire cela. Sachez que je le fais, parce que vous êtes Chrétiens, et à cause de cela, vous serez le premier à qui je ferai trancher la tête.

Or, dis-moi, quel est le motif qui t'a engagé à rassembler tant de gens à souper. Sire, dit Huon, je l'ai fait parce que j'ai espérance que tous ces pauvres gens qui sont ici, prieront Dieu pour moi, afin que je puisse retourner en santé. Sire, c'est la seule cause pour laquelle je les ai fait venir souper avec moi. Vassal, lui dit le Duc, vous dites une grande sottise, car vous ne verrez d'autre jour que celui-ci ; car je vous ferai à tous trancher les membres. Sire, dit Huon, ne pensez point à cela ; mais, vous et vos gens, asseyez-vous ici, buvez et mangez à votre plaisir des nourritures qui sont ici, et je vous servirai du mieux qu'il me sera possible ; puis, si j'ai tort, vous ferez selon que vous jugerez à propos ; mais si vous me faites du mal, il vous en coutera plus cher que vous ne pensez ; je pense que vous ne devez pas me vouloir du mal, puisque vous avez été autrefois Chrétien ; le Duc répondit à Huon qu'il avait bien dit, et que lui et ses gens acceptaient le souper qui leur était offert ; car aussi bien il n'y avait rien de prêt pour souper à son hôtel. Alors le Duc commanda à tous ses gens de se désarmer, ce qu'ils firent, et se mirent ensuite à table. Le Duc s'assit ainsi que ceux qui étaient avec lui. Gérasme et Huon les servirent bien richement à ce souper. Alors Huon prit son hanap et vint vers le Duc et lui dit : Sire, vous voyez que ce hanap est vuide maintenant. Oui, dit le Duc, je vois bien qu'il n'y a rien dedans. Huon fit alors le signe de la croix dessus le hanap, qui fut aussi-tôt rempli de bon vin, puis le donna au Duc qui s'en étonna fort. Quand il eut pris le hanap, il se trouva aussi-tôt vuide, et il n'y resta pas une goutte de vin. Vassal, dit le Duc, vous m'avez enchanté. Sire, répondit Huon, je ne suis pas un enchanteur ; mais ce sont vos péchés et votre méchanceté qui en sont cause. Laissez ce hanap, car vous n'êtes pas digne de le tenir, il vous en arriverait du malheur. Vassal, dit le Duc, comment êtes-vous assez hardi de me parler de cette manière ? Je vous regarde maintenant pour un fou. Apprenez que j'ai le pouvoir de vous détruire, et qu'il n'y a personne qui puisse s'y opposer. Dites-moi, je vous prie, où êtes-vous né, où allez-vous, et de quelle famille êtes-vous ? Sire, dit Huon, pour telle chose qui puisse m'en arriver, je ne vous cacherai ni mon nom ni ma naissance. Sire, sachez que je suis natif de Bordeaux sur la Garonne, et suis fils du Duc Sevin, qui est mort il y a environ sept ans. Le Duc entendant alors que Huon était son neveu, s'écria : Ha ! le fils de mon frère, mon très-cher neveu, pourquoi avez-vous choisi un autre hôtel que le mien, où voulez-vous aller, craignez-vous d'être mal ici ? Alors Huon raconta au Duc son oncle toutes ses aventures, sans oublier la moindre circonstance. Je vais en Babylone faire un message de la part du Roi Charlemagne, parce que je lui ai occis son fils, auprès de l'Amiral Gaudisse. Il lui raconta ensuite comment le Roi lui avait ôté sa terre et ne lui rendrait qu'il aurait accompli son message vers l'Amiral Gaudisse. Beau neveu, dit le Duc, je suis aussi sans cause chassé et banni du Royaume de France ; depuis ce tems je partis et reniai la Loi de Jésus-Christ, ensuite je me suis marié avec une très-riche Dame, de qui je tiens plusieurs terres ou gouvernement, et dont je suis Seigneur. Ainsi, mon cher neveu, je veux que vous veniez aujourd'hui loger dans mon hôtel; demain matin, je vous donnerai quelques-uns de mes Barons pour vous conduire et garder, jusqu'à ce que vous soyez vers l'Amiral Gaudisse. Sire, dit Huon, je vous remercie; puisqu'il vous vient à plaisir, j'irai dans votre Palais. Sire, dit Gérasme, si vous y allez, vous pourrez bien vous en repentir. Cela pourrait bien être, lui dit Gondre, le Prévôt. Alors Huon commanda à ses gens de trousser les bagages, et d'amener les chevaux au Palais; il n'oublia pas le bon hanap; mais le cor d'ivoire demeura à l'hôtel du Prévôt. Huon s'en alla avec son oncle au château, où il coucha cette nuit. Quand ce vint au lendemain matin, Huon se leva et vint avec ses gens pour saluer le Duc son oncle, et prendre congé de lui. Beau neveu, lui dit le Duc, je vous prie de vouloir bien attendre que j'aye mandé mes Barons, par lesquels je vous ferai conduire. Sire, dit Huon, puisque cela vous fait plaisir j'attendrai volontiers; et quand ce vint à l'heure du dîner, que les tables furent mises, ils se placèrent tous, et furent très-richement et très-abondamment servis.

Comme le Duc voulait faire tuer Huon, son neveu, qui était à table avec lui.

Le traître et déloyal Duc voyant son neveu à table, appela un de ses chevaliers, lequel était natif de France et s'appelait Géoffroi, qu'il emmena de France avec lui, et lui avait fait renoncer à la foi de Jésus-Christ, il l'appela en secret et lui dit: Sire Géoffroi, allez et me faites venir cent Payens dans ce Palais, vous ferez ensuite mourir mon neveu et tous ceux qui sont venu avec lui; car s'il en échappe un seul, vous perdrez mon amitié à jamais. Sire, dit Géoffroi, votre commandement sera accompli. Alors Géoffroi partit et vint dans une chambre en laquelle il y avait vingt hauberts pendus; puis quand il fut là, il dit: Vrai Dieu! plus on fait de mal et plus on a de comptes à rendre à Dieu. Ce traître-ci veut faire tuer le fils de son frère, qui me fit beaucoup de politesses quand je fus en France; car j'aurais été tué si le Duc Sevin ne m'eût porté secours, ainsi il est juste que je rende service à ceux qui sont ici; que je sois maudit de Dieu, si je leur fais jamais aucun mal; mais je le ferai payer cher au méchant Duc. Il est vrai qu'en ce tems il y avait dans la prison du château cent quarante Français que le Duc avait pris sur mer, il les tenait en prison pour les faire mourir; mais Dieu qui n'abandonne jamais ceux qui ont recours à lui, leur rendit de grands services en cette occasion. Géoffroi vint en la prison et dit aux prisonniers qui étaient enfermés: Seigneurs, si vous voulez avoir votre vie sauve, sortez incontinent et venez avec moi. Alors les prisonniers sortirent de la prison et vinrent avec Géoffroi, qui les amena tous dans la chambre où étaient suspendus les hauberts, il les fit tous armer et leur dit: Seigneurs, si vous avez bonne volonté de sortir de cet endroit, il est tems que vous fassiez voir votre courage. Sire, lui dirent-ils, jusqu'à la mort nous suivrons votre commandement pour sortir d'esclavage et être en liberté; et quand Géoffroi les entendit, il fut très-joyeux, et leur dit: Seigneurs, sachez qu'en ce Palais était assis au dîner le fils du Duc Sevin, et qui est neveu du Duc notre maître, lequel m'avait commandé de lui amener cent Payens pour faire mourir son neveu; mais la chose ira autrement, car si vous voulez être délivrés et vengés des maux qu'il vous a fait souffrir, c'est que lui et tous ses payens qui sont là dedans, seront mis à mort sans en rien épargner. Alors ils s'armèrent tous de hauberts et de héaumes, et se mirent chacun l'épée au côté, et s'en vinrent après Géoffroi au Palais dans lequel ils entrèrent. Alors Huon appela son oncle et lui dit: Sire, ces gens armés qui entrent ici sont-ils ceux que vous avez mandé pour me conduire? Huon, lui dit le Duc, il faut que vous pensiez à mourir, car jamais vous ne verrez luire un plus beau jour que celui-ci. Le Duc croyant que les gens armés, qui étaient devant le Palais, étaient ceux qu'il avait commandé à Géoffroi d'amener, il leur dit à haute voix : Barons, prenez garde qu'il n'échappe aucun Chrétien.

Comme par l'aide d'un Chevalier et des prisonniers qui étaient là, Huon fut secouru et tua tous les Payens ; fuite du Duc et siège du Château.

Quand Huon entendit et vit la noire méchanceté du Duc son oncle, et la trahison dont il était capable, il en resta bien étonné, il se leva alors avec emportement et mit le héaume sur sa tête, il s'arma ensuite de son épée et prit son écu. Géoffroi vint alors transporté de joie, et leur dit : Nobles Français, ayez bien attention qu'aucun Payen ne reste en vie, il les faut faire périr sans en excepter un seul. Alors, dans le même moment, ils tirèrent tous leurs épées et commencèrent à frapper à droite et à gauche, mirent les Payens dans un état si sanglant, qu'ils faisaient horreur, ils furent en peu de tems les uns mis en pièces, et les autres à mort. Quand le Duc vit que l'on détruisait les Payens, il commença à craindre pour sa vie, car il se sauva incontinent dans une chambre voisine ; mais Huon qui savait déja bien que c'était des Français que lui venait un secours aussi prompt, se mit à poursuivre le Duc l'épée à la main, encore teinte du sang des Payens qu'il avait mis à mort ; mais le traître Duc, voyant que son neveu venait après, courut à une fenêtre qui donnait sur le jardin, où il vint et par laquelle il sauta dans les fossés, dont Huon fut bien fâché de ce qu'il lui était échappé de cette manière ; Géoffroi et les autres Français, qui avaient tués les Sarrasins, allèrent fermer et lever les ponts et planches du Palais, pour ne pas être surpris, puis ils vinrent dans la salle où tous ensemble se reconnurent, dont ils furent tous bien contens ; mais si Dieu ne les eut secouru, leur joie eut été bientôt changée en de grandes douleurs ; car le Duc qui s'était échappé, vint dans la ville, fit publier partout que ceux qui pourraient porter les armes, vinssent avec lui, ce qui fut exécuté aussi-tôt ; car il n'y demeura aucun homme qui ne fut en état de rendre service, et ils vinrent tous devant le Palais avec le Duc : ils se trouvèrent plus de dix mille, qui jurèrent tous la mort des Chrétiens qui étaient dans le palais. Le Duc, transporté de joie de se voir secouru par tant de gens, commanda aussi-tôt que l'on dressa des machines et des échelles contre les murailles, et fit élever les piques en haut, et à grands coups de béliers, fit abattre une grosse tour qui était travaillée à cornes : nos gens qui étaient dans la tour se défendaient très-courageusement. Mais leur défense eut été de bien peu de valeur, si Notre-Seigneur Jésus-Christ ne leur eut porté secours. Quand Huon connut le danger où ils étaient, il commença à être bien triste et à dire : Grand Dieu ! que je souffre d'être ici enfermé, car si mon oncle vient à se rendre maître de nous, nous ne pouvons espérer de revoir jamais la lumière. Alors Gérasme s'écria et dit : Sire Huon, pour l'amour de Dieu Notre-Seigneur, sonnez votre cor. Gérasme, lui dit Huon, il ne m'est pas possible de le faire, car j'ai donné mon cor en garde au bon Prévôt Gondre. Ha ! Huon, dit Gérasme, nous sommes bien malheureux ; car par ta folie et ton faux raisonnement, nous sommes à la veille d'être détruits. Comme ils parlaient ensemble, Gondre le Prévôt vint auprès du Duc et lui dit : Sire, je suis bien surpris de ce que vous voulez détruire votre Palais, vous faites certainement une grande folie, je voudrais bien vous prier de faire cesser l'assaut et de faire la paix avec votre neveu, et de le laisser partir sans lui faire aucun mal ni même à ceux qui sont venus dans sa compagnie. Prévôt, lui répondit le Duc, je vous prie de vouloir aller jusqu'à l'endroit où ils sont, je ferai tout ce vous me conseillerez de faire. Mais il dit tout bas et de manière ne pouvoir être entendu : Certes, si je les puis tous tenir, je les ferai mourir dans des tourmens affreux. Alors le Prévôt vint auprès du Palais et s'écria très-haut à Huon : Sire, au nom de Dieu, daignez me répondre : Huon, qui à cette heure était appuyé sur un des crenaux du Palais, demanda : Qui est celui qui est là-bas qui me veut parler? Sire, je suis votre hôte le Prévôt. Hôte, lui dit Huon, quelle chose me voulez-vous dire? Sire, si vous voulez sauver la vie à vous et à ceux qui sont avec vous, je vous prie de ne pas sortir du Palais où vous êtes, sous telle promesse que vous fasse le Duc votre oncle, n'ayez aucune confiance en ses paroles, car il n'y a rien de vrai dans tout ce qu'il pourra vous dire. Sire, lui dit Huon, je vous remercie de votre bon avertissement; mais je vous prie, au nom de l'amitié que vous me témoignez, et puisque vous désirez me sauver la vie, de vouloir bien me rendre le cor d'ivoire que je vous ai donné en garde; car sans cela je ne puis échapper à la mort. Sire, dit le Prévôt, il n'est pas loin de moi; alors il le tira de sa gibecière dans laquelle il était, le donna à Huon de Bordeaux qui regardait du côté du jardin.

Comme le Roi Oberan vint secourir Huon et tua tous les Payens à l'exception de ceux qui reçurent le saint Baptême, et comment Huon mit à mort le Duc son oncle.

Quand Huon vit que son cor d'ivoire lui était rendu, il en sentit une joie inconcevable, ce qui n'est pas surprenant, puisque la sûreté de sa vie en dépendait. Il le prit alors et le mit à sa bouche pour le sonner; mais Gérasme lui dit : Ah! Sire, ne soyez jamais si imprudent de dire ni découvrir vos secrets, car si le Prévôt eut été notre ennemi, il aurait pu le rapporter au Duc son Seigneur, et nous eussions peut-être été tous mis à mort; qu'il ne vous arrive jamais découvrir vos secrets, je vous prie de ne pas sonner si vîte votre cor, puisque vous ne vous sentez point encore blessé. Ressouvenez-vous du commandement qu'Oberon vous a fait avant de nous quitter. Huon lui répondit : Voulez-vous donc que j'attende que je sois mis à mort? certes, je vais sonner sans attendre d'avantage : il prit alors son cor, le mit à sa bouche, et le fit retentir d'une force extraordinaire, de manière que ceux qui étaient dans le Palais, commencèrent à chanter et danser. Le Roi Oberon, qui était alors dans la ville de Montmur, s'écria et dit : J'ai entendu sonner le cor de mon ami Huon, le chevalier le plus vaillant dont jamais j'aie entendu parler; je connais, par le son du cor, qu'il a bien besoin de mon secours; ainsi, je me souhaite au lieu où le cor a été sonné, accompagné de cent mille hommes des mieux armés que l'on puisse voir. Il n'eût pas plutôt souhaité qu'il fut aussi-tôt arrivé dans la ville de Tourmont, en laquelle ils commencèrent à tailler en pièces tous les Payens qu'ils trouvèrent, ils firent un si grand carnage que les ruisseaux qui coulaient par la ville, étaient entièrement teints de sang. Le Roi Oberon fit publier par toute la ville qu'on laissât la vie sauve à tous ceux qui voudraient recevoir le Saint Baptême, il s'y en trouva plusieurs qui se rendirent Chrétiens; le Roi Oberon monta ensuite au palais, et quand Huon l'aperçut, il vint au-devant de lui pour le remercier du grand secours qu'il lui avait donné dans un besoin si urgent. Ami, lui dit Oberon, tant que vous voudrez croire et observer mes commandemens, je vous secourerai dans toutes vos affaires ainsi que ceux qui avec moi sont venus pour vous défendre. On se saisit ensuite du Duc, on le conduisit au palais, et on le présenta devant Huon, qui fut bien réjoui de voir son oncle qui était pris; le Duc lui dit : Cher neveu, ayez pitié de moi. Ah! traître, jamais de ta vie tu ne m'appartiendras en aucune chose, car tu ne sortiras pas d'ici. Il prit alors son épée dont il trancha la tête au Duc, il fit ensuite pendre son corps qui fut attaché aux creneaux de la ville, afin que l'on eut mémoire de sa mauvaise vie et pour servir d'exemple aux autres; ce fut ainsi que le pays fut délivré du plus abominable des hommes.

Comme le Roi Oberon défendit à Huon d'aller à la Cour du Géant, ce que Huon ne voulut pas lui promettre, et y alla, dont il fut en grand risque de périr. Comme la demoiselle qui était à la Cour du Géant se trouva être la cousine de Huon de Bordeaux.

QUAND Oberon eut secouru Huon, il appela Huon et lui dit : Mon cher ami, je prends congé de toi et de toute ta compagnie, car je ne te verrai jamais de mes jours, et tu auras à supporter tant de misère, de maux et de tourmens par ta faute, qu'il n'est homme vivant qui puisse raconter tout ce que tu auras à souffrir. Quand Huon entendit ces paroles, il lui dit d'un air affrayé : Sire, je pense que vous avez un grand tort, car je veux vous obéir de tout mon pouvoir et suivre en tout vos commandemens. Ami, lui dit Oberon, puisque tu veux les suivre, gardes-en bien en ta mémoire ce que tu viens de me compter. Je te défends, sur peine de perdre la vie et mon amitié, d'être assez hardi d'aller par un chemin qui conduit à une grande tour qui est bâtie sur la mer. Ce fut Jules César qui la fit bâtir, il m'y fit nourrir un long espace de tems, jamais tu n'as vu de plus belles tours ni entendu parler de choses si merveilleuses. Cette tour est garnie de fenêtres et tendue en dedans de très-riches tapisseries ; à l'entrée de la porte il y a deux hommes de cuivre, tenant en leurs mains un grand fléau de fer dont ils battent sans cesse nuit et jour d'un tel accord, que quand l'un bat à terre, l'autre bat en haut ; ils font cela si légèrement et si vite, qu'à peine une allouette pourrait-elle y passer sans être tuée, et tout cela est fait par enchantement. Il y a dedans cette tour un Géant d'une grandeur prodigieuse ; on le nomme Angoulafre, il m'a usurpé cette tour, il m'a pris aussi un haubert blanc qui était fin et léger, et doué d'une telle vertu, que l'ayant endossé, un homme ne peut jamais être ni blessé, ni enfoncé dans les eaux, et il n'y a aucun feu, si ardent qu'il puisse être, qui puisse lui nuire. Ainsi, mon ami Huon, je te défends d'y aller, sans quoi tu attireras ma colère, car jamais tu ne pourras résister à ce Géant. Sire, dit Huon, sachez qu'à l'heure de mon départ de France, je me décidai que quelqu'aventure que je pusse avoir tant dangereuse fut-elle, je ne l'éviterais pas. Apprenez que j'aimerais mieux mourir que de ne pas combattre le grand Géant, il n'y a personne, tel qu'il soit, en état de m'empêcher de faire ce voyage ; ainsi je vous avertis qu'avant mon retour, j'aurai le bon haubert, car il pourra bien me servir dans quelque tems, ainsi il ne faut pas que je le laisse ; au surplus, je pense que si j'ai besoin de votre secours, vous voudrez bien me secourir. Oberon lui répondit : Je te jure que si tu me trompes au son du cor, tu n'auras jamais de secours de ma part. Vous ferez à votre plaisir et j'en ferai au mien. Oberon partit alors sans rien dire, et Huon demeura dans la ville qu'il abandonna à Oberon, ainsi que la prévoté à son hôte et toutes les terres qui appartenaient à son oncle. Il s'apprêta à partir et prit or et argent à foison ; il fit ensuite ses adieux à son hôte, à Géoffroi et à tous ceux qui demeurèrent là ; il se mit en chemin accompagné de ses gens ; ils marchèrent tant de nuit et de jour, sans trouver quelque aventure qui fût digne de mémoire, qu'ils arrivèrent au bord de la mer, à une lieue de la tour où était le Géant. Quand Huon aperçut cette tour, il appela ses gens et leur dit : Seigneurs, je vois la tour dans laquelle Oberon m'a défendu d'entrer ; mais si Notre-Seigneur me veut aider, je verrai ce qu'il y a dedans avant la nuit, quoiqu'il m'en puisse arriver. Gérasme regarda la tour et commença à pleurer, disant à Huon que c'était folie de suivre les conseils d'un enfant. Sire, prenez garde d'enfreindre les ordres d'Oberon, car il pourrait vous en arriver du malheur. Sire Gérasme, lui dit le noble Huon, quand tous les hommes qui existent me le défendraient, encore n'en ferais-je rien, car vous savez bien que ce n'était que pour chercher des aventures que je suis partis de France ; ainsi il est inutile de m'en parler davantage, et avant qu'il soit nuit, je veux combattre le Géant, car s'il n'est plus dur que fer, je le tuerai ou il me tuera. Pour vous, Gérasme, et ceux qui sont ici présens, demeurez en cette prairie où vous m'attendrez jusqu'à ce que je sois de retour. Sire, dit Gérasme en pleurant, je suis bien fâché que cela ne puisse être autrement; que Dieu veuille bien vous garder. Huon partit alors, laissant ses gens en pleurs après les avoir tous embrassés; il s'arma de pied en cap et n'oublia pas son beau cor d'ivoire et le bon hanap, il s'en fut tout seul à pied, puis il vint à la porte du château; sitôt qu'il y fut arrivé, il vit les deux hommes de cuivre qui, sans cesse, battaient de leurs fléaux, qu'il regarda avec attention, il vit bien qu'il était impossible d'y entrer sans l'aide de Dieu. Il se mit alors en prières, regardant de tous côtés s'il pourrait entrer; il vit un bassin d'or attaché à un pilier de marbre, il tira alors son épée dont il frappa trois coups sur le bassin qui retentit d'une façon si éclatante qu'on pouvait l'entendre dans tout le château. Il y avait dedans une demoiselle nommée Sébille, qui, surprise d'entendre sonner le bassin, vint à une des fenêtres par laquelle elle vit Huon qui voulait entrer; mais elle ne put point le connaître, et s'en retournant elle disait: Quel est ce chevalier qui désire d'entrer? si le Géant s'éveille, il l'aura bientôt mis à mort, car quand il y aurait six mille chevaliers, encore ne lui résisteraient-ils pas. J'ai un grand désir de savoir qui il est et d'où il peut être né, il me semble bien que c'est un français; mais pour le mieux savoir, je vais retourner à la fenêtre pour voir si je le reconnaîtrai. Elle vint alors à la fenêtre, considérant Huon qui attendait à la porte, puis elle régarda son blason sur lequel il y avait trois croix superbes, elle connut alors par ce signe que le chevalier était français. Hélas! dit la Demoiselle, je suis perdue si le Géant me trouve ici; elle s'en retourna précipitamment, et vint écouter à la porte de la chambre, pour savoir si le Géant dormait ou non.

Quand elle y fut parvenue, elle entendit qu'il dormait, car il ronflait extrêmement fort. La Demoiselle étant bien sûre qu'il dormait, vint jusqu'à la porte qu'elle ouvrit dont il sortit un vent qui, tout-à-coup, fit cesser les deux hommes de cuivre, quand la Demoiselle eut ouvert le guichet, elle s'en retourna très-vite en sa chambre. Quand Huon vit le guichet ouvert, il entra dedans parce que les deux hommes ne battaient plus; il fit tous ses efforts pour trouver la personne qui lui avait ouvert la porte; mais il fut bien surpris de ne trouver personne, car il y avait tant de chambres qu'il ne savait à laquelle aller pour trouver ce qu'il cherchait, et il allait dans le palais cherchant d'un côté et d'un autre, il se trouva auprès d'un pilier où il vit quatorze hommes qui étaient morts. Quand Huon vit cela, il en fut effrayé et recula de frayeurs, partit de la salle et vint vers la porte pensant la trouver ouverte; mais il s'était enfermé lui-même, et les deux hommes battaient comme auparavant. Je vois bien, dit alors Huon, que je ne puis échapper, et il rentra au château et se mit à écouter s'il ne pourrait rien entendre. Comme il parcourait le château, il entendit une demoiselle qui pleurait, il vint du côté où elle était et la salua humblement en lui disant: Noble Demoiselle, je ne sais si vous entendez mon langage, je voudrais bien savoir pour quel sujet vous versez des larmes. Sire, dit la Demoiselle, je pleure parce que j'ai grande pitié de vous; car si le géant qui est ici s'éveille, il vous fera pendre soudain. Belle demoiselle, lui dit Huon, je vous prie de me dire qui vous êtes et d'où vous êtes née. Sire, je vous dirai que je suis fille d'Ovinemer, qui en son tems fut Comte de Saint Omer, je suis nièce du Duc Sevin. Quand Huon entendit la Demoiselle, il la salua très-humblement et l'embrassa en lui disant: Sachez que vous êtes ma proche parente, car je suis fils du Duc Sevin; mais je vous prie de me dire quelle aventure vous a conduit jusqu'ici. Mon cher cousin, dit la Demoiselle, il prit dévotion à mon père de venir adorer le Saint Sépulcre, mon père m'aimait tant qu'il voulut m'emmener avec lui; il arriva qu'étant sur mer, assez près de la ville d'Esclavonie en Surie, il s'éleva

une

une grande tempête qui nous jeta sur ces côtes.

Le géant qui était au haut de sa tour nous voyant arriver à son port, descendit et mit à mort mon père et tous ceux qui étaient avec lui, excepté moi qu'il emmena ici où j'ai été l'espace de sept ans, sans avoir pu entendre une messe, je vous prie encore une fois de me dire quelle aventure vous a amené en ce pays; ma chère cousine, puisque vous voulez le savoir, je vais vous le raconter.

Il est véritable que le Roi Charlemagne m'envoye faire un message de bouche et de lettre auprès de l'Amiral Gaudisse qui est en Babylone, et comme je passais par ici je regardai cette tour et demandai à un payen à qui elle appartenait; il me répondit que dans la tour était un terrible géant, qui a tant fait de maux à ceux qui passent par ici; je me suis imaginé que je pourrais le combattre et en délivrer la contrée, j'ai laissé mes gens à Aval en ces prairies qui m'attendent. Mon cousin, dit la Demoiselle, je suis surprise que vous soyez assez imprudent de vouloir entreprendre une pareille action; car quand vous seriez cinq cents hommes ensemble tous armés, vous ne pourriez lui faire de mal s'il était couvert de ses armes, il n'y a personne qui puisse long-tems tenir contre sa force; ainsi je vous conseille de vous en retourner avant qu'il s'éveille, si vous le voulez, je vous ouvrirai le guichet sans aucun danger.

Comment la Demoiselle, cousine de Huon, monta à la chambre où le Géant dormait et fut l'éveiller, et du bon haubert que le Géant donna à Huon qui le vêtit aussi-tôt.

Quand Huon eut entendu le discours que lui tenait la Demoiselle, il lui dit: Ma cousine, apprenez qu'avant que je sorte d'ici, je verrai quel homme il est, je ne veux pas qu'on me reproche d'avoir manqué de courage, j'aimerais mieux mourir que d'essuyer un seul rep o he. Ah! mon cousin, je vois bien que vous voulez votre perte et la mienne; mais puisque votre volonté est telle, je vous montrerai dans quelle chambre il dort, et quand vous l'aurez bien vu, vous vous retirerez subitement. Vous irez dans une chambre que vous trouverez, dans laquelle il y a du pain et du vin, et dans celle d'après vous trouverez des étoffes de soie et de très-riches joyaux, et dans la troisième chambre, il y a quatre Dieux qui sont tous d'or fin et massif, et en la quatrième est le géant sur un lit très-riche. Ainsi, si vous voulez me croire, vous lui couperez la tête pendant qu'il dort, car s'il s'éveille, vous ne pourrez lui échapper. Ma cousine, dit le noble Huon de Bordeaux, à Dieu ne plaise que jamais l'on me reproche de l'avoir tué sans que je l'ai défié. Huon laissa sa cousine et marcha l'épée à la main, le héaume sur la tête, son écu au col. Il entra dans la première chambre, puis vint dans celle où étaient les quatre Dieux; quand il les eut bien considéré, il leur donna à chacun un grand coup d'épée, puis entra dans la chambre où dormait le géant, et le regarda bien attentivement; le lit sur lequel il dormait était d'un prix inestimable, les couvertures et oreillers étaient d'une richesse et d'une beauté incomparables, ainsi que les tapisseries dont la chambre était tendue.

Quand Huon eut tout considéré et principalement le géant qui avait un corps monstrueux; jamais on en avait vu de plus affreux, car il avait une très-grosse tête, de grandes oreilles, le nez rafuselé, et les yeux enfoncés plus ardens qu'un charbon allumé et qui avait dix-sept pieds de long. Ah! Dieu, dit Huon, que Charlemagne n'est-il ici pour nous voir tous les deux, il ferait bientôt sa paix avec moi. Sainte Vierge Marie, je vous supplie très-humblement de vouloir bien prier votre cher Fils de venir à mon secours, car sans lui je ne pourrai résister contre cet ennemi. Alors Huon s'avança fièrement en faisant le signe de la croix, et pensant en lui-même comment et de quelle manière il s'y prendrait, car il faisait réflexion que s'il le tuait pendant son sommeil, il aurait toujours devant les yeux le reproche d'avoir mis à mort un homme endormi, que Dieu me maudisse, disait-il, si je le touche avant de l'avoir défié. Alors il s'écria fort haut au géant, et lui dit: Lève-toi, où je te tranche la tête. Le géant s'éveilla au bruit que Huon venait de faire, et lança sur lui un regard terrible, puis il se leva si précipitamment qu'il manqua de rompre le lit superbe sur lequel il était couché, il dit ensuite à Huon: Vassal, celui qui t'a mis ici ne t'aimait pas ni ne me connaissait guère. Quand Huon entendit que le géant parlait bon français, il en fut bien surpris et lui dit: Apprends que je suis venu pour te voir, peut-être pourrai-je avoir fait une folie. Le géant lui répondit: Tu ne dis que trop vrai, et si j'étais armé et habillé, et qu'il y eut cent hommes armés et pareils à toi, je ne les craindrais pas, je les mettrais tous à mort; tu vois bien que je suis nud et sans aucunes armes dont je puisse m'aider, je ne te redoute cependant pas.

Alors Huon pensa que ce ne serait pas bien de l'attaquer auparavant qu'il ne fut armé, il lui dit: Va chercher tes armes, ou je te mets à mort. Vassal, lui dit le géant, ce que tu m'as dit démontre que tu as du courage et de la valeur; alors il alla s'armer de pied en cap et prit une faulx à la main; Huon attendait le grandGéant dans le palais. Il vint et s'écria d'une voix terrible: Huon, où es-tu? je suis prêts à te détruire si tu ne te défends, je te prie de me dire qui tu es, afin que je que je puisse dire, quand je l'aurai détruit: J'ai mis à mort un tel qui, par son courage, m'est venu assaillir dans mon palais, tu as trop d'orgueil de ne m'avoir pas voulu toucher devant que je fusse armé; qui que tu sois, tu es fils de quelque prud'homme, dis-moi, je te prie, où tu veux aller et ce qui t'a engagé de venir ici? Je veux savoir la vérité, afin que je puisse me vanter d'avoir mis à mort un homme qui n'a pas voulu me toucher que je ne fusse armé. Payen, lui dit Huon, tu es bien fou de me tenir pour mort; mais puisque de moi tu veux savoir la vérité, saches que je suis un pauvre chevalier à qui le Roi Charlemagne a ôté ses terres et l'a banni de son Royaume de France, il m'envoie faire un message auprès de l'Amiral Gaudisse, la vérité est que je m'appelle Huon, fils du Duc Sevin. Tu sais maintenant toute la vérité; dis-moi de même qui tu es et de qui tu es né, afin que si je te mets à mort, je puisse me flatter à la Cour du Roi Charlemagne d'avoir détruit un Géant effroyable. Alors le Géant dit à Huon: Vassal, s'il arrive que tu réussisses, tu te pourras vanter d'avoir détruit le grand Geant Angoulaffre, qui a dix-sept frères, dont il est le plus petit, et avec ce, tu pourras dire que jusqu'au moindre arbre qui soit sur le bord de la mer Rouge, il n'y a personne qui ne me soit tributaire. J'ai chassé l'Amiral Gaudisse où tu dois aller, je lui otai par ma puissance plusieurs de ses villes, et il me doit l'hommage d'un anneau d'or par chaque année, pour racheter sa tête; j'ai ôté aussi au Roi Oberon cette puissante tour; depuis ce tems il n'a aucun pouvoir sur moi par ses enchantemens, je lui ai pris aussi un haubert nompareil, car il a une si grande vertu que tel homme qui le pourrait garder sur son corps, ne peut périr en aucune manière, car il faut que celui qui voudra l'endosser, soit exempt de péché mortel, et que la mère qui le porta n'ait vu personne que son mari, mais je pense qu'on trouverait peu d'hommes qui pussent s'en revêtir, il a encore la vertu de faire que celui qui le mettra, n'aura à craindre ni le feu, ni le fer, ni l'eau, ni même les précipices; car je l'ai éprouvé plusieurs fois; mais puisque tu montres de la valeur et que tu m'as laissé armer, je te permets de l'essayer, si tu le peux: il ouvrit aussi-tôt un coffre et en tira le bon haubert, puis dit à Huon: Vassal, voici le bon haubert que je te donne à essayer pour voir si tu pourras le mettre. Huon prit alors le haubert, et se retirant, il quitta ses armes pour l'endosser, incontinent il mit son héaume sur sa tête, l'écu au cou et l'épée à la main, puis remercia Dieu de la grace qu'il lui faisait. Le Géant s'écria alors, et dit à Huon: Par Mahomet, je ne croyais pas que tu fusses tel homme, car le haubert te sied très-bien; je t'ai rendu ce que je devais à ta valeur, mais il faut te désarmer et me rendre le haubert que je t'ai laissé essayer. Que Dieu puisse te confondre, car tu n'as pas besoin d'armes, dont tu ne te pourras pas aider. Apprends que je ne te le rendrais pas pour quatorze des meilleures villes qui sont d'ici à Paris. Vassal, dit le Géant, si tu me veux remettre mon haubert, je te laisserai la vie sauve et te donnerai mon bel anneau d'or que j'ai eu de l'Amiral Gaudisse; tu as bien du danger à encourir, si tu veux accomplir ton message; car quand tu seras arrivé là-bas, et que tu seras arrivé à la porte du palais de l'Amiral Gaudisse, et que tu te diras messager du Roi Charlemagne, tu trouveras quatre portes, et à chacune un portier; si l'on sait que tu es Français, à la première tu auras le poing coupé, à la seconde on te coupera l'autre, et quand tu viendras à la troisième, tu perdras un pied, et quand ce sera à la quatrième, on te menera vers l'Amiral Gaudisse, et tu ne seras pas en état de lui échapper, il te fera trancher la tête; ainsi, si tu veux éviter ce malheur et t'en retourner en sûreté, rends-moi mon haubert, je te donnerai mon anneau d'or, en le montrant tu seras bien reçu et tu pourras aller par tout le palais, sans que personne te détourne, et quand tu aurais tué cinq cents hommes, il n'y aurait personne assez hardi pour te faire aucun mal, pourvu que tu ayes sur toi mon anneau, car quand j'ai besoin d'hommes ou d'argent, je n'ai que d'envoyer mon anneau; mais je te prie de me rendre mon haubert.

Comme Huon défit le grand Géant, et appela Gérasme et ses autres compagnons, et de la joie qu'ils eurent de la mort du Géant.

Huon, après avoir entendu les paroles du Géant, lui dit: Traître, apprends que quand tous les prédicateurs qui sont dans l'univers me prêcheraient une année entière, et que tu me donnerais ton bien et ton anneau, encore ne te rendrais-je pas le bon haubert que j'ai endossé, que je ne t'ayes premièrement mis à mort, je m'emparerai ensuite de ton anneau. Quand le Géant ouït Huon, et qu'il vit qu'il ne pouvait avoir son haubert, il entra dans une si grande fureur, que ses yeux ressemblaient à deux volcans, tant ils étaient enflammés, et rappela Huon et lui demanda s'il était encore dans la même intention. Non, lui répondit Huon, si tu es grand et fort, défends-toi, je ne te redoute point, puisque j'ai endossé ton haubert; mais crains Dieu et sa puissance. Et toi, défie-toi de moi, lui dit le Géant, car quoique tu ayes le bon haubert, cela ne m'empêchera point de te détruire. Alors il s'approcha de Huon et leva sa faulx, croyant le frapper: comme Huon était certainement leste, il évita le coup, et la faulx vint tomber d'une force si grande contre un pilier, qu'elle y entrât de presque deux pieds. Huon profita de cette circonstance et s'avança l'épée à la main contre le Géant, dont la faulx était tombé, il le frappa d'un coup si terrible, qu'il lui coupa les deux poignets, qui tombèrent à terre ainsi que la faulx. Le Géant se sentant ainsi blessé, jeta un cri si affreux, que quand le palais serait écroulé jusques dans ses fondemens, cela n'aurait pu produire un bruit plus considérable. La Demoiselle appelée Sébille, qui pour lors était dans sa chambre, en fut épouvantée. Elle sortit précipitamment de sa chambre, ramassa un gros bâton qu'elle trouva, et vint au palais où elle avait entendu le bruit, elle rencontra le Géant qui se sauvait, et lui lança le bâton dans les jambes avec une telle force qu'il tomba. Huon, qui venait après lui, le frappa de plusieurs coups d'épée, dont le Géant jeta des cris horribles; mais Huon qui ne désirait que la mort du Géant, lui donna un coup si rude qu'il lui coupa la tête; il essuya son épée et la remit dans le fourreau; il voulut prendre la tête pour la mettre au haut de la tour; mais il n'eut pas la force de la lever de terre, tant elle était pesante; il s'en fallait de beaucoup qu'il pût remuer le corps, il se mit à rire et remercia Dieu du pouvoir qu'il lui avait donné d'avoir vaincu un tel adversaire. Plût à Dieu que la tête et le corps fussent à Paris au palais du Roi de France, pour qu'il sut que c'est moi qui l'ai mis à mort.

Huon vint alors à une des fenêtres du palais et regarda sur la poterne; il vit ses gens et leur cria le plus haut qu'il lui fut possible: Seigneurs! venez à moi en toute sûreté: car le palais est gagné, il est à nous, j'en ai tué le maître. Quand Gérasme, Garin et les autres eurent entendu parler ainsi, ils en furent bien joyeux, et en rendirent grâces à Dieu; ils vinrent aussi-tôt vers la porte que la demoiselle Sebille vint leur ouvrir. Parquoi ils entrèrent et suivirent la Demoiselle qui les mena au palais vers Huon; quand ils le virent, ils commencèrent à pleurer de joie, ils l'embrassèrent et ne savaient quelle chère lui faire. Ils lui demandèrent si il n'était pas blessé; il leur répondit qu'il n'avait aucun mal. Il mena ensuite Gérasme et ses compagnons où le géant était étendu par terre. Quand ils le virent, ils furent surpris que Huon eut pu le détruire; car, malgré qu'il fut mort, il leur faisait frayeur à voir. Gérasme demanda ensuite à Huon quelle était cette Demoiselle qu'il avait vu là? Alors Huon lui raconta, mot pour mot, comment elle s'était trouvée en cet endroit: ils l'embrassèrent tous, et lui firent beaucoup de politesses; ils se désarmèrent, préparèrent le souper, se mirent à table, burent et mangèrent à leur loisir, ils se divertirent beaucoup; mais leur joie ne fut pas de longue durée, comme on pourra le voir par la suite.

Comme Huon partit de la Cour du Géant et dit adieu à ses gens; comme il vint seul à pied au bord de la mer, où il trouva Malebron le Faé, sur lequel il monta pour passer la mer.

L'on a pu voir ci-dessus, comme Huon conquit la tour et tua le grand Géant qui en était le maître, ainsi que la grande joie que mena Huon et ses compagnons jusqu'au lendemain à leur lever. Et quand ils eurent tous déjeuné, Huon appela Gérasme et tous ceux qui étaient là, et leur dit: Seigneurs, vous savez que j'ai entrepris un voyage jusques vers l'Amiral Gaudisse, ainsi il faut que je m'acquitte au plutôt du message qui m'a été ordonné par l'Empereur Charlemagne: pour cela je vous prie de tenir compagnie à cette noble Demoiselle, et si dans quinze jours, je ne suis pas de retour en ce palais, vous pourrez vous en retourner en France, vous emmenerez cette noble Demoiselle avec vous, vous présenterez mes respects au Roi Charlemagne et à tous ses Barons, vous lui raconterez toutes les aventures qui me sont arrivées, je vais partir pour accomplir mon message. Les Barons ayant entendu qu'il allait les quitter, lui répondirent: Sire, vous nous demandez que nous vous attendions quinze jours ici; nous vous attendrons un an entier s'il est nécessaire.

Seigneurs, je vous remercie; alors il s'apprêta pour partir; il s'arma de pied en cap, il prit son hanap et l'anneau d'or du Géant, il n'oublia pas non plus son cor d'ivoire, il fut ensuite prendre congé de sa cousine qu'il embrassa; il fut après embrasser tous les Barons qui le regrettaient beaucoup. Ils montèrent tous au palais pour le regarder encore, et ils versaient des larmes. Huon arriva enfin au bord de la mer qui était assez près du château, et il y avait un petit port où l'on trouvait presque toujours quelques bateaux de transport; mais quand Huon y fut arrivé, il fut bien surpris et dit: Grand Dieu! que vais-je devenir, s'il ne se trouve ni bateau ni galère sur quoi je puisse m'embarquer? que j'ai eu de malheur de tuer Charlot! je suis en grand danger; ce n'était pourtant qu'à mon corps défendant; mais le Roi Charlemagne a eu grand tort de m'avoir si cruellement banni de son Royaume. Huon se voyant seul et abandonné de toutes parts, se mit à pleurer, et jettant les yeux à droite sur la surface de la mer, il vit une grande bête qui venait à la nage de son côté; elle avait la forme d'un luiton. Quand la bête fut venue à lui, il la regarda et fit le signe de la croix, puis il prit son épée pour se défendre, croyant que cette bête allait l'attaquer, mais au contraire elle se retira derrière Huon un peu sur la droite, et se secoua d'une telle manière que la peau qui la couvrait tomba d'elle-même et devint le plus bel homme qu'on eût pu voir; Huon en fut bien effrayé. Quand il eut vu cette merveille, et que la bête était devenue homme, il s'approcha de lui et lui demanda qui il était, et s'il était envoyé de la part de Dieu, ou s'il était quelque mauvais esprit qui vint le tenter, car je viens de te voir traverser la mer; au nom de Dieu ne me fais aucun mal, dis-moi qui tu es, je crois que tu es des gens du Roi Oberon; il lui répondit doucement: Ne sois pas surpris si je te connais, je sais que tu es fils du Duc Sevin de Bordeaux, le Roi Oberon m'envoie auprès de toi; il y a quelque tems que je passai ses ordres, à cause de cela il m'a ordonné d'être pendant trente ans luiton en mer.

Ami, lui dit Huon de Bordeaux, sur la foi que tu dois à celui qui te forma, pourrais-je me fier à toi pour passer la mer Rouge, car j'en ai grand besoin. Malebron lui répondit: Apprends que je te porterai où tu voudras, ne crains rien, recommande-toi à Notre-Seigneur, et me laisse faire. Alors Malebron le luiton se remit dans sa peau et dit à Huon de Bordeaux de monter sur sa croupe.

Comment Huon passa la mer sur Malebron le Faé qui le porta devant Babylone, et comment Huon vint à la première porte, ensuite à la seconde.

Dès que Huon vit ce noble luiton en sa peau, et qu'il l'attendait au bord de la mer, il fit le signe de la croix, priant Dieu de vouloir le faire arriver à bon port, ensuite il s'approcha de lui et monta sur la croupe du luiton qui sauta dans la mer; il commença à nager d'une telle force, qu'il semblait qu'il volât; il eut bientôt traversé la mer et la grande rivière du Nil qui vient du paradis terrestre; c'est une rivière très-dangereuse par la quantité de serpens et crocodilles qui s'y trouvent; mais il n'y eut serpent ni crocodille qui leur fit aucun mal. Quand ils furent arrivés à bord, Huon fut bien joyeux; alors Malebron lui dit: Mon cher, comparerai-je l'heure où tu fus né à celle où je t'ai connu; car pour te faire plaisir, il faut que je sois luiton, en mer, pendant l'espace de dix ans, et trente ans que j'y ai déja été, feront bien quarante ans: j'ai grande pitié de toi, car il n'y a personne qui puisse dire les maux que tu auras à supporter, et moi-même, il faut que je souffre pour l'amour que j'ai pour toi; toutefois j'aurai patience, tu vois la ville où tu dois aller; de plus, tu sais ce qui t'es recommandé, telle chose qui puisse t'arriver; prends bien garde de passer les ordres du Roi Oberon, ne ments jamais, et sois loyal et discret, car si cela t'arrive, tu perdras entièrement son amitié, je te recommande à Dieu. Je ne puis demeurer plus long-tems; alors le luiton sauta dans la mer, et Huon demeura seul. Il se recommanda à Dieu, il marcha ensuite vers la ville dont il était assez proche; en entrant il ne trouva pas un seul homme qui l'arrêta, puis quand il fut bien avancé dans la ville, il rencontra mille payens qui allaient voler, mille autres qui en revenaient, mille chevaux qui étaient aux travaux pour être ferrés, et mille autres que l'on en retirait, puis mille hommes qui jouaient aux échecs, puis mille autres qui causaient avec des filles, mille autres qui buvaient du vin de l'Amiral, et mille autres qui allaient au palais. Quand Huon eut vu tout cela, il fut surpris de rencontrer tant de gens, et il était si attaché à les regarder, qu'il ne pensait plus à l'anneau qu'il avait dans son bras; il vint d'autre part mille autres hommes qui revenaient du palais et qui le regardaient avec étonnement de ce qu'il allait tout armé et à pied par les rues, mais il passa son chemin et ne voulut pas s'arrêter: mais le malheureux, pourquoi ne se souvenait-il pas de son anneau, car il eut tant à souffrir, qu'il est impossible de pouvoir le raconter. Quand il eut traversé une grande partie de la ville, il arriva sur la place devant le palais, dans laquelle il y avait un édifice, sur cinquante colonnes très-riches et ornées de diverses peintures;

c'était là où l'Amiral Gaudisse venait un certain jour de la semaine donner audience à ceux qui la lui demandaient. Et lorsque Huon eut bien considéré tout, il passa et vint à la première porte du palais ; quand il fut là, il cria au portier : Ami, je te prie de vouloir m'ouvrir la porte. Très-volontiers, lui répondit le portier ; mais il faut me dire qui vous êtes, et que s'il était Sarrasin, il entrerait sans aucune résistance. Huon de Bordeaux, comme mal avisé, et sans se ressouvenir du commandement que le Roi Oberon lui avait fait, ni de l'anneau qu'il portait avec lui, que s'il l'eut fait voir aux Payens, il n'aurait pas eu besoin de mentir ; mais il répondit au portier qu'il était Sarrasin ; le portier lui répondit : Puisque cela est ainsi, vous pouvez passer : il vint ensuite à la seconde porte, pensant en lui-même qu'il avait enfreint le commandement du Roi Oberon, il en eut un grand chagrin et fit serment qu'il ne mentirait jamais ; il prit alors son anneau à sa main et vint à l'autre porte, criant à haute voix : Fils de Payen, que celui qui mourut sur la croix te confonde ! dépêche-toi de m'ouvrir, car je veux entrer. Quand le portier entendit Huon lui parler si hardiment, il lui dit : Vassal, comment le portier de la première porte a-t-il pu être si imprudent de te laisser passer. Je te le dirai, lui répondit Huon ; regarde cet anneau que je porte, ce sont les marques avec lesquelles je puis passer pour aller où bon me semblera. Quand le payen entendit Huon et qu'il vit l'anneau qu'il portait, il le reconnut très bien, et dit à Huon : Vassal, soyez le bienvenu, comment va mon Seigneur, de la part de qui vous venez ici ? Huon, qui ne voulut pas mentir, passa le pont et la porte sans rien répondre, puis vint à l'autre porte. Le portier qui le vit venir, se mit au-devant de lui, et quand Huon l'apperçut, il lui montra l'anneau ; le portier vint aussi-tôt lui ouvrir la porte, il salua Huon respectueusement et le laissa passer. Quand Huon eut passé la troisième porte, il se souvint comme il avait menti en passant à la première porte ; hélas ! dit-il, que vais-je devenir ! j'ai menti et faussé trop légèrement ma foi à celui qui m'a fait tant de bien, je ne pensais point que j'avais un anneau d'or, j'espère que le Roi Oberon ne m'en voudra pas de mal, vû que je ne m'en suis pas souvenu, je crois qu'il me passera cette faute, comme il a bien voulu me la passer quand il m'arriva de corner ; ainsi Huon passa les trois premiers ponts en venant au palais.

Comment Huon passa la quatrième porte et comme il vint au jardin où était la fontaine et ce qu'il fit.

Quand Huon vit que les trois ponts étaient passés, il passa la quatrième porte, et il avait son anneau au poing, il ne trouva personne qui l'arrêta dans son chemin qui ne lui fit honneur ; ensuite il vint au quatrième, et dit au portier : Ouvre la porte, Payen maudit de Dieu. Le portier, qui était extrêmement orgueilleux, s'entendant outrager, répondit très-fièrement à Huon : Toi, qui portes des armes et qui m'a parlé avec tant de fierté, mets bas tes armes ; actuellement dis-moi qui tu es, et où tu veux aller, car tant que tu seras armé, tu ne seras pas assez hardi de passer, ou dis-moi de quelle manière tu as passé les trois ponts.

Quand Huon eut entendu le payen, il lui dit : Tais-toi, Payen, apprends que je suis messager de l'Empereur Charlemagne ; que tu veuilles ou non, je passerai par la quatrième porte, puis j'irai au palais vers l'Amiral Gaudisse, et toi ni d'autres ne pourront m'empêcher de passer ; regardes cette enseigne que je te montre. Alors il prit l'anneau et le montra au portier qui le reconnut : il fut abaisser le pont, et ouvrit la porte, puis se mit à deux genoux et le pria de lui pardonner de ce qu'il l'avait tant fait attendre. Payen, lui dit Huon, je te souhaite le bon jour. Sire, lui dit le Payen, allez vers l'Amiral qui vous fera grand honneur et bonne chère, et n'y a aujourd'hui chose si grande que vous lui demandiez qu'il ne vous l'accorde. Il n'a qu'une seule fille, et je suis persuadé que si vous la desiriez, vous n'auriez qu'à la lui demander, et il vous l'accorderait par rapport au Seigneur de la part de qui vous venez. Sire, dit le Payen, dites-moi, je vous prie, quand Monseigneur Angoulaffre viendra ici? s'il y vient, répondit Huon, il faudrait que tous les diables d'enfer l'y apportassent; il s'en fut ensuite, et ne lui dit rien de plus; mais il dit en lui-même: Grand Dieu! secourez-moi, je vous prie, car il fallait bien que je fusse tenté du diable, quand j'ai menti à la première porte, ce n'est que par imprudence et faute de mémoire; mais je m'en repens bien, et n'y puis remédier. Huon était accablé par l'idée du mensonge qu'il avait fait: occupé de sa triste pensée, il entra au palais et vint dans un très-beau verger qui était d'une rareté infinie; c'était où l'Amiral Gaudisse venait se promener; il y avait dans ce verger tout ce que dans le monde on aurait pu désirer, tant en arbres fruitiers qu'en différentes fleurs, et dans telle saison que ce fût. Au milieu de ce verger, il y avait une très-belle fontaine qui venait de la rivière du Nil; cette rivière vient du Paradis terrestre. Dans ce tems, ladite fontaine avait une telle vertu, que si un homme malade en buvait ou s'en lavait les mains, il était bientôt guéri, quelqu'infirmité qu'il eût, et quand un homme aurait atteint l'âge décrépit, il se serait trouvé aussi jeune que s'il n'eût eu que trente ans; et que si ç'eût été une femme, elle serait devenue aussi fraîche et aussi jeune qu'une pucelle; cette fontaine, dont je vous parle, eut cette vertu pendant soixante ans; mais dix ans après que Huon y eut resté, elle fut gâtée par les Egyptiens qui faisaient la guerre contre l'Amiral qui pour lors était en Babylone. Quand Huon se fut lavé les mains et le visage à la fontaine, et après qu'il eut bu, il regarda le palais, il le trouva très-beau, et quand il l'eût bien considéré, il aperçut un grand et énorme serpent qui gardait la fontaine, de manière qu'il n'y avait personne, tant hardi fût-il, qui osât en approcher pour y boire ni s'y laver les mains; car si un homme qui aurait faussé la Loi, y fut venu pour y toucher, il n'en serait pas sorti sain et sauf. Mais quand le serpent vit Huon, il se baissa sans lui faire aucun mal. Lorsque Huon eût bu l'eau de la fontaine, et qu'il eut lavé ses mains et son visage, il se mit auprès pour se reposer, et se prit à pleurer, disant: Grand Dieu, en qui je crois, si vous ne me secourez, je vois bien que je ne pourrai partir d'ici, ni me trouver au Royaume de France; ô vous! noble Oberon, ne m'abandonnez pas en mon besoin, et pardonnez-moi la faute que j'ai faite, vu que je l'ai fait par oubli, j'espère que vous ne me delaisserez point pour cela, et quoi qu'il m'en dusse arriver, j'en veux savoir la vérité. Huon prit alors son cor, le mit en sa bouche, et le sonna si mélodieusement et avec tant de force, que le Roi Oberon, qui ce jour-là était dans la forêt, l'entendit. Ah! Dieu, dit-il, je viens d'entendre Huon qui a tenu si peu de compte de mes commandemens, quand, au premier pont, il a faussé sa foi; mais je jure que quand il devrait se rompre les veines à force de corner, encore ne le secourerais-je point, quelque malheur qui doive lui arriver. Huon qui était à cette heure au logis de l'Amiral Gaudisse qui était assis au dîner, se leva de table, lui et tous ses Barons ensemble, même celui qui le servoit de vin, et tous ceux qui étaient là, Dames, Demoiselles, écuyers, cuisiniers et aides de cuisine, vinrent au palais où était l'Amiral; ils commencèrent tous à danser et à chanter par si grande joie, que si on les eut vus, on n'eut pu s'empêcher de rire, car plus Huon cornait, plus les autres dansaient et chantaient, et alors qu'il eut laissé son cor, l'Amiral Gaudisse commanda à tous ses Barons d'aller s'armer, et d'aller au jardin dans lequel il leur dit qu'il y avait un enchanteur; gardez-vous bien de le laisser échapper, et l'amenez tout vif, car je voudrais savoir de lui à quel sujet il a fait cela, car s'il vous échappe, il fera du mal. Huon après avoir long-tems corné, fut bien surpris de ne voir venir personne pour le réconforter; il se désespérait et disait: Dieu! je vois bien que ma fin s'approche, puisque le Roi Oberon me délaisse, lui en qui j'avais mis toute mon espérance à la mort ou à la vie. Ah! ma très-chère mère, et vous, mon frère Girard, je ne vous reverrai jamais. O vous! Roi Charlemagne, vous avez eu grand tort de me chasser sans que je vous eusse déservi; car ce que j'ai fait n'était qu'à mon corps défendant. Que Dieu veuille bien vous le pardonner. Et vous, Roi Oberon, on doit bien tenir pour incertaines les promesses que vous faites, puisque vous me refusez votre secours pour une légère faute. Certes, si vous êtes prud'homme, j'espère que vous me pardonnerez, je me recommande à Dieu et à la glorieuse Vierge Marie; mais quoiqu'il m'en doive arriver, j'irai au palais accomplir mon message tel que le Roi Charlemagne me l'a ordonné. Alors il se prépara très-diligemment et quitta la fontaine, car il pensait que l'Amiral Gaudisse serait assis au dîner.

Comment Huon vint au palais où il trouva l'Amiral Gaudisse auquel il fit son message de la part du noble Empereur Charlemagne, et mit à mort beaucoup de Payens, comme il fut pris et ensuite conduit en prison.

QUAND Huon eut été bien du tems à la fontaine, il en partit tout armé et vint monter au Palais; à cette heure l'Amiral avait fait apporter deux de ses demi-dieux au milieu du palais, et les avait fait poser là très-richement, devant eux brulaient deux grandes torches de cire, devant lesquels il ne passait nul Sarrasin qui ne s'inclinât devant les idoles, et ne fit la révérence comme cela se pratiquait. Huon passa devant et ne daigna pas les regarder ni parler à ceux qu'il rencontra et qui étaient commis pour l'aller chercher au jardin, près de la fontaine, dont ils furent très-étonnés et se disaient les uns aux autres, de façon que Huon pouvait l'entendre: Je crois que celui qui vient armé dans le palais, est messager de quelque Prince, et qu'il est envoyé vers l'Amiral pour lui apporter quelques nouvelles. Comme Huon était au palais, il vit un Roi payen qui parlait avec l'Amiral et qui était venu pour que l'Amiral Gaudisse lui donna sa fille Esclarmonde en mariage. Huon vit bien que par l'attention que chacun avait sur ce payen, qu'il fallait que ce fut le plus grand après l'Amiral, et commença à dire: Vrai Dieu! si je veux vraiment m'acquitter envers Charlemagne de faire ce que je lui ai promis, il faut que je mette à mort ce Roi payen que je vois là qui parle avec l'Amiral; car c'est lui que je demande, puisqu'il est si près de l'Amiral. Dieu me confonde si je ne lui abats la tête de dessus les épaules; que Notre-Seigneur Jésus-Christ fasse de moi ce qu'il lui plaira. Alors Huon s'avança vers la table, et tira son épée dont il frappa un si grand coup qu'il fit sauter la tête du Roi payen toute sanglante sur la table, et il s'écria à haute voix: Dieu! quelle bonne étrenne à ce commencement! que Dieu me veuille aider à parfaire; car jusqu'à cette heure j'ai bien réussi. Alors l'Amiral s'écria très-haut, et dit à ses Barons: Saisissez-vous de cet homme qui vient de faire mourir sous mes yeux ce noble Roi, car s'il vous échappe, ne soyez jamais si hardis de reparaître devant moi. Les payens assaillirent Huon de toutes parts, et lui lançaient des dards et plusieurs coups d'épée pour le faire mourir, mais la vertu du bon haubert, dont il était revêtu, le garantissait ainsi que la bonne épée dont il abattait les Payens, de manière qu'il n'y en avait pas un qui osât l'approcher. Quand il se vit si pressé, il tira l'anneau de son bras, et le jetta sur la table devant l'Amiral, et lui dit: Sire Amiral, prends garde sur ta vie de souffrir qu'on me fasse aucun mal, regarde bien cet anneau. Quand l'Amiral vit l'anneau, il l'eut bientôt reconnu, il commença à crier à haute voix que, sous peine de mort, personne ne fut assez hardi de toucher celui qui avait fait mourir le Roi payen. A cet ordre tous les Payens laissèrent Huon qui fut bien joyeux de se voir tranquille; il appela ensuite l'Amiral et lui dit: Je veux que, dorénavant, tu fasses tout ce que je te dirai. Vassal, dit l'Amiral, tu peux faire dans mon palais tout ce que tu voudras, car tes ordres seront exécutés avec beaucoup

de

de soin, et personne ne sera assez hardi pour te contredire. Alors Huon regarda la belle Esclarmonde qui était auprès de son père, il s'approcha d'elle et l'embrassa trois fois devant lui, dont la demoiselle fut bien surprise; mais elle le trouva si beau et trouva sa bouche si fraîche, qu'elle désira en faire son amant et que si cela ne se faisait pas, elle mourrait de douleur; le plaisir qu'elle ressentit dans ses embrassemens, lui rendit les couleurs plus vermeilles que des roses. Huon vint ensuite vers l'Amiral et lui dit: Sire Amiral, apprenez que je suis messager du Roi Charlemagne, il m'envoye vous faire savoir qu'il n'y a aucun Prince Chrétien ni Sarrasin, qui ne soit sous sa domination excepté vous. Sachez que depuis le jour qu'il eut perdu la bataille de Roncevaux où périrent ses deux neveux Roland et Olivier, il a rassemblé autant de gens qu'il fera cette fois; il viendra contre vous sur terre et sur mer pour vous détruire, et s'il peut s'emparer de vous, il vous engagera à embrasser la religion Catholique; et si vous voulez me croire, vous vous ferez ptiser avant qu'il vous arrive aucun mal. Vassal, dit l'Amiral, ne m'en parle plus; car j'aimerais mieux être mis en morceaux que de laisser ma loi pour croire à celle de ton Dieu. Huon lui dit: Le Roi t'ordonne derechef de lui envoyer mille éperviers, mille vautours, mille ours et mille lions, tous enchaînés, il veut avoir aussi mille valets tous jeunes et mille belles filles, et avec ce, te mande de lui envoyer une poignée de ta barbe, et quatre de tes dents mâchelières. Vassal, dit l'Amiral, tu es bien outrageux de me demander ce que tu m'as dit; mais encore, je suis surpris que ton maître soit assez fou pour te demander que je lui envoye ma barbe et mes dents mâchelières. Il m'a mandé autrefois par quinze messagers, une partie de ce que tu m'as dit: mais je les ai fait tous pendre, et toi, par ta folie, est venu, tu seras le seizième. Mais par l'anneau que tu portes, nous n'osons te toucher; je te prie sur ta foi et sur ta loi, puisque tu es né en France, qui est-ce qui a pu te procurer cet anneau: alors Huon bien surpris, lui dit: Telle crainte que j'aie de vous et de tous ceux qui sont ici, je vous dirai néanmoins la vérité: apprenez qu'avec cette épée, dont je suis armé, j'ai mis à mort le géant Angoulaffre. Quand l'Amiral eut entendu Huon, il s'écria très-haut, et dit à ses Barons: Prenez garde, sur vos vies, que cet homme vous échappe; car, par les dieux auxquels je crois, je ne serai point satisfait tant que je le verrai vivant. Les Payens et les Sarrasins tombèrent de tous côtés sur Huon; quand il se vit assaillit ainsi, il se recommanda à Notre-Seigneur; il crut que ce jour était le dernier de sa vie, il prit son épée et se défendait avec beaucoup d'intrépidité, coupant les jambes et les bras à plusieurs et faisant sauter la cervelle à d'autres, c'était horreur de voir; car, par la vertu du bon haubert qu'il avait endossé, aucun Payen ne lui pouvait faire de mal, ils n'osaient presque plus l'approcher; Huon, qui était irrité en se combattant, regarda à un des côtés du palais. Il vit une arche contre laquelle il se mit, en combattant toujours, crainte d'être assailli. Il était là comme un sanglier qui se met au bois; il se défendit si vivement, que celui à qui il donnait un coup n'avait pas envie de rire; ainsi pendant long-tems Huon ne ressentit aucun dommage; mais à la fin, il ne put soutenir à l'assaut, à cause du grand nombre de Payens qui l'environnaient. Il était si fatigué que les coups qu'il donnait n'étaient plus forts, il se recommandait à Dieu et à la Vierge Marie, et d'autre part, l'Amiral commença à crier: Lâches, il est surprenant que vous soyez tant de tems contre un homme sans pouvoir le mettre à mort. Les Sarrasins voyant bien le mépris que leur témoignait l'Amiral, vinrent à grands cris assaillir Huon qui était seul dessous l'arche où il se défendait très-courageusement; alors il vint un Payen qui était neveu de l'Amiral Gaudisse, qui vint vers Huon pour le vouloir frapper; mais à peine fut-il auprès de lui, que Huon, qui l'avait guetté, leva aussi-tôt son épée, et en frappa le Roi Payen sur son heaume, d'une telle force, que le cercle et la coeffe d'acier ne purent le garantir de mort; car le coup fut donné avec une telle force, qu'il le fendit jusqu'à la ceinture, et son épée lui tomba des mains, aussi-tôt vint un Sarrasin qui la prit et l'emporta. Les Payens coururent aussi-tôt sur Huon, ils se saisirent de lui par force, et lui prirent son riche cor d'ivoire et le hanap qu'il avait sur lui, ils lui ôtèrent la bonne cotte de mailles qu'il avait sur lui, puis quand ils l'eurent désarmé, les Sarrasins, pour le voir, venaient de tous côtés: il y en eut beaucoup qui dirent qu'ils n'avaient jamais vu un plus bel homme, et que si tous les Français étaient aussi beaux que lui, il n'y aurait pas de Roi qui osât les attaquer.

Comme Huon se plaignait dans la prison, et comme la fille de l'Amiral vint le consoler, et s'en fut mécontente.

Huon étant désarmé, les Payens le saisirent et l'amenèrent vers l'Amiral qui fut bien satisfait de le voir pris et désarmé; il appela ses Barons et leur demanda de quelle mort il ferait mourir celui qui lui avait fait tant de dommage, comme de lui avoir tué le plus puissant de ses Rois, et son neveu qu'il aimait beaucoup sans une infinité d'autres qu'il avait mis à mort. Tous les Barons répondirent qu'il fallait l'écorcher vif; alors un très-puissant et très-vieux Amiral, car il avait cent vingt ans, prit la parole et dit: Amiral, jamais vous ne ferez une action pareille, par rapport au jour présent; songez donc que c'est aujourd'hui la fête de Saint Jean; ainsi, selon notre loi, il n'y a personne que l'on doive faire mourir ce jour-là, mais il faut lui laisser la vie pendant un an entier, au bout duquel arrivera la fête de vos dieux; car, à tel jour, vous devez livrer deux champions, pour les sacrifier, devant vos dieux; car vous avez ainsi promis de le faire, le premier jour que vous vîntes à la Seigneurie de Babylone, et si ce n'est que parce que celui-ci vous a occi un Roi, votre neveu, vous ne devriez pas le faire mourir. Il a détruit l'homme du monde que vous deviez le plus détester; par sa mort, vous êtes hors de servitude et mis en franchise. Quand l'Amiral Gaudisse eut entendu le Payen, il lui dit: Puisque vous me conseillez d'en agir de cette façon, et que mes ancêtres avaient coutume de faire cela, je ne veux point aller au contraire. Alors Huon fut emmené par quatre Payens, et mis dans une prison très-obscure; on recommanda à celui qui avait la garde de la prison, qu'on lui donnât à manger autant qu'il le faudrait. Quand Huon se vit emprisonné, il en fut bien fâché; il commença à regretter la noble Duchesse sa mère, et Girard son frère, et dit: Ha! vrai Dieu, Roi Oberon, comment as-tu été si méchant de me laisser souffrir tant de maux pour une si petite faute; car tu sais bien en quoi j'ai enfreint tes commandemens, ce n'a été que par oubli. Parlons maintenant de la belle Esclarmonde, fille de l'Amiral Gaudisse, qui lorsque la nuit fut venue, et qu'elle fut couchée, se souvint du bon chevalier français qui l'avait embrassée trois fois devant son père, dont elle fut bien chagrinée qu'il fut mis en prison, et elle se disait: Puisqu'il a tant de valeur d'avoir combattu en tant d'occasions, il mérite bien d'être aimé et secouru. Elle se leva aussi-tôt et s'habilla promptement; elle prit ensuite une torche de cire qu'elle alluma, et sortit de sa chambre sans faire de bruit; il était environ minuit, et tout dormait dans le palais. Elle dirigea ses pas vers la prison où elle trouva le géolier qui dormait; elle prit les clefs, ouvrit la porte de la prison; et quand Huon vit la clarté et la porte de la prison ouverte, il fut saisi de frayeur, parce qu'on n'avait pas coutume de le venir visiter à cette heure: il pensa qu'on le venait retirer pour le faire mourir, ou pour lui faire souffrir quelques tourmens; il s'abandonna à la douleur; la noble demoiselle qui savait bien parler français, entendit les regrets du noble Huon: comme elle l'avait entendu nommer la veille, elle lui dit: Huon, ne t'étonne point, je suis la belle Esclarmonde, fille de l'Amiral, que tu as embrassée aujourd'hui par trois fois; si tu veux faire ma volonté, je me charge de te tirer hors de prison ; car je suis si amoureuse de toi depuis que tu m'as embrassée, que tu es toujours présent à ma pensée; je chercherai tous les moyens de te délivrer. Dame, lui répondit Huon, que Dieu vous récompense des bontés que vous me témoignez ; mais observez que vous êtes Sarrasine, et que je suis Chrétien. Il est vrai que je vous ai embrassé, mais c'était pour exécuter les ordres que le Roi Charlemagne m'avait donné, car il m'avait envoyé ici, et j'aimerais mieux y rester toujours, que de jamais vous toucher tant que vous serez Sarrasine. Elle lui répondit : Puisque vous avez la volonté de finir misérablement vos jours en ce lieu, n'ayez plus en moi d'espérance; car si je puis, je vous le ferai payer bien cher.

Esclarmonde sortit alors de la prison, elle fut éveiller le géolier, et lui dit: Ami, je te défends, sous peine de perdre la vie, de ne donner à manger pendant trois jours et trois nuits à ce Français qui est ici enfermé. Votre volonté sera accomplie. La Princesse, irritée et pensive, fut se remettre en son lit. Huon de Bordeaux resta trois jours et trois nuits sans manger; mais le quatrième jour, il dit en versant des larmes: Grand Dieu! je vais donc mourir de faim, daignez me secourir, et me faites la grâce de ne rien faire contre votre volonté et votre loi, malgré tels maux qui puissent m'arriver. Telles étaient les prières que Huon de Bordeaux adressait au ciel, et si l'homme du monde le plus barbare l'eût entendu, il n'eût pu retenir ses larmes.

Comme Huon se plaignait de la grande faim qu'il souffrait, et comme la belle Esclarmonde vint le consoler, parce que Huon lui promit d'agir selon sa volonté.

Dans le chapitre précédent, vous avez entendu les plaintes que Huon faisait de ce qu'il était resté trois jours et trois nuits sans boire ni manger, et comme la belle Esclarmonde le voyant en cette triste situation, venait tous les matins écouter ce que disait Huon ; quand elle fut auprès de lui, elle lui demanda s'il s'était avisé sur la demande qu'elle lui avait faite, s'il la voulait mener en France et l'épouser quand ils y seraient arrivés : si tu veux faire toutes ces choses, je te ferai délivrer à boire et à manger tant que tu voudras. Dame, lui répondit Huon, je ferai votre volonté, m'en arrive tout ce qu'il pourra. Pour l'amour de toi, lui dit Esclarmonde, je me ferai baptiser, et croirai en la loi de Jésus-Christ, dès que nous serons dans un lieu où cela pourra se faire. Esclarmonde ordonna alors que l'on donnât à boire et à manger à Huon; elle dit ensuite au Géolier : Allez dire à l'Amiral, que le chevalier français qui était en prison, est mort de faim il y a trois jours. J'obéis à vos ordres. Il vint au palais, où il trouva l'Amiral, et lui dit: Sire, sachez que le chevalier français que vous aviez confié à ma garde, est mort de faim et de pauvreté il y a trois jours. Payen, dit l'Amiral, j'en suis fâché, car j'aimerais mieux qu'il fut encore vivant. Ainsi, pour cette fois, Huon fut sauf; et quand le géolier eut dit à l'Amiral ce qui lui avait été ordonné, il retourna à la prison, vers la belle Esclarmonde qui y était restée, et lui dit comme il avait parlé à l'Amiral. Ainsi, dit Esclarmonde, si vous voulez être discret et m'obliger en tout ce qui dépendra de vous, je vous donnerai beaucoup de biens. Je ferai tout ce que vous voudrez. Nous laisserons à parler de Huon, et nous parlerons de Gérasme et de ceux qui étaient avec lui.

Comme Gérasme et ses compagnons partirent de la tour avec la Demoiselle, et vinrent à Babylone, et de ce que fit Gérasme pour avoir des nouvelles de Huon.

Huon partit de la tour du Géant, et laissa Gérasme et ses compagnons avec sa cousine qu'il leur laissa en garde jusqu'à son retour. Il leur dit de l'attendre l'espace de quatre mois sans en entendre parler, dont ils furent bien fâchés ; il vint un jour que Gérasme et ses compagnons s'armèrent, ensuite ils sortirent de la place, et vinrent au bord de la mer pour savoir des nouvelles de Huon; ils jettèrent les yeux sur l'étendue de la mer et virent venir un vaisseau chargé de trente Payens, qui avaient de grands biens avec eux. Gérasme voyant que le vaisseau venait vers le port, il dit à ses gens qu'il serait bon d'aller au-devant pour apprendre des nouvelles au plutôt; ils suivirent son avis, et vinrent au port. Dès qu'ils y furent arrivés, les matelots mirent à l'ancre. Et quand Gérasme fut arrivé au port, il leur demanda d'où ils venaient et où ils voulaient aller. Sire, dirent les Payens, nous allons à la Mecque pour nous acquitter vers Angoulaffre, le grand Géant, du tribut que nous lui devons tous les ans; ainsi, nous vous supplions de nous enseigner où nous pourrons le trouver; Gérasme, voyant qu'ils étaient tous débarqués, leur dit: Méchans, vous ne partirez pas d'ici, car celui que vous demandez est mort, et vous lui tiendrez compagnie.

Gérasme s'écria et dit à ses gens, qu'il fallait mettre à mort tous les Payens qui étaient arrivés. Quand les Barons l'eurent entendus, ils se jettèrent sur les Sarrasins et les mirent tous à mort, sans qu'il en échappât un seul; car tous nos Barons étaient armés de tous points, mais les Payens ne l'étaient pas; car ils n'auraient pas osé descendre armés, pour payer le tribut au géant Angoulaffre. Gérasme et les Barons montèrent tous sur le vaisseau; ils prirent ce qui était dedans et l'emportèrent dans la tour; ils se mirent ensuite à table pour dîner, et se réjouirent de l'heureuse aventure qu'ils avaient eu, et quand ils eurent dîné, Gérasme dit à ses Barons: Messeigneurs, s'il arrivait que nous fussions en France, et que Charlemagne nous demandât ce que nous avons fait de Huon de Bordeaux, il n'y en a pas un de nous qui pût donner au vrai des nouvelles de Huon, savoir s'il est mort ou vif; car si nous lui disons qu'il est mort, et qu'il revint, on pourrait nous soupçonner de trahison nous et nos enfans, car un homme peut rester en prison pendant quatorze ans, et revenir ensuite sain et sauf en son pays; mais, si vous voulez m'en croire, nous ferons comme doivent faire d honnêtes gens. Nous avons dans le port un très-beau vaisseau, qui est bien garni de tout ce qui lui est nécessaire; nous avons en outre beaucoup d'or, d'argent et de vivres, nous porterons nos richesses sur le vaisseau et monterons dessus, nous naviguerons jusqu'à ce que nous sachions des nouvelles de Huon, et nous ferons ce que nous devons faire; je vous prie de vouloir me dire chacun votre sentiment: alors ils lui répondirent d'un commun accord, qu'ils étaient prêts de faire ce qu'il leur avait proposé.

Ils prirent alors toutes leurs richesses et les emportèrent sur le vaisseau, puis ils y portèrent du vin et du biscuit, de la viande salée et de l'artillerie: quand le vaisseau fut chargé, ils firent entrer leurs chevaux, leurs armes, et généralement tout ce qui leur appartenait dans le vaisseau.

Ils montèrent tous les treize avec la Demoiselle, ils levèrent les voiles et laissèrent la tour du Géant inhabitée, et voguèrent en haute mer; ils singlèrent tant qu'ils arrivèrent à Damiette, où ils entrèrent sur la rivière du Nil, sur laquelle ils voguèrent jusqu'à Babylone où ils descendirent au port, et firent sortir leurs chevaux. Gérasme, qui savait bien le langage et la manière de l'entrée des quatre portes, dit à ses compagnons de monter à cheval, qu'il fallait tous aller dans la ville, pour s'informer s'ils pourraient avoir quelques nouvelles de Huon; ils se mirent en chemin pour entrer dans la ville; quand ils y furent, Gérasme leur dit: Seigneurs, il faut aller droit au palais, et quand nous serons devant l'Amiral, vous garderez le silence, me laisserez parler, il faut que vous accordiez à tout ce que je dirai, sans me dédire en aucune chose; ils répondirent qu'ils le feraient, et marchèrent ensemble par la ville. Ah! grand Dieu, dit Gérasme, faites-nous la grâce d'avoir des nouvelles de Huon de Bordeaux pour qui nous exposons notre vie. Ils passèrent les quatre ponts sans aucun danger, parce que Gérasme les conduisait et leur donnait des raisons dont ils étaient contens ; ils arrivèrent devant la grande salle du palais, ils descendirent de leurs chevaux, montèrent les degrés avec la Demoiselle. Et quand ils furent au palais, ils virent l'Amiral Gaudisse qui était assis sur un très-riche siége orné d'or et de pierres précieuses. Gérasme, qui savait bien la langue sarrasine, vint auprès de l'Amiral, et lui dit : Que Mahon, qui fait croître le vin et le bled, veuille sauver et garder l'Amiral Gaudisse que je vois assis entre ses Barons. Ami, dit l'Amiral, sois le bienvenu ; dis-moi, je te prie, ce que tu cherches, et où tu vas ? Sire Amiral, lui dit Gérasme, je vous dis pour vrai que je viens de la ville de Montbraut, et suis fils du Roi Yvoirin. Quand l'Amiral eut entendu que Gérasme se disait fils d'Yvoirin de Montbraut, il lui dit : Soyez le bienvenu, mon neveu, je vous prie de me dire comment se porte mon frère.

Sire, dit Gérasme, comme je partis de Montbraut, je le laissai en bonne santé, il m'a chargé de vous saluer de sa part, il vous envoie douze Français que j'ai amené avec moi ; il les a pris sur la mer, comme ils allaient adorer le Saint Sépulcre de Jésus-Christ ; il vous mande que vous les fassiez tous mettre en prison, jusqu'à ce que le jour de Saint Jean-Baptiste soit venu, jour auquel vous devez faire la fête de vos dieux, puis les ferez mener dans la prairie, vous les ferez attacher, et ferez tirer vos Archers, et vous verrez lequel est le plus adroit.

Quant à cette Demoiselle qui est avec moi, vous pouvez la mettre avec Mademoiselle votre fille, elle lui apprendra à parler la langue française.

Neveu, dit l'Amiral, je vous permets de faire ici tout ce qu'il vous plaira ; je vous prie de me dire votre nom. Cher oncle, lui dit-il, mon nom est Gérasme. Neveu, je vous fait mon premier Chambellan, et je vous donne en garde les clefs de ma prison, dans laquelle vous ferez mettre ces Français pour en disposer à votre volonté, car je sais bien que vous ne les aimez pas ; mais ayez bien soin de leur faire donner à boire et à manger, afin qu'ils ne périssent pas de faim, comme il est arrivé depuis peu à un Français que l'Empereur Charlemagne m'envoya ; il se nommait Huon, et était très-beau chevalier.

Quand Gérasme eut entendu l'Amiral, il fut bien saisi, il ne s'en fallut guères que, dans la colère qu'il ressentait en lui-même, il ne courut sur l'Amiral ; mais il était si irrité, qu'il prit un bâton dont il en frappa un si grand coup sur chaque Français, que le sang leur découlait de la tête ; mais ils n'osaient s'en plaindre par l'appréhension qu'ils avaient de l'Amiral Gaudisse ; mais ils maudissaient Gérasme du mal qu'il leur avait fait.

Quand l'Amiral vit que Gérasme avait battu les prisonniers français, il lui dit : Neveu, vous faites bien voir que vous n'aimez pas les Chrétiens. Sire, répondit Gérasme, je hais plus les Chrétiens que qui que ce soit au monde ; car sachez qu'en les amenant, ils ont été battus trois fois par jour en l'honneur de mon Dieu Mahomet, et au mépris de la loi de leur Dieu Jésus-Christ qu'ils professent.

Gérasme quitta l'Amiral, et il emmena avec lui les douze Français en prison, et les battait pendant le chemin, il n'y en eut pas un assez hardi pour proférer une seule parole, mais ils le maudissaient. Il rencontra la demoiselle Esclarmonde sur le chemin de la prison ; elle lui dit : Cher cousin, je suis bien joyeuse de votre arrivée ; mais si j'osais me fier à vous, je vous dirais volontiers un secret, mais il faut me promettre que vous ne me découvrirez pas. Cousine, dit Gérasme, par la foi que je dois à mon Dieu Mahomet, vous pouvez me découvrir votre secret, je ne le découvrirai jamais. Quand Esclarmonde entendit la promesse que Gérasme lui avait faite, elle lui dit : Cousin, il y a cinq mois qu'un chevalier français vint auprès de mon père, l'Amiral Gaudisse, faire un message de la part de l'Empereur Charlemagne ; il se nomme Huon de Bordeaux ; quand il eut fait son message, il mit à mort un Roi Payen qui était à table devant mon père l'Amiral, puis il m'embrassa tendrement par trois fois. Il défit ensuite beaucoup de Sarrasins, pourquoi mon père le fit prendre et mettre en prison dans laquelle il est encore; mais j'ai fait entendre à l'Amiral Gaudisse, mon père, qu'il est mort de famine; mais il est vivant, et ne manque ni de boire ni de manger.

Quand Gérasme eut entendu la demoiselle Esclarmonde, il fut bien irrité; car il pensait que la demoiselle le faisait pour le décevoir et l'attirer par ses paroles insinuantes, afin qu'il voulût dire son secret; il s'en alla sans lui répondre, et vint à la prison, dans laquelle il mena fort rudement les prisonnier. La demoiselle s'en retourna très-triste et bien fâchée de ce que son secret était découvert à Gérasme, qu'elle croyait son cousin; quand il eut mis les douze Français dans la prison, il s'en retourna bien fâché. Huon, qui était dans la prison, s'inquiétait beaucoup qui pouvaient être ceux que l'on avait mis dans la prison avec lui; car il y faisait si obscure, qu'il ne pouvait distinguer les objets. Il se tint sans parler, afin d'entendre quel langage ils parlaient. Un d'entr'eux commença à se plaindre et à dire: Grand Dieu! daignez nous secourir, car vous savez bien que ce n'est pas par notre faute que nous souffrons tous ces maux; mais par amitié pour notre jeune Seigneur. Ah! Huon de Bordeaux, nous vous avons tant aimé que nous sommes prêts à périr; que Notre Seigneur Jésus-Christ daigne avoir pitié de nos ames.

Quand Huon eut entendu ce qu'ils disaient, il vit bien qu'ils étaient Chrétiens et Français, il eut bien voulu savoir qui ils étaient, il s'approcha d'eux en leur disant: Nobles Seigneurs, qui êtes ici, je vous prie de me dire qui vous êtes, et comment vous êtes venus ici? Sire, dit un d'entre eux, il est vrai qu'il y a environ cinq mois qu'un jeune chevalier est parti du Royaume de France, et nous partîmes avec lui; il est fils du noble Duc de Bordeaux qui se nommait Sevin; ce jeune chevalier a mis à mort Charlot, fils du Roi Charlemagne, pour un malheur, pour quoi il fut banni du Royaume de France, et envoyé, de la part du Roi Charlemagne, faire un message vers l'Amiral Gaudisse, qui l'a fait mourir en prison, comme on nous l'a dit; nous étions partis pour l'aller chercher; mais nous avons été trahis par nos compagnons.

Quand Huon eut entendu celui qui lui parlait, il le reconnut, et tous les autres aussi, puis il leur dit: Seigneurs, rassurez-vous, car vous voyez Huon en bonne santé, grâces au Seigneur et à la fille de l'Amiral Gaudisse, qui m'aime tant, qu'il y a longtems que je serais mort si elle ne m'eût secouru, vous verrez que dans peu de tems elle viendra nous rendre visite. Mais je vous prie de me dire ce qu'est devenu le vieux Gérasme, et s'il est demeuré pour garder la tour avec la Demoiselle ma cousine, que je vous avais confiée en garde. Sire, lui dirent les Barons, vous n'avez jamais entendu parler de plus grand traître que lui; car il nous a trahis, battus, outragés, mis en cette affreuse prison; et quant à la demoiselle qui était venue avec nous, il l'a donnée en garde à l'Amiral Gaudisse.

Quand Huon vit et reconnut vraiment que c'était à ses hommes qu'il parlait, il les vint embrasser l'un après l'autre, et leur dit: Chers amis, apprenez que tous les maux que le vieux Gérasme vous a faits, et les manières qu'il a tenues, ne tendent qu'à votre délivrance; car je connais bien les sentimens et la valeur de Gérasme. Seigneurs, réjouissez-vous, car la nuit ne sera pas plutôt venue, qu'à grande joie vous serez visités. Certainement, lui dirent les Barons, nous avons pensé que le vieux Gérasme avait renié Notre-Seigneur Jésus-Christ, et pris la loi sarrasine, car il a fait entendre à l'Amiral Gaudisse, qu'il est fils de son frère Yvoirin de Montbrant. Quand Huon les entendit, il en fut bien joyeux et dit: Vrai Dieu, la loyauté de Gérasme nous sera toujours profitable, et en dépit du nain bossu qui m'a délaissé pour une seule faute que j'ai commise, nous serons délivrés par Gérasme des misères où nous sommes. Nous laisserons maintenant à parler de Huon, et nous ferons mention du vieux Gérasme.

Comme Gérasme et la belle Esclarmonde vinrent dans la prison consoler et visiter Huon de Bordeaux, et tous les autres qui y étaient avec lui.

OR, dit le Comte, quand Gérasme fut retourné vers l'Amiral, il lui dit que, par son ordre, on avait mis en prison les Chrétiens qui étaient venus avec lui, et qu'il les avait maltraités à l'entrée de la prison. Beau neveu, dit l'Amiral Gaudisse, ils ont en vous un mauvais voisin; l'Amiral ensuite se retira, et Gérasme entra dans la chambre qui lui était préparée. Il pensa aux moyens de fournir des vivres aux prisonniers, et vint à bout d'en fournir suffisamment. Quand ce vint vers le soir, et qu'il vit l'instant favorable pour accomplir son dessein, il vit qu'il y avait assez de pain, de vin et de viande. Il sortit de sa chambre, qui n'était pas loin de la prison, il fit apporter des vivres tels qu'il les fallait; car, dans le palais, tout le monde était prêt à lui rendre service en tout ce qu'il pouvait désirer; quand ils furent venus à la porte de la prison, il renvoya tous ceux qui avaient apporté les vivres, et resta seul, mais il n'y fut pas plutôt entré, que la fille de l'Amiral vint auprès de lui. Et quand Gérasme la vit, il ne sut que penser, et lui dit: Ma cousine, je vous prie de me dire, à cette heure, qui vous amène ici? Mon cousin, lui dit la demoiselle, la très-grande confiance que j'ai en vous m'y a fait venir, parce qu'aujourd'hui je vous ai découvert tout mon secret, et ce que j'ai eu volonté de faire, si je savais que vous voulussiez laisser la loi de Mahomet, et recevoir le baptême, vous et moi nous en irions en France avec les Français dont je vous ai parlé aujourd'hui, nous trouverons bien la manière de partir et de faire sortir de prison ceux que vous y avez mis. Quand Gérasme eut entendu la demoiselle, il fut très-satisfait, et vit bien cette fois qu'elle ne cherchait point à le surprendre, et que ce qu'elle lui disait, venait du courage, et le désir qu'il avait de savoir ce qu'elle lui dirait de la volonté de Huon, fut la cause qui l'obligea de la croire; cependant il ne voulut pas aussi-tôt se découvrir à elle, jusqu'à ce que Huon sût la vérité; il répondit très-fièrement à la demoiselle, et lui dit: Ha! mauvaise fille, comment êtes-vous si hardie d'oser penser ni dire ce que vous m'avez dit; sachez que l'Amiral votre père le saura, je ne serai pas plutôt sorti de la chambre, que tous les Français seront pendus. Ah! Sire, je vous prie de me mener avec vous, afin qu'avant que je meure, je puisse voir le chevalier pour l'amour duquel je suis contente de mourir; car s'il meurt, je ne pourrai pas lui survivre. Gérasme lui dit alors: Je veux bien que vous veniez avec moi. Alors Gérasme entra, un flambeau à la main, dans la prison; dès qu'il y fut, Huon le reconnut et vint l'embrasser en lui disant: Mon très-cher ami, que l'heure où je vous ai trouvé soit bénie; alors ils s'embrassèrent de nouveau l'un et l'autre. Quand la demoiselle vit l'amitié et la reconnaissance que les Barons firent ensemble, elle en fut jalouse, car elle vit bien que son fait en serait plus sûr à conduire; elle vint vers Huon, et elle lui demanda si c'était ses gens avec qui il faisait si grande reconnaissance. Huon lui répondit: Sachez que tous ceux qui sont ici avec moi sont mes gens, vous pouvez m'en croire, car il n'y en a pas un d'entre eux qui ne vous obéisse en tout ce que vous désirerez. Huon, lui dit la belle Esclarmonde, je suis charmée de leur arrivée; alors il dit à ses gens: Seigneurs, je vous remercie de vos embrassemens, rendez vos hommages à cette noble Demoiselle par qui nous serons tous délivrés: car c'est elle qui m'a sauvé la vie. Ils remercièrent tous la noble Esclarmonde. Seigneurs, si vous voulez croire mon conseil, je vous dirai comment et de quelle manière il faudra faire quand vous serez sortis de prison. Sachez tous, que je crois fermement à la loi de Notre-Seigneur Jésus-Christ, et qu'aujourd'hui il n'y a personne au monde que je déteste plus que l'Amiral Gaudisse, mon père, parce qu'il ne veut pas croire à la loi Catholique, et parce qu'il déteste tant les Chrétiens, qu'il n'en veut entendre parler en aucune manière, car il croît seulement au dieu Mahomet et à ses idoles, pourquoi le cœur ne peut me mettre à l'aimer, s'il fut jamais autre, pour rien au monde, je ne lui voudrais ôter ses sentimens ; mais je vous dirai comment il faudra faire. Et quand ce viendra à l'heure de minuit, je vous menerai dans ma chambre, où vous prendrez les armes qui vous conviendront, et quand vous serez armés de tous points, je vous menerai dans la chambre de mon père l'Amiral, vous le trouverez endormi et le mettrez aussi-tôt à mort, je me charge de lui donner le premier coup, et quand il sera mort, nous nous en irons tranquillement. Quand Huon eut entendu parler la belle Esclarmonde, il lui dit : A Dieu ne plaise que votre père soit mort, nous trouverons un jour la manière d'en être délivrés, nous vous remercions de ce que vous voulez nous délivrer à ce prix, il me semble qu'il vaudrait mieux vous retirer d'ici vous et Gérasme, car le jour commence à paraître, afin que personne ne s'en apperçoive.

Alors Gérasme et la demoiselle s'en allèrent au palais, après avoir fermé la porte de la prison. Gérasme et Esclarmonde allaient de tems à autre visiter les prisonniers et leur faisaient porter tout ce dont ils avaient besoin. Gérasme était toujours chez l'Amiral où il commandait tout ce qu'il voulait ; il n'y avait aucun payen qui osât lui contredire. Nous cesserons de parler de Gérasme, de Huon et des autres prisonniers Français, qui restent en prison, jusqu'à ce qu'on aille les en tirer.

Comme le grand Géant Agrappart, frère aîné d'Angoulaffre que Huon avait mis à mort, assembla tous ses gens, et vint en Babylone pour recevoir le tribut que l'Amiral Gaudisse payait auparavant à son frère, du champ de bataille qu'il proposa à l'Amiral, ce qui lui fut accordé.

Ainsi vous avez entendu comme Huon a mis à mort le Géant Angoulaffre qui avait dix-sept frères, dont il était le plus petit. La mort d'Angoulaffre fut sue bientôt après par tout le pays ; Agrappart apprit la mort de son frère, il en fut si affligé qu'il était hideux à voir, il était d'une grandeur si prodigieuse, qu'il avait dix-sept pieds de long, et était gros à proportion, il y avait un pied de distance entre ses deux sourcils, les yeux aussi ardens qu'un charbon enflammé ; le bout de son nez était plus gros que le museau d'un bœuf, et il lui sortait des deux côtés de la bouche deux dents qui avaient bien chacune un pied de long, j'ennuirais les lecteurs si je leur faisait le portrait affreux de son horrible figure, vous pouvez bien penser que quand il était en colère, il était encore plus hideux ; car ses yeux ressemblaient à des flambeaux ardents. Quand Agrappart fut averti que la mort de son frère était réelle, il ordonna que tous les gens de son pays prissent les armes et vinssent auprès de lui ; ses ordres furent ponctuellement exécutés : quand ils furent arrivés auprès du géant, il les assembla et leur raconta la mort de son frère Angoulaffre, et que sa volonté était d'aller en Babylone vers l'Amiral Gaudisse, pour se mettre en possession des terres dont son frère était possesseur, et pour percevoir le tribut qui lui était dû par l'Amiral Gaudisse ; alors tous les Barons lui dirent : Sire, ordonnez ce que vous voudrez, et nous le ferons. Agrappart leur repondit qu'il fallait monter tous à cheval, parce qu'il voulait aller vers l'Amiral Gaudisse. Alors tous les Payens, soumis à ses ordres, montèrent à cheval et partirent avec lui. Ils se rassemblèrent au nombre de dix mille Payens dans une grande plaine qui est auprès de Babylone ; Agrappart dit à ses gens qu'ils l'attendissent en cet endroit, et qu'il voulait aller seul parler à l'Amiral Gaudisse. Pour cet effet, il s'arma de tout ce qui lui était nécessaire, il prit une grande faulx, comme son frère avait coutume d'en porter ; puis seul et ainsi armé, il entra dans la ville de Babylone, traversa les quatre ponts sans trouver personne assez hardi pour s'opposer à son passage, et il parvint à la salle où l'Amiral Gaudisse était à table ; le Géant se mit devant lui et dit assez haut : Que le dieu Mahomet, par qui nous vivons, et qui fait croître le bled et le vin, puisse confondre l'Amiral Gaudisse comme traître et méchant homme. L'Amiral se sentant ainsi outragé, répondit au géant Agrappart : Vous m'outragez à tort devant tous mes Barons. Dites-moi donc pourquoi vous m'avez insulté. Amiral, lui dit Agrappart, vous avez dans votre palais celui qui a mis à mort mon frère Angoulaffre ; puisque vous le saviez, vous auriez dû le faire écorcher tout vif, et si ce n'était crainte de ternir ma gloire, je te frapperais ; si tu l'as mis en prison sans lui faire de mal, que Mahomet te maudisse, tu n'es pas digne de t'asseoir sur le trône, descends, il ne t'appartient pas d'y être.

Alors le Géant retira l'Amiral du trône si rudement, que sa couronne lui tomba de la tête. (*Voyez la planche.*) Agrappart s'assit sur le trône ; il dit ensuite à l'Amiral : Traître, mon frère est mort ; tu seras dorénavant mon esclave, les terres de mon frère m'appartiennent ainsi que le tribut que tu devais lui payer, sinon je te ferai mettre en pièces, je ne demande que mon droit, et si tu veux prouver le contraire, il faut que tu trouves deux champions qui, pour l'amour de toi, voudront bien combattre avec moi, je me défendrai contre eux et contre d'autres si tu veux les envoyer ; s'il arrive que je sois vaincu, je consens que ta terre soit franche de tout tribut ; mais si je suis vainqueur, tu demeureras mon esclave et mon tributaire, et avec ce tu payeras quatre deniers d'or, par an, pour racheter ta tête. L'Amiral lui dit qu'il le voulait bien. Je te donnerai deux de mes gens pour combattre contre toi.

Comme l'Amiral Gaudisse fit mettre Huon de Bordeaux hors de prison et le fit armer pour combattre le géant Agrappart.

Quand l'Amiral eut entendu la proposition du Géant, il s'écria à haute voix : Où sont les deux chevaliers qui voudront combattre pour moi ? il est tems de me prouver la reconnaissance de mes bienfaits. S'il y a quelqu'un d'entre vous qui veuille s'armer pour combattre le Géant, je lui donnerai ma fille Esclarmonde en mariage ; et après ma mort il aura tout mon bien, sans que personne puisse s'y opposer ; mais malgré les promesses avantageuses qu'il pouvait faire, il ne se trouva pas un seul Payen assez hardi pour le faire, dont l'Amiral fut si fâché qu'il ne pût retenir ses larmes.

Quand le géant Agrappart le vit, il lui dit : Il n'est pas nécessaire de pleurer ; que de gré ou de force, il serait obligé de lui payer les quatre deniers d'or, car certainement je vois bien qu'il n'y a aucun de vos payens qui veuille combattre contre moi. Quand la belle Esclarmonde vit que son père pleurait, elle en fut émue de pitié, et lui dit : Mon père, si je savais que vous ne m'en sachiez pas mauvais gré, je vous dirais une chose qui pourrait vous tirer d'affaire. Ma fille, dit l'Amiral Gaudisse, je jure par Mahomet que vous n'aurez jamais sujet de vous en repentir. Sire, lui dit sa fille, je vous ai dit autrefois que le Français qui vint vous faire un message de la part du Roi Charlemagne, était mort : si cependant vous le souhaitez, je vous l'amenerai ici ; je ne doute pas qu'il n'entreprenne de combattre contre Agrappart, je vous ai déja dit qu'il a défait Angoulaffre, je crois et j'espère avec l'aide de Mahomet, qu'il en fera autant de son frère Agrappart. L'Amiral lui répondit : Ma fille, je consens que vous alliez chercher ce Français ; car si il est ainsi qu'il le puisse détruire, je consens que lui et tous les autres Français sortent de prison et aillent où bon leur semblera. Alors Esclarmonde et Gérasme s'en allèrent à la prison, et en retirèrent Huon et les autres Français et les amenèrent au Palais.

Quand ils furent arrivés, l'Amiral regarda Huon parcequ'il avait le visage en embonpoint, excepté qu'il était devenu pale, à cause du long espace de tems qu'il était resté en prison. Vassal, dit l'Amiral Gaudisse, je vois bien que vous n'avez pas fait mauvaise chère dans la prison. Sire, j'en remercie votre fille, qui a bien voulu prendre soin de moi; mais dites-moi, je vous prie, pourquoi vous m'avez mandé. Vassal, dit l'Amiral Gaudisse, je vais vous le dire: Vous voyez ce Sarrasin qui est armé, il m'a proposé un champ de bataille corps à corps, ou bien contre deux de mes plus vaillans hommes; s'il s'en trouve d'assez hardis pour combattre contre lui, et s'il est vrai que vous ayez la valeur de m'acquitter envers lui et d'entreprendre le gage pour moi, je vous délivre ainsi que ceux qui sont avec vous, vous pourrez retourner dans votre pays, ou bien où bon vous semblera, je vous ferai conduire en sûreté jusques dans la ville d'Acre, et vous donnerai un sommier chargé d'or, que vous présenterez de ma part au Roi Charlemagne; vous lui direz que tous les ans je lui en enverrai un pareil, par droit de servitude et pour racheter ma tête, je lui en ferai la promesse par lettre, ainsi qu'il le voudra ordonner par ses Barons; qu'il ait quelque guerre, je lui enverrai deux mille Payens pour le servir pendant un an; et s'il a besoin de ma personne, je passerai la mer avec cent mille Payens pour le servir; car j'aime mieux être en servitude ailleurs que de payer ici quatre deniers; et si tu veux demeurer avec moi, je te donnerai ma belle Esclarmonde et la moitié de mon royaume pour te maintenir dans ton état.

Sire Amiral, dit Huon, je le veux bien faire, pourvu que vous vouliez me rendre mon haubert, mon riche cor d'ivoire et mon hanap que l'on m'ôta quand je fus pris.

Vassal, dit l'Amiral, je vous ferai tout rendre et vous ne perdrez pas un denier. Alors l'Amiral envoya chercher le haubert, le cor et le hanap qu'il fit donner à Huon, qui fut bien content de les avoir. Quand Agrappart sut que l'Amiral avait trouvé un champion pour le combattre, il dit à l'Amiral qu'il voulait parler à ses Barons qui l'attendaient dehors, mais que celui qui devait le combattre se tint tout prêt; car, dit-il, tant que je vivrai, je n'aurai de contentement que je ne l'aye mis en pièces; alors il partit sans rien dire de plus et s'en alla vers ses gens. Huon, qui était resté au palais, endossa le bon haubert, il donna ensuite à Gérasme son cor d'ivoire, en le priant de vouloir le garder jusqu'à son retour, puis il réclama Notre-Seigneur, en le priant très-humblement de vouloir bien lui pardonner ses péchés et vouloir bien le secourir contre un adversaire si affreux.

Quand il eut fait sa prière à Dieu, il mit son haubert aussi facilement qu'à la première fois, et vit par-là que Dieu lui avait pardonné, il dit alors: Ah! noble Roi Oberon, puisque Dieu a calmé sa colère contre moi, pardonnez-moi, car je suis bien puni d'avoir passé vos ordres. Ah! je te prie de ne m'en pas vouloir mal, si lorsque j'étais en prison, il m'est échappé quelques murmures, j'avoue que j'ai mal fait, mais c'était par oubli.

Vous m'avez tant fait de plaisir quand je vous trouvai au milieu du bois où vous me donnâtes votre riche cor d'ivoire et votre hanap, par qui j'ai été secouru tant de fois. Pardonnez-moi les fautes que j'ai faites, et daignez me secourir en mon besoin, car sans le secours de Dieu et le vôtre, il faut que je perde la vie.

Huon pria Dieu bien dévotement de lui pardonner ses péchés et de lui faire la grace de remporter la victoire sur un ennemi aussi affreux. Quand Huon eut fini son oraison, il vint un Sarrasin qui dit à Huon: Vassal, voici ton épée que tu as perdu le jour que l'on te prit, Huon le remercia et prit son épée.

Après cela Huon laça son héaume et ceignit sa bonne épée, ensuite l'Amiral lui fit amener un cheval des plus beaux qu'on ait vu. Huon l'ayant vu remercia l'Amiral, quant à la richesse de la selle et de la bride, il m'est impossible de vous l'exprimer.

Huon après avoir fait le signe de la croix, monta à cheval et sortit tout armé du palais et vint dans une grande prairie où il fit une course pour essayer le cheval.

Quand il eut fait sa course, il s'arrêta devant l'Amiral qui était aux fenêtres du palais pour regarder Huon; il disait à ses Barons que les Français étaient à redouter;

Huon était un très-bel homme, et c'eut été dommage que je l'eusse fait mourir. L'Amiral commanda que le champ fut gardé par mille Sarrasins, afin qu'il ne se commit aucune trahison, puis l'Amiral lui cria : Vassal, que Mahomet te conduise.

Comme Huon combattit le Géant Agrappart, le vainquit et le livra à l'Amiral Gaudisse qui en eut grande joie.

Huon vint au champ où son ennemi l'attendait; et quand Agrappart vit Huon, il lui cria le plus haut qu'il put : Vassal, qui a entrepris un si grand combat? Huon lui répondit : Apprends que l'Amiral m'appartient, je suis natif du royaume de France, et si tu veux savoir qui je suis, c'est moi ai tué ton frère.

Vassal, dit le Payen, j'ai le cœur bien joyeux, puisque Mahomet m'a fait cette grace d'avoir le pouvoir de venger la mort de mon frère, sur toi qui es son meurtrier; mais si tu voulais me croire, adorer mon Dieu Mahomet, délaisser ta loi, et venir dans mon pays, je te ferai grand Seigneur, et tu aurais plus de terres que tes parens; je te donnerai ma sœur qui est plus grande que moi d'un pied, et qui est noire comme un charbon.

Huon lui dit : Je ne veux ni de tes terres, ni de ta sœur, je les donne tous au diable; méfie-toi de moi, car je ne serai jamais content que je ne t'aie mis à mort comme j'ai fait de ton frère. Je te défie au nom de Dieu et de sa Mère; et moi, dit le Payen, au nom de mon Dieu Mahomet.

Alors ils s'éloignèrent pour prendre leur course, puis tournèrent l'un contre l'autre, la lance à la main, ils se heurtèrent si fort, que leurs lances se frappèrent ensemble, et leurs chevaux couraient d'une telle rapidité qu'ils tombèrent au milieu de la prairie. Les deux champions se levèrent promptement et vinrent l'un vers l'autre; Agrappart s'arma de sa grande faulx qui étoit dans la prairie, et la leva pour en frapper Huon qui se baissa un peu, ce qui fit que le Géant manqua son coup; mais Huon, qui était souple et adroit, leva son épée et en frappa sur le héaume du Géant un coup si terrible, qu'il en abattit une partie, malgré le cercle d'or: le coup fut si pesant, qu'il lui coupa l'oreille droite, et le sang en sortit considérablement. Tu devais bien être content que j'eusse tué ton frère, sans venir ici pour subir un sort pareil, car tu ne verras jamais d'autre jour que celui-ci.

Quand le Géant se vit ainsi navré, il eut grande peur, et dit à Huon : Vassal, Mahomet, qui a forgé ton épée, puisse-t-il te confondre. j'aime mieux payer les deniers d'or, pour sauver ma vie, que d'être mis à mort. Vassal, je me rends à toi, je te remets mon épée et te prie de ne me faire aucun mal. Huon lui répondit : Ne crains rien, puisque tu te rends à moi, il n'y aura personne assez hardi pour te faire du mal.

Huon prit alors le Géant par le bras, il l'emmena à pied dans la ville, dont l'Amiral Gaudisse et tous ses Barons en furent bien joyeux; mais la grande joie qu'eut la noble Demoiselle Esclarmonde l'emportait sur tous les autres; Gérasme qui vit que Huon de Bordeaux avait vaincu le Géant, vint vers l'Amiral Gaudisse et lui dit : Sire Amiral, apprenez que je suis Chrétien, et non pas votre neveu; je m'en vins ici pour chercher mon Seigneur et pour mieux en savoir la vérité, je vous fis entendre que j'étais fils du Roi Yvoirin de Montbrant, votre frère, afin que plus certainement je pusse savoir ce que mon Seigneur était devenu; car je savais bien qu'il devait venir auprès de vous, pour faire le message qui lui avait été ordonné par le Roi Charlemagne.

Comme le Géant Agrappart demanda merci à l'Amiral, et comment Huon engagea l'Amiral à quitter la loi des Payens, pour recevoir le Baptême.

Après que l'Amiral eut entendu Gérasme, il fût bien surpris, et dit qu'il n'y avait personne, tant subtil qu'il fut, qui ne dût se méfier de la subtilité d'un Français; alors l'Amiral regarda Huon qui était déja sur les degrés, il amenait avec lui Agrappart le géant. L'Amiral et tous ses Barons vinrent au-devant de lui ; Gérasme et ses compagnons furent très-joyeux quand ils les virent, et quand Huon apperçut l'Amiral, il prit Agrappart par la main, et dit à l'Amiral : Sire, je vous livre celui qui vous a tant injurié et qui vous a fait descendre de votre trône, vous en ferez à votre volonté. Lorsque le géant Agrappart se vit devant l'Amiral, il lui dit : Sire, on dit que la pensée d'un fou se rencontre quelquefois être vrai, cela se rapporte à moi, car lorsque je suis venu vers vous, je me croyais le plus fort qui fut sur la terre, et que vous n'auriez pu me résister ; mais je me suis trompé dans cette idée, et je suis vaincu par un seul homme, et amené devant vous, moi qui autrefois n'eut pas daigné combattre contre dix. Sire Amiral, je vous prie d'avoir pitié de moi et me pardonner l'outrage que je vous ai fait. Quand l'Amiral eut ouï Agrappart, il lui dit qu'il lui pardonnait la faute qu'il avait commise, à condition que jamais il ne ferait de mal à personne et qu'il deviendrait son esclave et lui rendrait hommage devant tous ceux qui étaient présens. Sire, dit Agrappart, je suis prêt de faire votre volonté ; alors il rendit hommage à l'Amiral en présence de tous ceux qui étaient là. Ils se mirent tous à table avec beaucoup de joie ; l'Amiral fit ce jour bien de l'amitié à Huon, il le fit asseoir auprès de lui ainsi que les autres Français. Huon qui avait grand désir de parvenir à son but, tira son hanap de son sein, que Gérasme lui avait rendu, parce que Huon lui avait donné en garde ainsi que son cor d'ivoire. Huon dit alors à l'Amiral : Vous voyez bien ce hanap que je tiens, il est vuide maintenant, vous verrez une pièce d'admirable valeur. L'Amiral dit à Huon : Je vois bien qu'il n'y a rien dedans. Huon lui dit : Je veux vous montrer que notre loi est sainte et approuvée ; alors il fit trois signes de croix sur le hanap ; il n'eut pas plutôt fait, que le hanap se trouva rempli de bon et excellent vin, ce qui surprit beaucoup l'Amiral. Huon lui dit ensuite : Prenez le hanap et goutez du vin qui est dedans, vous en sentirez la qualité ; il présenta le hanap à l'Amiral : aussitôt qu'il l'eut pris, ledit hanap se trouva vuide. L'Amiral en fut si surpris, qu'il dit à Huon qu'il l'avait enchanté. Je ne suis point enchanteur, lui répondit Huon, c'est à cause de vos péchés ; car votre loi est mauvaise, vous pouvez bien voir, par la vertu que Dieu a donné au hanap et par le signe de la croix, vous voyez que ce que je vous dis est véritable. Mais pour délaisser ma loi, dit l'Amiral, je n'en ferai rien. Je veux savoir si vous demeurerez ou non, ou si vous voulez aller en France, car je veux tenir la promesse que je vous ai faite. Je sais bien, lui dit Huon, que vous tiendrez votre promesse ; mais je vous prie, sur toutes choses, de quitter votre loi, et si vous ne le faites, je vous jure, sur ma foi, que je ferai venir tant de gens armés, qu'il n'y aura aucune maison dans votre ville, qui n'en soit pleine. Quand l'Amiral eut entendu Huon lui parler ainsi, il se tourna vers ses Barons, et leur dit : Seigneurs, vous entendez avec quel orgueil me parle ce Français que depuis un an je tenais prisonnier, il me menace maintenant de me faire mourir, parce que je ne veux pas délaisser notre loi pour embrasser la sienne. Je suis fort surpris où il prendra tant de gens pour faire ce qu'il dit ; que personne ne l'épargne, s'il peut le faire mourir. Huon lui dit : Sire, je vous le demande encore une fois, avez-vous envie de changer de loi ? Ne m'en parlez plus, si vous avez envie de vivre ; car, par Mahomet, quand toute l'armée de Charlemagne serait ici, elle ne pourrait vous sauver de la mort.

Comme Huon voyant que l'Amiral ne voulait pas quitter sa loi, sonna son cor par lequel le Roi Oberon vint vers lui, et l'Amiral fut mis à mort et tous ses gens. Huon fut en danger de périr ainsi que la belle Esclarmonde, parce qu'il avait passé ses ordres.

Quand Huon entendit qu'il ne pouvait faire de mal à l'Amiral, et qu'il ne voulait pas quitter sa loi pour prendre celle de Jésus-Christ, il sonna son cor d'une telle force, que le sang lui sortait de la bouche, de sorte que l'Amiral et tous ceux qui étaient à table se levèrent et la renversèrent. Ils se mirent tous à chanter et danser; lorsque Huon sonna son cor, Oberon entendit le cor et dit: Je sens bien que mon ami Huon a besoin de moi, je lui pardonne tout ce qu'il m'a fait, il en a été assez puni; je me souhaite auprès de lui avec cent mille hommes bien armés, je ne puis secourir un plus vaillant chevalier, c'est dommage qu'il a le cœur si inconstant. Il n'eut pas plutôt dit, qu'il se trouva dans la ville de Babylone, où ils commencèrent à faire mourir tous ceux qui ne voulaient pas embrasser la religion Catholique; Oberon monta au palais, accompagné des chevaliers qui avaient tous l'épée à la main. Huon n'eut pas plutôt aperçu Oberon, qu'il courut l'embrasser et lui dit: Sire, j'ai bien des grâces à rendre à Dieu et à vous, qui venez de si loin pour me secourir dans mon besoin. Oberon lui dit: Tant que tu voudras suivre mes conseils, je ne te délaisserai jamais.

Lors de toutes parts ils mirent en pièces Payens, hommes, femmes et enfans, excepté ceux qui reçurent la loi de Dieu; Oberon vint vers l'Amiral et le livra à Huon qui fut bien joyeux, il demanda à l'Amiral ce qu'il avait envie de faire, et s'il voulait quitter sa loi pour embrasser celle de Jésus-Christ. Huon, dit l'Amiral, j'aimerais mieux être mis en pièces que de quitter ma loi. Oberon, qui était présent, dit à Huon pourquoi il tardait tant à le mettre à mort; Huon leva aussi-tôt son épée dont il trancha la tête de l'Amiral. Oberon dit alors à Huon: Tu feras bien de t'acquitter envers le Roi Charlemagne. Huon prit la tête de l'Amiral, lui ouvrit la bouche dont il tira les quatre dents mâchelières, puis coupa sa barbe et en prit ce qu'il en voulut avoir. Oberon lui dit alors: Tu as maintenant les dents et la barbe de l'Amiral, si tu aimes la vie, gardes-les bien. Sire, dit Huon, je vous prie de les mettre en un endroit sûr, afin que je les puisse retrouver quand j'en aurai affaire; car je suis si étourdi, que je les aurais bientôt oubliées ou perdues.

Ami, dit Oberon, je vous approuve en ce que vous dites, je les souhaite dans le côté de Gérasme sans lui faire aucun mal; aussi-tôt qu'il eut souhaité, elles entrèrent dans le côté de Gérasme et elles y étaient si bien cachées, que personne ne pouvait s'appercevoir de quel côté elles étaient, il appela Huon et lui: Je vais m'en retourner dans mon chateau de Montmur; vous emmenerez avec vous Esclarmonde, fille de l'Amiral, je vous défends sur votre vie, si vous ne craignez de m'irriter, ne soyez pas assez hardi pour avoir affaire à elle, que vous ne l'ayez épousée à Rome. Si tu passes mes ordres, tu essuyeras tant de malheurs que le double des malheurs que tu as éprouvé depuis que tu es sorti du Royaume de France, n'est rien en comparaison de ceux que tu auras à souffrir, si tu passes mes commandemens. Sire, lui dit Huon, je m'en garderai bien, et je ne ferai rien qui puisse vous déplaire. Alors le Roi Oberon fit appareiller un bon vaisseau qui était si riche et si orné et garni de chambres tendues de riche tapisseries, que c'est chose incroyable quand on ne l'a pas vu, car tout était or et soierie. Je serais trop long à vous raconter la beauté et la richesse de ce vaisseau. Quand il fut chargé de vivres nécessaires, Oberon prit congé de Huon qu'il embrassa en pleurant. Huon lui demanda pour quel sujet il pleurait, à quoi Oberon répondit: Le sujet pour lequel je verse des larmes, est que j'ai pitié de toi; car si tu savais la grande misère où tu te trouveras, tu en tremblerais de frayeur; car je suis certain que tu auras beaucoup à souffrir et qu'il n'y a personne au monde qui le puisse raconter; alors Oberon le quitta sans rien dire de plus.

Et quand Huon vit qu'Oberon était parti, il se mit à penser; mais il sortit bientôt de ses réflexions, et donna des ordonnances par toute la ville, il fit baptiser la noble demoiselle Esclarmonde, maria sa cousine qu'il avait amenée de la tour du géant Angoulaffre, à un Amiral du pays qui avait reçu le Baptême. Huon leur donna la ville de Babylone et toutes ses dépendances. Quand Huon eut marié sa cousine, il fit appareiller un petit vaisseau pour pouvoir aller chercher des vivres quand il en serait nécessaire, ils montèrent tous ensuite dans le vaisseau, après avoir fait leurs adieux à la nouvelle mariée qui fut bien fâchée de voir partir son cousin Huon. Quand ils furent tous embarqués, on leva l'ancre et ils cinglèrent à force de voiles et sortirent de la rivière du Nil, ils passèrent vers Damiette, entrèrent en pleine mer et eurent toujours le vent favorable. Ils se mirent à table où ils eurent à boire et à manger autant qu'ils en voulurent, car le hanap qu'ils avaient fournissait de vin autant qu'ils pouvaient en avoir besoin. Grand Dieu! dit Huon, je dois bien vous remercier d'un si bon hanap, du haubert et du riche cor d'ivoire que vous m'avez donné, car quand je veux sonner ledit cor d'ivoire, il me vient autant de gens que j'en ai besoin, puis j'ai la barbe et les quatre dents machelières de l'Amiral Gaudisse, j'ai aussi sa belle fille Esclarmonde que j'aime d'une ardeur extrême; malgré que le nain bossu m'ait défendu, en quelque manière que ce soit, d'en approcher, cela ne m'empêchera pas d'en faire à ma fantaisie. Esclarmonde m'appartient, j'en ferai à ma volonté. Quand Gérasme entendit Huon parler ainsi, il lui dit: Que vas-tu faire? tu sais bien qu'Oberon ne ment jamais; car tu n'as jamais trouvé en lui que des vérités, peu s'en est fallu que par ta faute nous ne fussions tous perdus, et maintenant tu veux enfreindre ses ordres. S'il arrive que tu touches la Demoiselle avant le tems prescrit, il t'en arrivera du mal. Huon lui répondit: Je n'écouterai que ma volonté, et je ne quitterai pas Esclarmonde que je n'en aie joui. Si vous avez peur, montez dans ce petit vaisseau, prenez des vivres et allez où bon vous semblera. Gérasme voyant que Huon ne faisait aucun cas de ses avis, lui dit: Je m'en irai bien fâché: ils sortirent au nombre de treize du grand vaisseau et montèrent sur le petit. Quand Huon vit qu'il était resté seul avec la Demoiselle Esclarmonde et que ses Barons étaient partis, il fit préparer un lit et dit à la Demoiselle qu'il fallait qu'elle le rendît heureux. Esclarmonde, à cette proposition, se jetta à ses pieds toute en pleurs, le priant de vouloir attendre qu'il l'eut épousée, ainsi qu'il l'avait promis au Roi Oberon. Belle, lui dit-il, l'excuse est hors de saison; alors il prit Esclarmonde, la mit sur le lit où il se mit à côté; à peine fut-il couché, qu'il survint une tempête si terrible que les vagues de la mer s'élevaient jusqu'aux nues, le tonnerre et les éclairs qui se succédaient, présentaient l'affreuse image de la mort, le vaisseau se brisa en pièces: il resta, pour toute ressource, une échelle sur laquelle se mirent Esclarmonde et Huon, et le vent les poussa vers une île qui était près de là. Et quand ils furent arrivés sur la terre ferme, ils se mirent à genoux et remercièrent le Seigneur de les avoir fait échapper au danger. Les Barons qui étaient montés sur le petit vaisseau voguaient en invoquant le Seigneur de les conduire à bon port, car ils avaient vu périr le vaisseau sur lequel Huon et la belle Esclarmonde étaient montés, et ils les croyaient morts.

Comme Huon et Esclarmonde arrivèrent dans une île et descendirent à terre; comme les Pirates emmenèrent Esclarmonde et laissèrent Huon seul à qui ils lièrent les pieds et les mains et lui bandèrent les yeux.

Quand Huon et Esclarmonde virent qu'ils étaient tous nuds, ils pleurèrent amèrement, en entrant dans cette île, où ils ne trouvèrent aucun homme vivant; mais l'herbe était si belle et si verte, que c'était un plaisir à voir; ils furent encore bien heureux de ce qu'il y faisait chaud, ils se couchèrent dans l'herbe pour ne pas être vus, Esclarmonde versait un torrent de larmes; Huon lui dit: Si nous mourons par amour, nous ne serons pas les premiers, car Christian mourut seul pour son amie, qui mourut pour lui. Ils s'embrassèrent tendrement, et comme ils étaient dans l'herbe, il y vint dix Sarrasins dans un bateau, qui prirent ce qu'ils avaient de meilleur, et descendirent à terre pour se reposer en attendant quelqu'aventure; c'était des gens qui avaient servi autrefois l'Amiral Gaudisse, père d'Esclarmonde.

Huon qui était caché dans l'herbe avec son amie, entendit qu'il y avait quelqu'un près d'eux, il voulut savoir ce que c'était afin d'obtenir quelque chose à manger, et dit à son amie de rester dans l'endroit jusqu'à ce qu'il fut revenu. Que Dieu vous conduise, mais je vous prie de revenir bientôt. Il sortit tout nud et vint vers ceux qui mangeaient, il les pria, au nom de Dieu, de lui donner du pain. Nous t'en donnerons volontiers; mais dis-nous par quelle aventure tu es ici? Huon leur répondit que c'était la tempête qui l'avait jetté sur cette île, le vaisseau sur lequel j'étais monté, est péri et tous mes compagnons qui étaient avec moi le sont aussi. Quand ils eurent entendu Huon, ils en eurent pitié et lui donnèrent deux pains. Huon les remercia et vint auprès de son amie qui était enveloppée dans l'herbe, il lui donna du pain, ce qui lui fit un grand bien. Ceux qui lui avaient donné du pain, dirent entr'eux: Il n'est pas possible que cet homme n'ait avec lui une compagnie, allons doucement auprès de lui, nous verrons s'il y a quelqu'un, et nous ne nous en retournerons pas que nous ne sachions la vérité. Ils suivirent Huon le plus doucement qu'ils purent, et quand ils furent auprès de lui, ils le virent assis auprès de la belle Esclarmonde qui mangeaient du pain qu'ils leur avaient donné. ils s'arrêtèrent pour voir s'ils reconnaîtraient la Demoiselle; il y en eut un qui dit: Je ne sais si je me trompes, mais je crois bien que cette Demoiselle est Esclarmonde, la fille de l'Amiral Gaudisse, et celui qui est avec elle, est le Français qui a combattu contre Angoulaffre, il a depuis fait mourir l'Amiral; nous sommes bien aise de les avoir trouvé, et encore plus de ce qu'il est tout nud et sans armes; car s'il était armé, notre vie serait en grand danger. Quand les pirates surent que c'était Esclarmonde, fille de l'Amiral Gaudisse, ils approchèrent près du lieu où ils étaient, et s'écrièrent: Ah! Esclarmonde, votre fuite est mauvaise, c'est par votre faute que votre père est mort; car c'est celui qui est auprès de vous qui l'a mis à mort; nous allons vous conduire vers le Roi Yvoirin de Montbrant, qui fera de vous telle punition qu'il voudra, et celui qui est auprès de vous sera écorché tout vif. Quand Esclarmonde vit les Payens, elle tomba à genoux les mains jointes, en les priant humblement d'avoir pitié et compassion du Français; mais que pour elle, ils pourraient en faire ce qu'ils voudraient et l'emmener vers son oncle; car, dit-elle, je vous jure par Mahomet, que si vous voulez m'accorder ce que je vous demanderai et que je puisse être en bien avec mon oncle, je vous ferai tous riches; aussi bien, que vous rapporterait la mort d'un homme. Dame, lui dirent les Payens, nous voulons bien le laisser ici; mais nous lui ferons tant de honte, qu'il s'en souviendra. Alors ils prirent Huon, l'attachèrent et lui bandèrent les yeux; ils lui lièrent les mains tellement que le sang lui sortait du bout des doigts, il souffrait tant qu'il pensât en mourir, il se réclama à Notre-Seigneur et le pria d'avoir pitié de lui et de lui pardonner ses méfaits. Quand la bonne Esclarmonde vit que son ami Huon était attaché et qu'elle était forcée de le quitter, elle s'abandonna aux larmes; Huon, de son côté, poussait mille regrets de voir emmener sa belle Esclarmonde. Je vais parler, dans le chapitre suivant, de la belle Esclarmonde.

Comme la belle Esclarmonde fut emmenée par les Pirates; comment l'Amiral Galaffre d'Anfalerne la délivra.

Lorsque les pirates eurent lié les pieds et les mains à Huon et lui eurent bandé les yeux, ils le laissèrent seul et emmenèrent avec eux la belle Esclarmonde dans leur vaisseau, ils la couvrirent d'une robe fourée d'hermine, car ils n'en manquaient pas; ils firent lever les voiles et partirent. Il s'éleva peu de tems après un vent impétueux qui les poussa au port de l'Amiral Galaffre d'Anfalerne; il sortait de table et était appuyée à une

une des fenêtres de son palais, il vit le vaisseau qui était à l'ancre dans son port, il reconnait au pavillon que ce vaisseau était au Roi Yvoirin de Montbrant; il appela ses Barons, descendit et vint au port où il vit le vaisseau.

Quand il fut arrivé, il dit tout haut: Seigneurs, qui êtes dans ce vaisseau, dites-moi quelle marchandise vous avez amené: ils répondirent que c'était des étoffes de soie; si elles vous doivent quelque tribut, nous sommes prêts à vous le payer.

Lors l'Amiral Galaffre leur répondit: Je sais bien le tribut que vous me devez; mais je voudrais savoir quelle est cette belle Dame que je vois pleurer. Sire, lui répondirent-ils, c'est une esclave que nous avons achetée à Damiette. Esclarmonde entendant qu'il parlait d'elle, ainsi que la réponse que firent les pirates, elle s'écria aussi-tôt: Sire Amiral, ayez pitié de moi, je ne suis pas esclave, mais fille de l'Amiral Gaudisse qui fut mis à mort par un Vassal français; mais ces gens-ci m'ont prise pour me mener à mon oncle Yvoirin de Montbrant, et s'il me tenait, il me ferait brûler à petit feu. Belle, lui dit Galaffre, ne vous épouvantez pas, car vous demeurerez avec moi malgré les pirates qui vous ont emmenée; puis il leur dit de lui amener la Dame; ils répondirent qu'ils ne le feraient pas.

L'Amiral leur cria qu'il leur ferait rendre de gré ou de force; ils se mirent en état de défense; mais malgré tous leurs efforts, ils furent mis en pièces, et la Demoiselle fut conduite vers l'Amiral qui fut bien aise de la voir. Il était cependant fâché de ce qu'il en était échappé un qui allait à Montbrant; mais peu lui importait, puisqu'il avait ladite Dame qu'il fit emmener au palais.

Quand l'Amiral Galaffre vit qu'elle était si belle, il devint si amoureux d'elle, qu'il voulut l'épouser selon la loi sarrasine, dont elle fut bien fâchée, et lui dit: Sire, il est juste que je suive votre volonté, puisque vous m'avez tirée des mains des voleurs. Mais je vous prie de vous déporter de l'amour que vous avez pour moi pour le présent; car j'ai fait un vœu que de l'année où nous allons entrer jusqu'à celle d'après, je ne coucherais avec aucun homme, dont j'ai été bien fâchée pour l'amour de vous, car vous m'avez fait beaucoup d'honneur de vouloir me prendre pour femme; Mahomet vous saura bon gré, si, pour l'amour de lui, vous attendez que mon vœu soit accompli. Belle, dit l'Amiral Galaffre, pour l'amour de mon dieu Mahomet et de vous, je me déporterai, et dussé-je attendre vingt ans, j'attendrai, pourvu que je vous possède. Sire, dit Esclarmonde, fasse le dieu Mahomet que je puisse vous mériter; elle dit ensuite en elle-même: Grand Dieu! je vous prie de me faire la grâce de garder une fidélité inviolable à mon cher ami Huon; car je souffrirai mille tourmens auparavant de lui manquer. Je vous parlerai maintenant du vaisseau qui était parti pour Montbrant.

Comme le petit vaisseau alla à Montbrant auprès du Roi Yvoirin; comme il fit défier l'Amiral Galaffre d'Anfalerne, et de la réponse qu'il fit.

Dans le chapitre précédent on a vu comme Esclarmonde fut délivrée, et de quelle manière l'Amiral Galaffre la traita pour qu'elle gardât la fidélité à Huon, comment il y eut un des pirates qui se sauva seul avec le petit vaisseau et se mit en chemin pour aller à Montbrant où il trouva Yvoirin, auquel il raconta tout au long ce qui s'était passé, et comme son frère avait été tué par un jeune vassal français; comme ils l'avaient trouvé, avec sa nièce qu'ils voulaient emmener, mais l'Amiral Galaffre nous l'a enlevée et a tué mes compagnons.

Quand le Roi Yvoirin entendit le pirate, il s'écria: Mahomet! comment avez-vous pu souffrir que mon frère Gaudisse ait été mis à mort, et d'autre part, que ma nièce, sa propre fille, ait été complice de sa mort. Le chagrin extrême que j'en ai, me fait désirer ma mort; car je vois que celui qui tient tout de moi est encore de leur parti, je suis hors de moi.

Alors Yvoirin, très-triste et irrité, appela ses Barons, devant lesquels il fit venir le pirate qui avait apporté les nouvelles, et il raconta devant Yvoirin et tous ses Barons, la mort de l'Amiral Gaudisse et la manière de l'Amiral Galaffre qui avait retenu sa nièce et mis ses hommes à mort. Quand ses Barons eurent entendu la déposition du pirate, ils dirent d'un commun accord à Yvoirin: Sire, nous sommes d'avis que vous envoyez à l'Amiral Galaffre un de vos secrets messagers, afin de leur signifier qu'il ait à vous envoyer votre nièce et qu'il vienne amender l'offense qu'il vous a fait d'avoir mis à mort vos gens, et qu'il vous réponde pourquoi il a commis une pareille action, et s'il ne veut pas obéir à vos ordres, vous pourrez lui ôter toutes les terres qu'il tient de vous.

Quand le Roi Yvoirin eut entendu ses Barons, il approuva leurs avis et dit qu'il les suivrait; on fit venir le messager et on lui expliqua le message qu'il avait à faire auprès de l'Amiral. Quand le messager eut entendu les mots bien expliqués de ce qu'il avait à dire de la part du Roi Yvoirin, il partit et vint à Anfalerne où il monta au palais et trouva Galaffre qu'il salua au nom de Mahomet.

Il lui fit son message: et quand Galaffre eut entendu le message qui lui était fait de la part du Roi Yvoirin, il répondit au messager: Dis à ton Roi que je ne veux pas lui renvoyer sa nièce, et que si ses gens sont péris, ce n'est que par leur faute; que s'il me vient assaillir, je me défendrai. Quand le messager entendit l'Amiral Galaffre, il lui dit: Puisque vous voulez en agir de cette façon, je vous jure par Mahomet, que le Roi Yvoirin ne vous laissera ni villes ni chateau, il réduira tout en cendres et ne vous laissera pas un seul pied de terrein; s'il vient à s'emparer de vous, il vous fera mourir dans les tourmens. A ces mots l'Amiral s'enflamma de colère: va, dit-il au messager, dire à ton Seigneur que je me ris de ses menaces, si j'apprends sa venue, je lui ferai tant d'honneur que je n'attendrai pas qu'il entre sur mes terres; mais j'irai au-devant; dis-lui de ma part que si je puis avoir sur lui l'avantage, je lui séparerai l'ame du corps.

Le messager partit et retourna à Montbrant; quand il fut arrivé, le Roi Yvoirin lui demanda ce qu'il lui avait dit. L'Amiral Galaffre me ramenera-t-il ma nièce comme tu lui as dis de ma part? Sire, lui répondit le messager, il m'a répondu qu'il ne vous la renverrait point et qu'il ne vous craint nullement, il viendra même au-devant de vous pour vous combattre et vous mettre à mort, s'il peut vous atteindre. Quand le Roi Yvoirin eut entendu le messager, il fut transporté d'un si grand courroux, qu'il resta long-tems sans rien répondre, et quand il fut un peu calmé, il jura par Mahomet, que jamais il n'aurait de joie qu'il n'ait détruit la ville d'Anfalerne et mis à mort l'Amiral Galaffre. Il manda aussi-tôt tous ses Barons avec lesquels il tint conseil pour que dans l'espace de quinze jours tous ses gens furent prêts à marcher vers Montbrant, ce qui fut exécuté; car, au jour nommé, ils se trouvèrent tous rassemblés comme on le verra dans la suite. Nous parlerons maintenant du Roi Oberon.

Comment le Roi Oberon, à la requête d'un Chevalier nommé Gloriand, et le luiton Malebron alla secourir Huon et l'emporta de l'île Moysant.

Dès que le Roi Oberon, qui était dans son bois, apprit que Huon était resté dans son île, il se mit à pleurer, et quand Gloriand, un chevalier faé, vit qu'il était là, il en fut bien surpris, il le pria de lui dire quel était son chagrin? Gloriand, lui dit Oberon, c'est le parjure de Huon qui en est la cause, lui que j'aimais tant, car il a passé mes commandemens, quand je l'ai quitté, je lui ai livré l'Amiral Gaudisse pour en faire ce qu'il lui plairait, je lui ai fait voir la belle Esclarmonde; je lui ai donné mon riche cor d'ivoire et mon hanap qu'il a perdu par sa folie, dont il est bien puni, car il est nud dans une île, et il a les pieds et les mains liés, il a aussi les yeux bandés et le laisserai périr misérablement. Sire, dit Gloriand, au nom de Dieu, souvenez-vous qu'il fut défendu à Adam et Eve, lorsqu'ils étaient dans le paradis terrestre, de toucher au fruit défendu, et ils ont enfreint ce commandement; cependant Dieu eut pitié d'eux, ainsi je vous prie de pardonner à Huon.

Alors Malebron s'avança et dit à Oberon: Permettez-moi de l'aller visiter encore une fois. Quand le Roi Oberon se vit ainsi pressé par Gloriand et Malebron, il se mit en courroux, et dit à Malebron: Je veux bien que tu ailles voir ce misérable Huon qui est dans la peine; mais il faudra que tu sois encore vingt-huit ans luiton en mer avec trente ans que tu dois encore y être, et tout ce que tu pourras lui faire, c'est de le mettre en terre ferme et qu'il aille où il voudra, je n'en veux plus entendre parler; mais je veux que tu me rapporte mon cor, mon hanap et aussi mon bon haubert.

Ha! Oberon, dit Gloriand, vous faites un grand péché, puisque pour si peu de chose vous êtes irrité contre Huon de Bordeaux, et quant au bon haubert que vous voulez avoir, vous savez que Huon l'a bien conquis, et que c'est inutile que vous désiriez l'avoir. Quand Gloriand eut fini son discours, Malebron commença à lui dire: Sire, puisque vous me permettez de le mettre hors de l'île, je vous prie de me dire en quel lieu est cette île où est Huon. Apprenez, lui dit Gloriand, que cette île est assez près d'enfer et s'appelle l'île Moysant. Sire, dit Malebron, je vous recommande à Notre-Seigneur Jésus-Christ. Malebron partit et vint en peu de tems au bord de la mer: quand il fut venu, il sauta dedans et se mit à nager si vîte, qu'à peine un oiseau eût-il pu le suivre, il nagea tant qu'il arriva dans l'île Moysant,: quand il fut entré, il vint auprès de Huon, qu'il trouva pleurant, et lui dit: Huon, je prie Notre-Seigneur Jesus-Christ de vouloir bien te secourir. Ah! grand Dieu, dit Huon, quel est celui qui me parle sous cette figure! Pauvre Huon, apprenez que je suis un homme qui vous aime beaucoup, j'ai nom Malebron, et je suis ce luiton qui vous passa autrefois la mer pour aller en Babylone. Ah! Malebron, très-cher frère, je vous prie de me tirer de l'état douloureux où je suis. Très-volontiers, dit Malebron; alors il le délia et lui débanda les yeux: quand Huon se vit délié, il en fut bien joyeux, et demanda à Malebron qui l'avait envoyé; il lui répondit que c'était Oberon; mais sous condition que malgré que je doive être trente ans luiton en mer, il faudra que je le sois encore vingt-huit ans; cela m'est égal, car je t'aime tant, qu'il n'est rien que je ne fasse pour te servir; mais il faut que je rapporte le cor, le hanap et le bon haubert, car c'est ainsi que je l'ai promis au Roi Oberon. Je prie Dieu, dit Huon, qu'il puisse confondre le nain bossu qui m'a fait tant de peine, et presque sans sujet. Malebron lui dit: Huon, vous avez tort de parler ainsi, car Oberon le sait aussi-tôt que vous l'avez dit. Je me soucie peu de tout ce qu'il peut faire; car il m'a tant fait de mal, que jamais je ne pourrai l'aimer. Dites-moi, je vous prie, si vous m'emporterez d'ici, ou si j'y resterai toujours. Ami, lui dit Malebron, je vous porterai hors de cette île, et vous mettrai en terre ferme; car je ne puis vous aider en aucune autre manière que ce soit. Il se remit alors en sa peau, et dit à Huon de monter sur sa croupe. Je le veux bien, dit Huon; alors il monta sur la croupe de Malebron; il croisa les jambes et était nud comme quand il sortit du sein de sa mère. Malebron sauta dans la mer et se mit à nager d'une telle rapidité, qu'en moins d'une heure il parvint à l'autre bord: quand il y fut arrivé, il mit Huon à terre et lui dit: Mon ami, je ne puis pour le présent vous rendre d'autre service que de prier le Seigneur de vous secourir, je m'en vais chercher le cor, le hanap et le bon haubert que vous vouliez avoir, je les porterai au Roi Oberon ainsi que je lui ai promis; il sauta dans la mer, laissant là Huon qui, se voyant tout nud et seul, se mit à pleurer, disant: Vrai Dieu, je vous prie de me vouloir aider, je ne sais où je suis ni où je pourrai aller, car si j'avais quelqu'habits pour me couvrir, je pourrais tenter quelqu'aventure; je dois bien détester Oberon, qui m'a réduit dans ce triste état;

mais puisqu'il m'abandonne, je mentirai en dépit de lui, que l'enfer soit son partage. Quand Huon se vit seul un instant, il se leva et regarda autour de lui, pour voir s'il ne passerait personne à qui il put s'adresser pour en tirer quelque secours; car il avait si faim qu'à peine pouvait-il se soutenir, nonobstant cela, il résolut de sortir de l'endroit où il était pour tâcher de trouver quelque rencontre; il se mit en chemin et marcha très-long-tems; il trouva enfin une aventure comme on pourra le voir dans la suite; car jamais Dieu n'abandonne ceux qui le servent et qui sont fidèles à ses commandemens.

Comment Huon de Bordeaux rencontra un menétrier qui le revêtit et lui donna à manger, puis l'emmena comme son valet jusqu'à la ville de Montbrant.

HUON ayant fait un grand espace de chemin, regarda à droite et vit, près d'un bosquet, une petite prairie en laquelle il y avait un grand chêne bien feuillé, et auprès était une fontaine très-claire; il regarda de ce côté-là et vit un homme qui avait les cheveux blancs et qui était assis sous le chêne; il avait devant lui une petite nappe étendue sur l'herbe, sur laquelle il y avait du pain, de la viande et du vin dans une bouteille. Quand Huon vit le bon homme, il se mit à courir de ce côté et vint vers lui: quand le vieillard l'aperçut, il s'écria: Homme sauvage, je te prie, au nom de Mahomet, de ne me faire aucun mal, mais prends à boire et à manger autant que tu en auras besoin.

Huon ayant considéré le vieillard, il vit bien qu'il avait été bel homme; il regarda sa harpe et sa vielle dont le menétrier savait jouer parfaitement; car dans tout le pays il n'y avait pas son pareil. Ami, lui dit Huon, vous m'avez bien nommé, car il n'y a personne aussi malheureux que moi sur la terre. Vassal, dit le menétrier, va à cette petite malle, ouvre-la, prends ce qu'il te faut pour te couvrir, et viens manger auprès de moi. Sire, dit Huon, j'ai bien du bonheur de vous avoir trouvé, que Mahomet vous en récompense! Le menétrier lui dit: Viens manger avec moi et me tenir compagnie; car tu ne peux trouver aujourd'hui personne plus triste que moi. Vous avez trouvé, lui dit Huon, un compagnon de votre malheur; car je suis bien triste, et jamais homme ne peut avoir autant de misere à supporter que j'en ai jusqu'alors; je remercie Dieu de vous avoir trouvé pour me soulager, car vous me paraissez un honnête homme. Huon s'assit ensuite auprès du menétrier et se mit à manger et boire autant qu'il en eut besoin. Le menétrier commença à considérer Huon, il le trouva bel homme et lui demanda d'où il était né, et par quelle aventure il se trouvait dans ce lieu et en cet état. Huon voyant que le menétrier lui faisait tant de questions, commença à penser s'il lui dirait la vérité ou s'il mentirait; il se réclama à Dieu, en disant: Si je dis la vérité, je suis un homme perdu. Ah! Oberon, tu es la cause de mon malheur, et pour l'amour de ma belle Esclarmonde, toutes les fois que je me trouverai en danger, je mentirai pour te faire encore plus de dépit. Huon dit au menétrier: Vous me demandez qui je suis, je ne vous ai pas répondu aussi-tôt, car je songeais au bonheur que j'ai eu de vous rencontrer; mais puisque vous désirez le savoir, je vais vous le dire: Je suis né en Afrique, je m'étais embarqué pour aller à Damiette; mais il y vint une tempête si terrible que notre vaisseau périt ainsi que ceux qui étaient dedans; mais j'eus le bonheur d'échapper, et Mahomet me fit la grâce de vous trouver; puisque je vous ai raconté tout ce que je sais, j'espère que vous voudrez bien vous ouvrir franchement à moi. Ami, dit le menétrier, puisque vous voulez savoir qui je suis et quel est mon chagrin, je vous dirai que je m'appelle Moufflet, je suis menétrier comme vous pouvez le voir, et j'ose dire que d'ici à la mer rouge on ne peut trouver mon pareil. Et quoique je sois bien vieux, je sais faire beaucoup de jolis tours, et le chagrin que j'endure est que depuis peu j'ai perdu l'Amiral Gaudisse, mon protecteur, qui fut mis à mort par un Français nommé Huon. Que Mahomet le fasse périr misérablement; car c'est lui qui est la cause que je suis sans secours; mais vous, quel est votre nom? Huon lui répondit: Mon nom est Salatre. Salatre, dit le menétrier, ne crains rien, tu vois que pour les peines que tu as eu, Mahomet t'a conduit à bonne aventure, te voilà bien revêtu, et si tu veux me croire, tu ne manqueras jamais; tu es jeune et beau; mais moi qui suis vieux, je ne puis me consoler, puisqu'en mes vieux jours, j'ai perdu un protecteur tel que l'Amiral Gaudisse, je voudrais que celui qui l'a tué fut en mon pouvoir; Huon baissa la tête à ces paroles. Salatre, dit le menétrier, puisque mon Seigneur est mort, je m'en vais à Montbrant vers le Roi Yvoirin, pour lui raconter la mort de l'Amiral Gaudisse, si vous voulez venir avec moi, vous porterez mes instrumens; je suis certain qu'avant qu'il soit six mois, vous monterez un bon cheval; car aussi-tôt que j'aurai joué de mes instrumens devant quelques Roi ou Amiral, ceux qui m'auront écouté seront si satisfaits, que l'un me donnera des habillemens et l'autre de l'argent. Je suis content de vous servir, lui dit Huon, il prit la malle sur ses épaules et la harpe à la main; Moufflet, son maître, portait la vielle, ils se mirent en chemin pour aller à Montbrant. Grand Dieu! dit Huon, je suis bien fâché de me voir dégradé de cette façon, je me vois obligé de servir un menétrier; Dieu maudisse le nain bossu qui m'a fait tant de maux, si j'avais du moins mon haubert, mon riche cor d'ivoire et mon hanap! j'oublierais tous mes maux, si j'avais encore mes treize chevaliers; mais la fortune m'a tourné le dos: quand Moufflet entendit Huon qui gémissait il lui dit: Salatre, console-toi, car avant qu'il soit demain au soir, tu verras quel accueil on me fera, et tu partageras avec moi tous les présens que l'on me fera; Huon lui répondit: Maître, puisse Mahomet vous récompenser des bienfaits dont vous m'avez comblé et dont vous voulez me combler encore: en conversant ainsi ils avançaient; Huon se retournant vit des gens armés qui tenaient la route de Montbrant: je vois, dit Huon au menétrier, des gens armés qui sont derrière nous, je ne sais s'ils ne nous veulent pas faire de mal. Moufflet lui répondit: Ne craignez rien, nous les attendrons et nous saurons d'eux où ils veulent aller. Ils n'attendirent pas long-tems; car les gens-d'armes vinrent bientôt au nombre de cinq cents; le menétrier les salua et leur demanda où ils allaient? L'un d'eux répondit: Puisque nous voyons que vous êtes beau menétrier, je vous le dirai. Nous allons vers le Roi Yvoirin de Montbrant; il veut aller contre l'Amiral Galaffre, parce que depuis peu de tems la Demoiselle Esclarmonde, fille de l'Amiral Gaudisse, passait devant Anfalerne; mais l'Amiral Galaffre la prit et fit tuer tous ceux qui la conduisaient; il a voulu l'épouser, et le Roi Yvoirin est très-fâché, il nous a fait mander à cet effet, afin d'aller détruire l'Amiral Galaffre. Vous savez maintenant le sujet de notre voyage.

Comment Huon de Bordeaux et maître Moufflet le menétrier arrivèrent à Montbrant, et comment Huon de Bordeaux parla au Roi Yvoirin.

HUON ayant entendu les payens qui parlaient d'aller où était la demoiselle Esclarmonde, fut bien surpris, et dit au menétrier qu'il fallait aller à la guerre avec eux, Moufflet lui répondit qu'il ne se souciait pas d'y aller; ils arrivèrent ainsi à Montbrant et vinrent au palais où ils trouvèrent le Roi Yvoirin et ses Barons. Quand le menétrier le vit, il le salua au nom de Mahomet, puis il lui dit: Très-cher Sire, nous venons vous apprendre de tristes nouvelles, c'est la mort de votre frère et de mon maître. Le Roi Yvoirin lui répondit: Je le sais et j'en suis bien fâché, ainsi que la belle Esclarmonde que l'Amiral Galaffre me retient et qu'il ne veut pas me renvoyer; mais par Mahomet je lui ferai une guerre si terrible, qu'il en sera encore mémoire dans cent ans d'ici. Je mettrai tout en flammes et le détruirai entièrement. Je ferai aussi périr ma nièce qui, par son amour pour un Français, est cause de la mort de son père. Quand Huon eut entendu parler ainsi de la belle Esclarmonde, il se sentit agité et dit en lui-même: Avant qu'il soit peu de tems, j'irai la voir et chercherai toutes les occasions de lui parler. Le Roi appela Moufflet le menétrier et lui dit: Je n'aime pas être toujours dans la tristessse, j'aime beaucoup mieux me réjouir. Sire, lui répondit le menétrier, je suis prêt à exécuter vos ordres.

Alors il prit sa vielle qui était bien accordée et en joua si bien que c'était un plaisir de l'entendre, il n'y avait aucun payen qui ne se sentit transporté de plaisir; ils commencèrent à se réjouir: Huon disait en lui-même: Puisse cette joie être pour moi un heureux présage. Il eut à peine fini de jouer de ses instrumens, que l'on vit les uns lui donner leurs robes, d'autres leurs manteaux, ils étaient assez satisfait de pouvoir lui donner quelque chose; Huon était assez occupé à mettre tout ce qu'on donnait dans la malle et il n'en était pas fâché, puisqu'il devait en avoir la moitié. Le Roi Yvoirin regarda Huon et dit à ceux qui étaient autour de lui, que c'était dommage qu'un aussi bel homme fut au service d'un menétrier. Sire, dit Moufflet, ne soyez pas surpris de ce qu'il me sert, il a raison; car lorsque votre frère fut mort, je partir pour venir à votre cour, je trouvai un très-beau chêne sous lequel je m'assis pour me reposer et rafraichir; comme il y avait une belle fontaine, j'étendis ma nappe sur l'herbe, et mis mon pain, ma viande et mon hanap plein de vin. Comme je me disposais à manger, je vis paraître devant moi ce jeune homme, il était tout nud comme quand il sortit du sein de sa mère, il me pria au nom de Mahomet de lui donner de mon pain. Je l'ai fait de bon cœur et je lui ai donné des habits; comme j'ai beaucoup fait pour lui, il m'a promis, par reconnaissance, de me servir et de porter ma harpe et tout ce que j'ai; il fait plus, car quand il se rencontre un mauvais passage, il me jette sur ses épaules et me porte facilement, tant il a de force. Pauvre ignorant! lui dit le Roi, tu as déja tant vécu, et tu ne t'aperçois pas de la ruse; car quand il verra que tu auras beaucoup gagné, il te coupera la gorge ou te jettera dans quelque précipice, puis il emportera tout ce que tu pourras avoir et te laissera mourir. Sire, dit Moufflet, je vais l'appeler: il fit venir Huon devant le Roi Yvoirin. Vassal, dit le Roi Yvoirin, apprends-moi de quel pays tu es né, car je te plains de te voir obligé de servir un menétrier, il vaudrait mieux pour toi que tu fusses au service de quelque Prince, ou à la garde de quelque ville, que de passer le tems de ta jeunesse dans l'inaction. Je ne sais que penser sur ton compte, et je crois que tu n'as pas de courage. Tu vois que ton maître n'a de bien que ce qu'il pourra gagner avec sa vielle, est-ce que tu n'as pas quelqu'autre métier pour gagner ta vie plus honnêtement? Sire, lui dit Huon, j'ai assez de métiers, et je vais vous les dire: Volontiers, dit le Roi, car j'ai grand désir de savoir ce que tu sais faire; mais ne te flatte pas de faire des choses auxquelles tu ne puisses réussir; car je t'éprouverai en tout pour savoir la vérité. Sire, dit Huon, je sais muer un épervier, et je sais chasser le cerf et le sanglier, corner la prise et conduire des chiens, je sais bien servir à table, je sais aussi jouer aux échecs, car je n'ai encore trouvé personne qui ait pu me gagner.

Comme Yvoirin de Montbrant fit jouer sa fille aux échecs contre Huon, de manière que si la Demoiselle le gagnait, il aurait la tête coupée, et que si la Demoiselle perdait, il en disposerait à son gré.

QUAND le Roi Yvoirin entendit Huon, il lui dit: Tiens-toi prêt, car je veux t'éprouver pour savoir si tu m'as dit la vérité. Sire, lui dit Huon, je vous prie de me laisser dire ce que je sais faire encore, puis vous me ferez essayer après ce que je puis faire. Par Mahomet, dit le Roi Yvoirin, je veux bien que tu m'en fasse le détail.

Sire, dit Huon, je sais bien endosser le-

haubert, mettre le héaume, monter à cheval et combattre à la lance, vous pourriez y envoyer de moins vaillant que moi, je sais bien aussi embrasser les Dames et faire quelque chose de plus, s'il en est besoin. Vassal, lui dit Yvoirin, tu sais, à ce que j'entends, plus de métiers qu'il n'en est besoin; mais pour t'éprouver, je te ferai jouer aux échecs avec ma fille qui est très-belle; s'il arrive qu'elle te gagne, je te ferai couper la tête; mais si tu la gagne, je te promets que je te laisserai toute la nuit avec elle pour en disposer à ton plaisir, je te donnerai, de plus, cent marcs d'argent. Sire, dit Huon, si c'était votre volonté de me déporter de cette entreprise: Non, par Mahomet, lui dit Yvoirin, il n'en sera pas autrement, en arrive ce qu'il pourra. Comme ils conversaient, il y vint un payen qui fut trouver la Demoiselle qui était dans sa chambre, et lui raconta qu'il y avait au palais un jeune homme auquel son père avait proposé de jouer aux échecs avec elle, que si vous le gagnez, le Roi votre père lui fera trancher la tête, si au contraire il vous gagne, il jouira de vous pendant une nuit; je vous dirai que celui qui jouera contre vous, est le plus bel homme que j'aie jamais vu, c'est dommage qu'il se soit mis valet d'un menétrier. Il faut, dit la pucelle, que mon père soit bien sot de penser que je gagnerais un homme pour le faire périr. Le Roi Yvoirin envoya alors deux Rois pour chercher sa fille, ils la conduisirent au palais, et le Roi son père lui dit: Ma fille, il faut que vous jouiez aux échecs avec ce jeune homme que vous voyez; si vous le gagnez, je lui ferai couper la tête; mais s'il vous gagne, je veux qu'il couche une nuit avec vous pour en disposer à son gré. Père, dit la pucelle, puisque c'est ainsi, il faut que je le fasse. La Demoiselle regarda Huon qu'elle trouva très-beau, et dit en elle-même: Par Mahomet, je voudrais être bien loin avec ce jeune homme que je trouve d'une rare beauté.

Quand la Demoiselle fut venue, que l'on eût préparé les siéges, elle s'assit et Huon devant elle, le Roi Yvoirin et les Barons s'assirent autour d'eux; alors le Roi Yvoirin recommanda à tous les Barons de ne point parler sur le jeu ni pour l'un ni pour l'autre. Vassal, dit Yvoirin, soyez tranquille; il fit publier et défendre par tout le palais, à qui que ce fut, de parler sur le jeu sous peine de mort. On prépara l'échiquier qui était très-beau, puis Huon demanda à la Demoiselle quel jeu il lui plaisait jouer; elle lui répondit qu'il fallait jouer le jeu ordinaire pour être matté en l'angle, alors ils en firent marcher deux pour faire le premier trait; il y avait beaucoup de payens qui les regardaient faire, mais cela lui était indifférent, car il pensait à son jeu; il avait déja perdu beaucoup de pions, et il commençait à craindre pour ses jours, la Demoiselle s'en apperçut bien et lui dit: Il ne s'en faut pas beaucoup que vous ne soyez matté, mon père vous fera trancher la tête. Huon lui répondit: La partie n'est pas encore finie, et votre père pourra bien ne pas s'en tirer à honneur, quoique je sois le valet d'un menétrier. Quand les Barons entendirent Huon, ils se mirent à rire, et la pucelle, qui était éprise d'amour pour Huon par rapport à sa beauté, ne fit pas attention à son jeu et perdit la partie, ce qui fit plaisir à Huon qui appela le Roi et lui dit: Sire, vous voyez comme je sais jouer; car si je voulais faire un peu d'attention à mon jeu, il m'aurait été très-facile de matter votre fille. Le Roi voyant cela, lui dit: Que maudite soit l'heure où je vous engendrai, vous avez matté tant de gens, je vois que le valet d'un menétrier vous a gagné. Sire, dit Huon, ne vous mettez point en colère, car si vous le désirez la convention demeurera nulle. Que votre fille se retire dans sa chambre ou bien où elle voudra, pour moi je m'en retournerai servir mon menétrier. Vassal, dit Yvoirin, puisque tu veux me faire cette politesse, je te ferai délivrer sept marcs d'argent. Sire, dit Huon, puisque cela vous plaît, j'accepterai volontiers votre présent. La demoiselle se retira fort mécontente, disant en elle-même: Méchant homme! que Mahomet te confonde; car si j'eusse su que tu eusses agi de cette manière, je t'aurais fait trancher la tête. Le lendemain matin le Roi fit publier par toute la ville que chacun s'armât et montat à cheval, et qu'il voulait aller contre ses ennemis.

Alors on voyait de tous côtés des gens armés et à cheval, des trompettes, des tambours, des éléphans, et cela faisait un bagarre considérable dans toute la ville de Montbrant.

Comme Huon fut armé et monté sur un pauvre roussin, et suivit les autres devant Anfalerne.

Huon voyant qu'il n'avait pas de quoi s'armer, en fut bien fâché, car s'il eût eu un cheval, il ne demandait pas mieux d'aller avec les autres; il vit le Roi Yvoirin et lui dit: Sire, faites-moi donner un cheval et des armes, pour que je puisser aller combattre avec les autres, et que vous voyez ce que je sais faire. Je le veux bien, lui répondit Yvoirin; il dit à un de ses Chambellans de donner un cheval et des armes à Huon. Le Chambellan lui répondit qu'il arrivait quelquefois que ces aventuriers manquaient de courage, et qu'il y avait du danger de lui donner un cheval, parce qu'il pourrait bien s'en aller du côté de l'ennemi. Le Roi, au discours du payen, dit: Puisque c'est ainsi, donnez-lui des armes et un cheval de peu de prix, afin qu'il n'ait pas sujet de tourner le dos et qu'on le puisse reconnaître.

Comme ils étaient à parler de Huon, il y avait un payen qui, ayant entendu les ordres du Roi, fut au palais, où il prit une grande épée qui était rouillée, il la donna à Huon, et lui dit: Vassal, je vois bien que vous n'avez point d'armes, prenez cette épée qu'il y a long-tems que je garde dans un coffre. Il la lui donna en se mocquant de lui, parce que l'épée était de peu de valeur. Huon la tira du fourreau et vit qu'il y avait dessus en lettres françaises: Cette épée a été forgée par Gallans qui, de son tems, en forgea trois, dont celle qui avait été donnée à Huon était l'une de ces trois; il y en avait eu une qui fut autrefois à Durandal, ensuite à Roland, et l'autre à Courson.

Quand Huon eut lu et vu ce qui était écrit, il dit au payen: Je te remercie de m'avoir donné cette épée: si je vis, je te la payerai au double. On lui apporta ensuite un bon haubert, un héaume et un écu, on lui donna aussi une lance dont le fer était tout rouillé; mais cela lui était égal, puisqu'on lui procurait l'occasion de se signaler; quand il eut toutes ses armes, on lui amena un vieux cheval maigre et pelé, qui avait le cou long et la tête grosse; quand Huon le vit, il le prit par la bride et le monta sans se servir d'étriers devant mille payens qui étaient là, ils disaient tous que c'était dommage de lui avoir donné une monture dont il ne se pourrait aider. Quand Huon fut monté sur ce maigre cheval, il fut bien fâché de voir que chacun riait de lui, il dit en lui-même: Si je puis vivre encore un an, je vous ferai payer vos railleries; il se mit en chemin pour suivre les autres; mais il eut beau piquer son cheval, il n'allait que le pas, ce qui faisait bien rire les payens, mais il ne s'en inquiétait pas. Le Roi Yvoirin sortit de Montbrant avec sa cavalerie, et attendit dans la plaine que tous ses gens fussent sortis; ils marchèrent vers Anfalerne, et quand ils furent à quatre lieues de Montbrant, ils commencèrent le pillage et emmenèrent tous les bestiaux qu'ils trouvèrent dans les pâturages pour les conduire à Montbrant. Quand l'Amiral Galaffre vit le Roi Yvoirin devant sa ville, et qu'il lui enlevait tout, il devint si triste, qu'il ne put s'empêcher de dire à Esclarmonde: L'amour que j'ai pour vous me coûtera cher, car je vois mon pays détruit, mes gens tués ou conduits en esclavage. Sire, lui répondit Esclarmonde, je suis bien fâchée d'être la cause de vos malheurs, vous n'avez qu'à me rendre à mon oncle, et votre pays ne sera plus en guerre. Belle, lui dit Galaffre, je ne vous rendrai pas à votre oncle que je n'aye auparavant joui de vous. Esclarmonde lui répondit: Je sais que vous pouvez disposer de moi à votre volonté, mais attendez que mon vœu soit accompli. Si

j'attendais,

j'attendais, lui répondit-il, votre oncle Yvoirin aurait le tems de détruire toutes mes terres, sans m'en laisser un pied.

Comme Huon abattit Sorbin, le tua et gagna le bon cheval blanc qu'il montait, gagna la bataille et fut amené en triomphe à Montbrant.

Sorbin voyant le chagrin de l'Amiral Galaffre son oncle, lui dit: Calmez-vous, mon cher oncle, quoique le Roi Yvoirin vous enlève tous vos bestiaux, si je puis vivre, je vous les ferai rendre, je m'armerai et dirai au Roi Yvoirin qu'il m'envoie un ou deux des plus vaillans chevaliers de son armée, et s'il arrive que je sois vaincu, vous lui rendrez sa nièce Esclarmonde pour en faire à sa volonté, et s'il arrive autrement, ce que je ne doute pas qui arrive, il s'en ira et sera obligé de réparer tous les torts qu'il vous a fait. Il vaut mieux que la guerre se termine entre deux hommes que d'en exposer beaucoup à périr. Vous avez raison, lui répondit Galaffre, je ne demande pas mieux. Sorbin alla s'armer de pied en cap, et il avait un bel air, car dans toute la cour on ne trouvait pas son pareil pour le courage. Quand il fut armé, on lui amena son cheval blanc qui était très-beau et richement harnaché: car la bride, la selle et la housse étaient d'un prix inestimable. Sorbin monta dessus fort lestement, on lui donna une grande lance, et il sortit de la ville bien armé. A peine était-il dehors qu'il apperçut le Roi Yvoirin et lui cria: L'Amiral Galaffre m'envoie auprès de toi, pour te dire que tu fasses armer le plus vaillant de tes chevaliers pour me combattre, et s'il arrive que je sois vaincu, il te rendra ta nièce Esclarmonde; mais si je suis vainqueur, tu t'en retourneras en ta ville, et lui laisseras ta nièce Esclarmonde et répareras tous les torts que la guerre lui aura causée. Quand Yvoirin entendit cela, il se retourna pour savoir s'il n'y aurait pas quelqu'un qui voulut aller combattre contre Sorbin; mais personne n'osa parler, car ils le redoutaient, tant il était fier; ils se disaient entr'eux que celui qui l'oserait attaquer y finirait mal ses jours; et comme Yvoirin parlait à Sorbin, Huon qui était au milieu des payens avait entendu ce qui avait été dit: voyant que personne n'osait se présenter, il sortit de son rang, piqua son cheval; mais il avait beau le piquer, il ne pouvait le faire galoper, et comme le menétrier son maître le vit sortir des rangs si mal monté, il dit au Roi: Vous n'avez pas bien agi d'avoir donné à mon valet un mauvais cheval pour aller combattre contre Sorbin, qu'aucun de vos gens n'a osé entreprendre, il fallait lui donner un autre cheval. Huon qui était sorti des rangs, appela le payen et lui parla: Sorbin lui demanda ce qu'il voulait. Huon lui répondit: Je souhaiterais éprouver ton courage. Vassal, dit Sorbin, je te prie de me dire si tu es Payen ou Sarrasin? Huon lui répondit: Je ne suis ni l'un ni l'autre, mais je suis Chrétien, croyant en la loi de Jésus-Christ, et quoique je sois pauvre et nud, tu ne dois pas me mépriser; car je suis de noble extraction, pourquoi je te demande un champ de bataille. Vassal, dit Sorbin, tu as bien tort, car tu cherches à périr; j'ai pitié de toi et te conseille de t'en retourner. Payen, lui dit Huon, j'aimerais mieux mourir que de m'en retourner sans avoir joûté contre toi. Alors ils s'éloignèrent tous deux pour prendre leur course; mais Huon avait beau frapper son cheval, il n'avançait aucunement, ce qui fâchait beaucoup Huon. Il s'écria: Grand Dieu! faites que je puisse gagner le beau cheval sur lequel est monté ce payen. Et voyant que son cheval ne voulait ni avancer ni reculer, il se tint en travers pour attendre son ennemi; Sorbin vint précipitamment la lance baissée et en frappa Huon d'un coup si terrible, que ni boucle, ni écu ne purent tenir, tout fut percé; mais sa lance se brisa et se mit en pièces, mais Huon n'en recula pas un instant et fut inébranlable. Le Roi Yvoirin et les autres payens qui virent cela, en furent bien surpris; ils estimaient beaucoup Huon. Par Mahomet, dit Yvoirin, cet homme est fier et courageux, je voudrais qu'il fut monté sur mon cheval; Huon qui avait reçu un coup, jetta sa lance et tira sa bonne épée dont il frappa le payen d'un coup si terrible, qu'il lui fendit la tête et il tomba mort sur le champ de bataille. Huon qui était habile, saisit le cheval blanc par les rênes et monta dessus sans se servir des étriers; quand il y fut monté, il le piqua et le fit courir de toutes parts pour en essayer la bonté: quand le cheval se sentit piqué, il devint furieux, fit des bonds étonnans et chacun était surpris que Huon put se tenir assez bien sans tomber. Quand Huon l'eut essayé, il le trouva si bon, qu'il ne l'eut pas donné pour un royaume, il vint au petit pas vers le Roi Yvoirin, il avait si bonne mine que le Roi ne put s'empêcher de dire qu'il avait plutôt l'air d'un fils de Roi que du valet d'un menétrier. Il vint vers Huon et l'embrassa. Les payens qui étaient dans Anfalerne avec l'Amiral Galaffre, sortirent de la ville; mais l'Amiral n'eut pas plutôt vu son neveu étendu sur le champ de bataille, qu'il tomba en foiblesse, mais étant revenu à lui-même, il poussa des cris douloureux, et dit: Ah! mon cher neveu, je dois bien pleurer votre belle jeunesse; mais si je puis vivre, je vengerai votre mort: il fit prendre le corps et le fit emporter dans la ville; ensuite ils se vinrent rendre sur le champ de bataille, et il y eut un grand carnage de part et d'autre; mais de tous ceux qui étaient à la bataille, il n'y en avait pas de plus courageux que Huon, car il frappait et d'estoc et de taille; il faisait un tel carnage que chaque payen, tant hardi fut-il, se sauvait de lui comme les brebis font du loup; il combattit avec tant de courage, qu'en peu de tems il mit les ennemis en pièces et força l'Amiral Galaffre à se retirer dans la ville, laissant les trois quarts de ses gens étendus sur la poussière par la main du courageux Huon. Le Roi Yvoirin et ses Barons admiraient sa valeur; comme Huon combattait, il aperçut le payen qui lui avait donné la bonne épée, il se ressouvint de la promesse qu'il lui avait faite, et courut contre un payen à qui il fendit la tête, il se saisit du cheval et le donna au bon payen, en lui disant: Ami, recevez le présent que je vous fais en retour de la bonne épée que vous m'avez donnée. Je vous remercie, lui dit le payen. Huon enfin ne trouva personne contre qui combattre. Les ennemis étant rentrés dans la ville, fermèrent les portes et levèrent les ponts: les gens du Roi Yvoirin partagèrent le butin. Huon fut amené à côté du Roi Yvoirin en grand triomphe à Montbrant, où il fut bien reçu. L'Amiral Galaffre était dans sa ville en grande tristesse de la perte de son neveu et de ses gens; il ordonna les obsèques qui furent exécutées avec le plus triste appareil. Cette mort fut bien sensible à l'Amiral qui ne cessait de gémir.

Comme Huon fut reçu avec grands honneurs, ensuite admis à la table du Roi Yvoirin de Montbrant.

Quand Yvoirin fut rentré à Montbrant avec tous ses gens, ils allèrent se désarmer; la fille du Roi vint au-devant de lui pour lui témoigner sa joie, il l'embrassa et lui dit: Ma très-chère fille, c'est un bonheur que vous ayez perdu au jeu des échecs, car ce valet qui a gagné la partie, a fait des merveilles dans la bataille que nous avons remportée contre l'Amiral Galaffre, c'est à lui que je dois la victoire, il a combattu corps à corps contre Sorbin, le neveu de l'Amiral, et il l'a mis à mort; mais si je puis vivre encore un an, je le récompenserai des grands services qu'il m'a rendu. Il monta ensuite au palais avec sa fille, Huon descendit à l'endroit où était logé le menétrier, puis il se désarma et vint au palais avec son maître. Quand le Roi Yvoirin les vit, il vint au-devant d'eux, prit Huon par la main, et lui dit: Vassal, venez avec moi à table, car je ne puis trop vous récompenser des services que vous m'avez rendus; vous ferez dans mon Hôtel tout ce qu'il vous plaira; prenez de mon or et de mon argent, et vous en disposerez à votre volonté. Je veux que vous soyez obéi dans tout ce que vous commanderez comme si c'était moi; tout ce qui est ici est à votre disposition, vous pouvez même aller vous amuser dans la chambre des Dames.

Quand je sortirai vous m'accompagnerez. Sire, dit Huon, je vous remercie de l'honneur que vous me faites, alors ils se mirent à table, le Roi fit asseoir Huon auprès de lui : quand ils eurent dîné, le Roi et Huon restèrent assis sur de riches tapis de soie; Moufflet le menétrier accorda sa vielle et en tira de si merveilleux sons que tous les payens qui étaient là se sentaient transportés de joie, le Roi en témoigna beaucoup de joie, chaque payen lui donnait quelque chose Le menétrier voyant Huon assis auprès du Roi, lui dit: Vassal, j'étais votre maître hier, et aujourd'hui je suis votre menétrier.

Je pense que vous ne m'estimez plus tant, je vous prie de me venir aider à rassembler les robes et manteaux que les Seigneurs m'ont donnés, ainsi que vous avez fait autrefois. Quand le Roi et les Barons l'entendirent, ils firent de grands éclats de rire. Je parlerai de Gérasme dans le chapitre suivant.

Comme Gérasme arriva par hasard à Anfalerne, et l'Amiral Galaffre le retint pour l'aider à soutenir sa guerre, et comme il parla à Esclarmonde.

Dans les chapitres précédens, on a vu ce qui est arrivé à Huon, comme le vieux Gérasme, treizième de sa compagnie, quitta Huon, parce qu'il n'avait pas voulu l'écouter, dont il lui arriva bien du malheur; Gérasme et ses compagnons, qui étaient avec lui dans le petit vaisseau, naviguaient pendant la tempête, sans savoir ce qu'était devenu Huon; mais il pensaient bien qu'il était mort. Un mois après ils furent jetés par une autre tempête sur le port d'Anfalerne. Quand Gérasme vit qu'ils étaient arrivés en ce lieu, il dit à ses gens : Seigneurs, nous ne sommes pas bien arrivés à bon port. En cette ville demeure un Roi payen tel qu'on ne peut trouver d'ici à la mer Rouge, on le nomme l'Amiral Galaffre, si Dieu ne nous secoure, nous ne pouvons espérer que la mort. L'Amiral Galaffre était à une des fenêtres de son palais, promenant sa vue sur la mer, il apperçut le vaisseau où étaient les Barons, il descendit de son palais et vint au port pour s'informer qui ils étaient, et leur demanda : Qui êtes-vous? Sire, dit Gérasme, nous sommes Français, nous venons d'adorer le Saint Sépulcre et la tempête nous a jetés sur votre port, si nous vous devons quelque tribut, nous sommes prêts à vous satisfaire. Seigneurs, leur répondit l'Amiral, ne craignez rien de ma part ni de celle de mes gens, soyez les bienvenus si vous voulez demeurer avec moi.

Gérasme lui demanda le sujet pourquoi il les engageait à rester; Seigneur, lui répondit l'Amiral, je vous dirai que le Roi Yvoirin de Montbrant me fait la guerre, il m'a mis mes hommes à mort et détruit tout mon pays dont je suis bien fâché.

Sire, dit Gérasme, si vous avez raison, nous sommes tous prêts de vous aider; mais si vous avez tort, nous ne resterons pas avec vous. Vous en allez juger, leur répondit l'Amiral. J'étais appuyé sur une des fenêtres de la tour, comme quand vous êtes arrivés: je vis venir un vaisseau qui vint ancrer où vous êtes, il y avait une belle Demoiselle que dix pirates menaient à Montbrant, je ne sais où ils l'avaient prise, elle est fille de l'Amiral Gaudisse dont Mahomet veuille avoir l'ame. Je sais que si le Roi Yvoirin eut pu l'avoir, il l'aurait fait brûler, parce qu'on lui a dit qu'elle était la cause de la mort de l'Amiral Gaudisse son père, qui était frère du Roi Yvoirin de Montbrant. Quand je fus avertis que les dix pirates voulaient lui livrer ladite Demoiselle, je leur ai enlevé et les ai tous fait mourir; ensuite je l'ai épousée. Mais quand Yvoirin l'eut appris, il est venu devant ma ville pour me combattre, il m'a tué beaucoup de monde, a emmené tous mes bestiaux, et tous les jours il me vient harceler; il a avec lui un jeune homme, je ne sais de quel pays il est; mais quand il fut venu ici, il m'a détruit un neveu nommé Sorbin, j'en ai beaucoup de chagrin, il a emmené un cheval blanc qui était le meilleur que l'on puisse trouver dans dix Royaumes.

Je vous prie de rester avec moi et de faire ensorte de m'amener ce jeune homme et le bon cheval blanc, si vous pouvez le faire, je vous enrichirai tous.

Sire, dit Gérasme, s'il revient et que vous vouliez me le montrer, je vous promets que je vous le ramenerai ainsi que le cheval blanc. Vassal, dit l'Amiral, si vous me faites ce plaisir, je vous abandonne mon Royaume pour en disposer à votre gré. A ces paroles, le vieux Gérasme descendit du vaisseau avec ses compagnons, ils entrèrent dans la ville d'Anfalerne avec l'Amiral Galaffre; quand ils furent entrés au palais, Gérasme dit à Galaffre: Sire, nous vous prions de nous montrer la Demoiselle pour qui vous êtes en guerre. Je vous la montrerai volontiers, dit l'Amiral, parce que nulles Dames n'auront cure vous, et ne font pas beaucoup la cour à un vieillard; alors il prit Gérasme par la main et le mena dans la chambre où était Esclarmonde. Quand elle vit Gérasme, elle le reconnut aussi-tôt, elle devint pâle et tomba en faiblesse. L'Amiral Galaffre en fut bien fâché, et quand elle fut revenue à elle-même, il lui demanda pourquoi elle s'était troublée à la vue de ce vassal. Sire, répondit-elle, c'est une douleur qui m'a prise au côté droit et cela m'arrive quelquefois; mais si c'était votre volonté que je parlasse à ce chevalier français qui d'ordinaire savent beaucoup de choses, il pourrait peut-être m'enseigner quelque remède pour me guérir. Je veux bien qu'il vous parle en secret, lui répondit l'Amiral. Elle appela Gérasme et lui dit: Vassal, je vous prie de me donner quelque conseil pour être soulagée du mal que je ressens. Dame, lui dit Gérasme, en l'honneur de vous et de l'Amiral qui est ici présent, je ferai tous mes efforts pour vous guérir.

Gérasme vit bien qu'Esclarmonde voulait lui parler, il s'approcha d'elle, et elle lui demanda par quelle aventure il se trouvait dans ces lieux. Dame, lui répondit Gérasme, c'est une tempête qui nous a jetté sur ces bords; mais, dites-moi, je vous prie, ce qu'est devenu Huon? Hélas! lui répondit-elle, je le crois mort; car quand nous vous avons quitté, il est survenu une tempête terrible qui a fait périr le vaisseau sur lequel nous étions montés, et nous nous sommes sauvés Huon et moi sur une planche, nous fûmes jettés sur une île qui était près de là; quand nous fûmes à terre, il y vint dix pirates qui m'ont amené ici. Ils ont laissé Huon les pieds et les mains liés et les yeux bandés; quand ils sont arrivés en ce port, l'Amiral Galaffre les a tous fait mourir, ainsi je pense que Huon est mort. Dieu lui pardonne; pour moi je suis obligée de rester avec l'Amiral qui m'a épousée; mais il ne m'a jamais vu, car je lui ai fait entendre que j'avais fait vœu à Mahomet que d'ici à deux ans aucun homme n'aurait à faire à moi; car j'aime toujours Huon et ne puis l'oublier. Tant que je vivrai, Huon me sera cher, le reste des hommes ne me sera rien. Si vous pouviez m'emmener avec vous, que vous me feriez de plaisir! car si je pouvais rester en pays catholique, je me rendrais en un couvent afin de prier le reste de mes jours pour l'ame de mon ami Huon. Gérasme lui dit: Ne vous inquiétez pas, car si je m'en vais, je vous emmenerai. L'Amiral qui était dans la chambre où il causait avec les autres Demoiselles, dit à Gérasme: Il y a assez long-tems que vous causez; il l'emmena avec Esclarmonde, alors on servit le dîner.

Comme le Roi Yvoirin vint devant Anfalerne; comme Huon et le vieux Gérasme se combattirent, se reconnurent et entrèrent dans Anfalerne; comme ils chassèrent Galaffre, et le Roi Yvoirin fit mettre Moufflet aux fourches où il fut reconnut par Huon.

L'on voit par l'histoire que Huon dit à l'Amiral: Sire, faites armer vos gens, marchons contre Anfalerne. Je le veux bien, lui répondit le Roi. Huon qui ne demandait pas mieux que de se trouver dans la mêlée, fut promptement s'armer, puis il fit harnacher son bon cheval blanc, il prit une graude lance et monta à cheval; aussi-tôt le Roi et ses gens sortirent de Montbrant et vinrent devant Anfalerne: quand ils y furent arrivés, ils se rangèrent en bataille, Huon qui ne désirait que d'acquérir de la gloire, vint jusqu'aux portes de la ville, la lance à la main, il cria à ceux qui étaient aux crénaux et leur demanda: Où est Galaffre votre Seigneur? allez lui dire qu'il vienne combattre avec celui qui a mis son neveu à mort, vous lui direz que je l'attends, ou qu'il ait à me rendre Esclarmonde. Galaffre, qui était assez près de là, le reconnut, et dit à Gérasme: Voilà celui qui a causé tout mon chagrin.

Je verrai si vous me tiendrez la promesse que vous m'avez donnée. Sire, dit Gérasme, par la foi que je dois à Dieu, je vous ferai avoir l'homme et le cheval; il prit sa lance et monta à cheval: quand il fut prêt, on ouvrit les portes de la ville, et Gérasme sortit à la tête de l'armée. Quand il fut hors de la ville, il vit Huon, piqua son cheval et vint au-devant de lui la lance à la main; quand Huon l'apperçut, il piqua son cheval blanc et vint contre Gérasme: ils s'attaquèrent sans se parler auparavant; ils se portèrent de si rudes coups, qu'ils brisèrent boucliers et écus, et tombèrent à terre eux et leurs chevaux; mais ils mirent l'épée à la main et combattirent long-tems. Grand Dieu! disait Huon en lui-même, faites-moi la grace de voir Esclarmonde avant de mourir; il disait cela fort haut, parce qu'il ne croyait pas que celui contre qui il combattai pût l'entendre, il vint donc contre lui pour se venger, car il n'avait pas encore trouvé un ennemi pareil. Gérasme ayant reconnu Huon jetta son épée.

Quand Huon vit cela, il en fut bien surpris, et il ne voulut pas le frapper, mais il lui dit: Payen, que prétends-tu faire? Sire, dit Gérasme, venez et tranchez-moi la tête, car je l'ai mérité. Quand Huon l'entendit, il reconnut Gérasme et fut très-satisfait de le revoir. Les payens qui le regardaient, furent surpris et se demandaient les uns aux autres ce que pouvaient avoir ces deux champions. Huon, dit Gérasme, il est tems de penser à ce que nous avons à faire, car je crois que les payens s'assembleront de tous côtés, il nous faut monter à cheval et vous ferez comme si vous m'emmeniez prisonnier dans la ville. Vous pourrez voir votre amie Esclarmonde qui en sera bien aise. Ami, dit Huon, j'en ferai à votre volonté; alors ils montèrent à cheval, et Gérasme prit Huon par le haubert comme s'il était son prisonnier; il le mena ainsi à Anfalerne. Yvoirin voyant que Gérasme emmenait Huon prisonnier, s'écria: Sarrasins, laisserez-vous emmener ce jeune vassal? Alors les Sarrasins coururent après Huon la lance à la main, et Galaffre d'autre part vint contre Gérasme. Sire, lui dit-il, pensez à combattre vos ennemis, j'amène prisonnier celui qui a tué votre neveu. Ami, lui dit Galaffre, quand vous l'aurez mis en prison, vous reviendrez auprès de moi. Huon et Gérasme arrivèrent à Anfalerne, ils levèrent les ponts et fermèrent les portes, car il n'y était resté que ceux qui étaient hors d'état de porter les armes Quand nos Barons se virent les plus forts, ils montèrent au palais où était Esclarmonde.

Quand Huon la vit, il leva son héaume et l'embrassa. Esclarmonde voyant son cher Huon, en témoigna beaucoup de joie; et pendant qu'ils s'embrassaient, les Sarrasins étaient sur le champ de bataille: il y avait déja beaucoup de morts et de blessés, les deux Rois combattaient l'un contre l'autre, et comme ils étaient aux mains, il y vint deux Sarrasins qui étaient sortis de la ville, ils dirent à l'Amiral Galaffre: Sire, votre ville est perdue par les Français qui y sont entrés, il n'est resté personne qu'ils n'aient mis à mort. Ils sont tous serviteurs du jeune vassal qui a tué votre neveu, il a tué aussi l'Amiral Gaudisse. Tous ceux qui étaient au palais sont tués, excepté trente Dames qui étaient avec votre épouse, ils les ont chassées, vous pouvez les voir, elles sont en pleurs aux portes de la ville: Galaffre fut bien affligé, et demanda à ses gens leurs avis sur ce qu'il devait faire; ils lui conseillèrent d'aller se jetter aux pieds du Roi Yvoirin pour le prier de le secourir.

Seigneurs, dit Galaffre, je suivrai vos avis; alors il passa à travers les rangs et vint auprès d'Yvoirin; il descendit de son cheval et lui dit: Sire, je te rends mon épée, je m'en suis bien mal servi, ma tête est à ta disposition. Je vous prie maintenant de m'aider à reprendre ma ville que m'ont prise les Barons français ainsi que votre nièce Esclarmonde qui est mon épouse. Ce vassal qui est venu dans votre cour avec le menétrier, est le Français qui a tué l'Amiral Gaudisse votre frère. Hélas! que je suis malheureux de n'avoir pas su cela. Ils tombèrent d'accord et jurèrent la mort des Français. Huon et ses gens abandonnèrent la ville parce qu'il n'y avait pas assez de monde pour la défendre. Ils montèrent au château qui était très-fort et sis sur un rocher, il était presque imprenable. Quand Yvoirin et Galaffre virent la contenance des Français, ils firent lever les fourches pour croire épouvanter nos gens, puis firent amener Moufflet, et le voulaient faire pendre, mais quand Moufflet fut sur l'échelle, il regarda du côté du château et se mit a crier: Ah Huon! me laisserez-vous mourir? souvenez-vous du bien que je vous ai fait. Huon ayant entendu ces paroles, reconnut le menétrier; il dit à ses gens: Seigneurs, je vous prie de vous armer, car on veut pendre un menétrier qui m'a fait beaucoup de bien. Alors Gérasme et ses compagnons préparèrent leurs armes et sortirent par une poterne secrète, sans être vus de personne. Huon et ses compagnons vinrent auprès de ceux qui étaient aux fourches, il frappa celui qui devait pendre le menétrier d'un tel coup d'épieu, qu'il tomba mort sur la place: ensuite il fit descendre le menétrier et le fit sauver par la poterne; ensuite les Français se jetèrent sur les payens et les taillèrent en pièces. Alors les payens voyant que les Français étaient hors du château, ils coururent sur eux; mais Huon et Gérasme les virent venir; ils marchèrent au petit pas pour les attendre et firent comme s'ils allaient vers la place. Huon les vit venir et baissant sa lance, il atteignit celui qui marchait à la tête. Gérasme et les autres se mirent en la mêlée; Huon se voyant poursuivis, se retira avec ses gens au chateau, excepté Garin de S. Omer, qui fut tué, dont Huon et ses gens furent bien fâchés.

Comme le bon prévôt Guire arriva au port d'Anfalerne, et comme Huon et ses compagnons en sortirent et se mirent en mer.

Huon et ses gens regrettaient Garin de S. Omer, le Roi Yvoirin regrettait aussi la perte de ses payens; Galaffre consola Yvoirin du mieux qu'il pût. Huon et Gérasme sortirent du chateau et furent se promener au bord de la mer en attendant la nuit; au bout de quelque tems, Huon regarda du côté droit et vit venir un vaisseau, il appela Gérasme et lui dit: Regardez ce vaisseau qui vient, je pense que ce sont des Chrétiens, car il y a une croix au pavillon.

Sire, dit Gérasme, c'est un vaisseau Français. Comme ils parlaient, le vaisseau fut poussé dans le port par la tempête. Huon s'en approcha et demanda qui en était le pâtron; les matelots se regardaient l'un l'autre. Huon vit bien qu'ils appréhendaient; il leur dit: Seigneurs, n'ayez aucun doute, car vous êtes arrivés à bon port, je vous prie de me dire d'où vous venez et d'où vous êtes? Puisque vous savez parler français, je vous le dirai: il y en a un de nous qui est de S. Omer, et d'autres qui sont de Paris et d'autres villes de France. Ami, dit Huon, n'y en a-t-il point de Bordeaux? Oui, dit le matelot, il y a un vieillard nommé Guire, nous avions entrepris de visiter le Saint Sépulcre; mais nous avons été poussés jusqu'ici par la tempête, montrez-moi, je vous prie, celui qui est de Bordeaux; alors Guire le Prévôt dit: Sire, me voici. Ami, lui dit Huon, d'où êtes-vous et comment vous nommez-vous? Sire, lui répondit le Prévôt, j'ai nom Guire. A ce nom, Huon appela Gérasme et lui dit: Voici votre frère. Gérasme vint aussi-tôt embrasser son frère qui lui dit: Je mourrai content, puisque j'ai le bonheur de vous voir ; mais si je pouvais voir mon bon Seigneur Huon, je serais trop heureux.

Ha! mon frère, dit Gérasme, vous ne mourrez pas sitôt, et vous verrez Huon, car c'est lui qui vous parle. Huon alla embrasser Guire et lui dit : Je vous félicite de votre arrivée.

Frère, dit Guire à Gérasme, où avez-vous été depuis que je ne vous ai vu? Alors Gérasme conta à son frère où il avait été, comment il avait trouvé Huon et comme il avait toujours resté avec lui.

Huon, qui désirait partir de là, dit à plusieurs Seigneurs : Je vous prie de parler bas et de prendre garde de ne point montrer de lumière ; car devant cette place il y a deux Amiraux qui ont juré la perte des Français, c'est pourquoi je vous conseille de nous cacher. Nous sommes treize et une belle Dame, et nous vous prions de nous laisser monter dans votre vaisseau, autrement nous serions tous perdus. Soyez persuadés que nous vous récompenserons. Sire, dit le patron, nous vous rendrons service sans intérêt. Ils transportèrent au vaisseau tous les trésors qu'ils trouvèrent au château. Huon prit Esclarmonde par la main et lui demanda si elle n'était pas fâchée de quitter ce pays? Sire, lui répondit-elle, il y a longtems que je désire ce jour heureux, ils entrèrent ensuite dans le vaisseau suivis de Moufflet, Gérasme et ses compagnons. On mit à la voile et ils arrivèrent en peu de tems à Brandis ; et quand il fut l'heure de midi, les deux Amiraux, qui étaient au siège, se donnèrent grandes merveilles de ne plus trouver de Français dans le château.

Sire, dit un payen, tous les Français sont sauvés. Quand les Amiraux eurent entendu cela, ils furent bien surpris et firent armer une galiote qui fut montée par trente payens, on leur commanda d'aller vers la poterne : quand ils y furent, ils ne trouvèrent personne à qui parler, ils ouvrirent les portes et les Amiraux y entrèrent et furent bien fâchés de ce que les Français leur étaient échappés. Nous parlerons de Huon et de ses gens qui arrivèrent sains et saufs au port de Brandis.

Comme Huon et ses gens vinrent à Brandis, ensuite à Rome où le S. Père les maria, et comme ils arrivèrent à l'Abbaye de S. Maurice, et comment l'Abbé manda à Girard qu'ils y étaient arrivés.

AYANT quitté Anfalerne et les payens, ils naviguèrent jusqu'au port de Brandis, où ils allèrent loger chez Garin de St. Omer ; quand ils y furent arrivés, la Dame qui était très-polie, vint au-devant de Huon, et lui dit : Je suis charmée de votre arrivée, mais je vous prie de me dire où vous avez été, et ce qu'est devenu Garin mon Seigneur : Dame, lui dit Huon, il est inutile de vous le cacher, il a plu a Dieu de le retirer à lui, ainsi je vous exhorte à vous consoler. La Dame n'eut pas plutôt entendu Huon, qu'elle tomba en faiblesse. Alors Huon et les Barons qui étaient là lui donnèrent du soulagement. Huon lui dit de calmer sa douleur et l'exhorta à prier Dieu pour l'ame de son mari. Nous devons tous mourir. Huon qui désirait retourner, donna au patron du vaisseau de l'or et de l'argent dont il le remercia. Huon, Esclarmonde et tous les Barons prirent congé de cette Dame qui était inconsolable. Huon lui fit de riches présens ; et lorsque les mulets furent chargés, ils prirent le chemin de Rome avec un plaisir inexprimable, le bon prévôt Guire en fut encore plus charmé que toute la compagnie. Ils arrivèrent à Rome et vinrent en leur Hôtel où ils entendirent la messe ; Huon demanda où était le S. Père. Sire, lui répondit un des gens, il est prêt à dire la messe ; Huon et sa compagnie montèrent à cheval et vinrent où était le S. Père, Huon tenait Esclarmonde par la main, et le prévôt Guire tenait Gérasme son frère, les autres allaient deux à deux.

Quand ils y furent arrivés ils trouvèrent le S. Père qui conversait avec ses cardinaux, Huon le salua profondément ; le S. Père le reconnut aussi-tôt, il vint l'embrasser et lui dit : Soyez le bien-venu, je vous prie de me dire si vous avez réussi dans votre entreprise. J'ai eu bien des misères, lui répondit Huon ; mais j'en suis venu à bout ; j'ai la barbe et les dents mâchelières de l'Amiral Gaudisse, et vous voyez sa fille à qui vous voudrez bien donner le baptême, ensuite nous marier. Le S. Père lui répondit : Je le veux bien ; mais vous resterez cette nuit avec moi. Sire, dit Huon, votre volonté est la mienne ; ainsi Huon demeura au logis du S. Père avec toute sa compagnie, et le lendemain au matin le S. Père fit apporter les fonts où Esclarmonde fut baptisée, sans que son nom fut changé ; Moufflet le fut aussi et fut appelé Guerin ; après le baptême, le S. Père célébra la messe, après laquelle Huon épousa Esclarmonde, on fit ensuite les nôces qui durèrent huit jours. Huon fit ses adieux au S. Père qui l'engagea beaucoup à rester, mais Huon remercia le S. Père qui fit charger d'or et d'argent deux mulets et en fit présent à Huon ; il remercia le S. Père et ils partirent ensuite de Rome. Après avoir traversé beaucoup de chemin, ils apperçurent la ville de Bordeaux : alors levant les mains au Ciel : Grand Dieu ! s'écria Huon, je te remercie des graces que tu me fais de revoir ma chère patrie ; il dit ensuite à Esclarmonde : Voilà le chateau dont vous serez Dame et Duchesse. Sire, dit Guire le prévôt, il faut penser à ce que nous avons à faire. Près d'ici est une Abbaye que l'on nomme S. Maurice-ès-prés, il y a un Abbé avec lequel nous pourrons dîner. Votre conseil est bon, lui répondit Huon ; il fit avertir l'Abbé de sa venue, il en fut bien joyeux, et après avoir fait préparer un logement pour Huon, il vint au-devant de lui avec ses Religieux ; les ayant aperçu, Huon mit pied à terre avec toute sa compagnie. L'Abbé dit à Huon : Soyez le bien-venu, car vous êtes désiré par-delà d'où vous êtes sorti il y a long-tems ; ils furent tous ensemble à l'Abbaye, et quand Huon y fut, il entra dans l'église et baisa les Reliques ; ils allèrent ensuite dans la salle où le dîner était préparé. Le bon Abbé était assi près de Huon, il lui demanda comment il avait fait, et si son vœu était accompli. Oui, dit Huon. Certainement, dit l'Abbé, j'en suis bien aise, et il lui dit : Si c'était son plaisir qu'on envoyât chercher son frère Girard pour le voir ; Huon répondit que cela lui faisait plaisir ; alors l'Abbé envoya son écuyer pour chercher Girard ; il partit aussi-tôt, et arrivant à Bordeaux, il lui dit : Sire, votre frère Huon est a l'Abbaye de S. Maurice ; si vous venez le voir, vous lui ferez un grand plaisir. Quand Girard eut entendu le messager, il lui répondit qu'il pouvait s'en retourner, qu'il irait voir son frère. Quand le messager fut retourné, la colère s'empara de Girard, il fut trouver son beau-père nommé Gibouars, l'homme le plus traître qu'il fut dans l'univers ; il lui dit : Sire, je viens vous demander conseil sur ce que je dois faire ; car je crois que ce sont les diables d'enfer qui ont rapporté mon frère Huon jusqu'à l'Abbaye de S. Maurice, car il vient de me mander qu'il y est. Neveu, dit Gibouars, ne craignez rien ; car si je vis, je lui jouerai un tel tour qu'il vaudrait mieux pour lui qu'il fut resté où il était.

Comme Gibouars de Biesme et Girard tramèrent la mort de Huon ; comme le traître Girard vint le voir et en fut bien accueilli.

Les traîtres conspiraient la mort de Huon. Gibouars qui ne cherchait autre chose que de le faire périr, dit à Girard qu'il allât voir son frère et menât avec lui un écuyer, et quand vous serez arrivé, vous l'embrasserez en signe d'amitié. Le lendemain au matin, vous le presserez de partir ; et quand ce viendra auprès d'un petit bois, vous lui chercherez querelle et vous vous fâcherez contre lui ; pour moi, je resterai dans le bois en embuscade avec quarante hommes bien armés, et quand vous serez auprès du bois, je sortirai et ferai mettre à mort tous ses gens. Nous nous emparerons ensuite de votre frère et l'emmenerons dans une prison affreuse qui est à Bordeaux, où nous le laisserons périr misérablement. Vous direz

ensuite

ensuite à Charlemagne que votre frère Huon est revenu sans avoir apporté la barbe et les dents machelières de l'Amiral Gaudisse, et qu'à cet effet vous l'avez retenu prisonnier; le Roi vous croira, car il deteste votre frère. Gibouars dit ensuite à Girard: Je m'en vais me préparer; et moi à l'Abbaye voir mon frère. Le traître partit de Bordeaux et arriva à l'Abbaye; à peine fut-il entré, qu'il lui donna un baiser tel que Judas fit à Notre-Seigneur, Huon croyant que ces signes d'amitié étaient sincères, en versa des larmes de joie et l'embrassa tendrement. Alors Huon lui demanda comment il était venu seul. Frère, lui répondit Girard, je l'ai fait pour un bon motif; alors il lui demanda s'il avait réussi dans son entreprise. Huon lui répondit que oui, et qu'il avait la barbe et les dents de l'Amiral Gaudisse et amené sa fille Esclarmonde qu'il avait épousé; mais j'ai eu, continua-t-il, bien des traverses, c'est un Roi de Féerie, nommé Oberon, qui m'a rendu de grands services; frère, dit Huon, dites-moi quelle est la femme que vous avez prise, que l'on dit être si riche? Frère, dit Girard, c'est la fille du Duc Gibouars de Sicile, qui est très-grand Seigneur et qui possède beaucoup de terres, son surnom est Biesme. Je n'approuve pas beaucoup cette alliance, car c'est un traître. Frère, dit Girard, vous avez tort, car je ne le crois pas tel que vous le dites.

Comme les deux frères partirent de l'Abbaye après minuit, et comment le traître Girard commença à chercher dispute à son frère quand ils furent près du bois où Gibouars son beau-père était en embuscade.

Comme les deux frères parlaient de Gibouars, l'Abbé s'approcha et demanda à Huon quand il lui plairait de venir dîner. Sire, dit Huon, quand vous voudrez; mais la belle Esclarmonde, qui était trop fatiguée, se retira dans une chambre avec ses gens. Huon fut se mettre à table avec Girard qui regarda beaucoup le bon prévôt Guire qu'il détestait, parce qu'il avait été chercher Huon, il se promit en lui-même qu'il serait le premier à qui il ôterait la vie; quand ils eurent soupé, on prépara les lits, et Huon appela l'Abbé et lui dit comme à son meilleur ami, j'ai de grandes richesses, je vais vous les confier jusqu'à mon retour, et quand je serai revenu je vous en donnerai la moitié; mais gardez-vous de les donner à d'autres qu'à moi. L'Abbé lui répondit: Soyez sûr que ce que vous me confierez sera en un lieu où l'on ne pourra y toucher. Ils se furent coucher; Girard dit à son frère Huon; Si vous voulez, je vous éveillerai du matin, car il me paraît que demain la journée sera chaude.

Frère, lui répondit Huon, je le veux bien; alors ils se couchèrent; mais le traître ne put dormir. Si Huon eut connu cette trahison, il en eut bien agi autrement. Le jour commençait à peine à paraître, que Girard éveilla Huon et lui dit: Frère, levons-nous, il est tems, il fait bon marcher à la fraîcheur. Huon se leva et fit lever ses gens; Sire, dit Gérasme, que vous êtes matineux, laissez-nous reposer encore. Girard lui dit qu'il avait grand tort de parler ainsi; car quand on a des affaires intéressantes, on ne peut dormir. Huon dit à Gérasme: Mon frère a raison, j'ai bien envie de parler au noble Roi Charlemagne; alors tout le monde se leva, La belle Esclarmonde fut bientôt prête et Huon fut, accompagné de ses gens, prendre congé de l'Abbé qui était bien fâché de ce qu'ils partaient si matin; on ouvrit les portes, ils montèrent à cheval et partirent tous ensemble. Traître Girard si Huon savait ton dessein, lui et ses gens n'encoureraient pas le danger. Le traître les guidait et les menait où était son beau-père. La belle Esclarmonde appela Huon et lui dit qu'elle avait peur, mais il la rassura, lui disant: Ne craignez rien, nous sommes en pays de sûreté: à peine eut-il dit cela, que la mule sur laquelle elle était montée fit un faux pas, dont elle pensa tomber; mais Huon la retint par la bride. Ma foi, dit Gérasme, nous avons bien mal fait de sortir de l'Abbaye devant le jour; nous y de rions retourner. Girard leur disait qu'il n'avait jamais vu de gens plus peureux qu'eux, au bout de quelque tems ils trouvèrent un endroit qui formait quatre chemins; Girard qui savait bien par lequel il fallait prendre, passa le premier; mais ils n'étaient pas loin du bois où Gibouars était en embuscade; quand Girard vit l'heure qu'il fallait partir, il dit à Huon: Je vois bien que vous avez intention d'aller vers Charlemagne pour ravoir vos terres et seigneuries, je sais bien que vous les aurez, je me suis marié et ai pris une noble femme, fille d'un Baron, ainsi je ne suis pas content que vous le nommiez traître, et s'il le savait, il serait votre ennemi, je ne m'attendait pas que vous reviendriez; maintenant que vous aurez vos terres, je n'aurai plus rien. Voyez ce que vous voulez me donner. Huon lui dit: Je ne sais pourquoi vous me dites toutes ces choses, vous savez que j'ai laissé assez de trésors dans l'Abbaye, qu'à mon retour je les distribuerai, je vous en donnerai la moitié. Frère, cela ne me contente pas, je veux avoir part à la seigneurie. Quand Huon entendit son frère, la colère lui monta au visage, et il vit bien que son frère lui cherchait querelle. Gérasme qui était très-sage, dit à Huon: Sire, accordez à Girard ce qu'il vous demande, vous êtes jeunes tous deux, vous conquérerez assez de terres. Gérasme, lui répondit Huon, je consens qu'il aie Bordeaux ou Gironville, qu'il choisisse; alors Huon dit à son frère de choisir celle qu'il voulait des deux villes.

Comme les traîtres tuèrent tous les gens de Huon, excepté Gérasme et la belle Esclarmonde à qui ils lièrent les pieds et les mains, et les emmenèrent tous à Bordeaux, où ils les mirent dans une prison affreuse.

Quand le traître Girard vit que son frère accordait à sa demande et qu'il ne voulait point se fâcher contre lui, il en fut très-courroucé et vint auprès de Guire à qui il dit: Traître, vous êtes la cause de la perte de mes terres; mais par la foi que je dois à celui qui m'a créé, avant que je meurs, je vous ferai trancher la tête. Quand ils furent près du bois, Gibouars sortit avec ses gens, l'écu et la lance à la main; dès que Huon les eut aperçu, il réclama Notre-Seigneur de le préserver du danger; s'il n'eut pas été si près de son ennemi, il serait volontiers retourné à l'Abbaye; néanmoins il tira son épée dont il se défendit si bien qu'il fendit la tête au premier qui vint l'attaquer, il l'abattit par terre et il mourut sous ses coups; il frappait à droite et à gauche; s'il eut été armé, il n'aurait pas essuyé une grande perte, ils étaient quarante et ils n'avaient point d'armes; les gens de Gibouars mirent en pièces douze de ceux de Huon, de tous il n'échappa que lui à qui ils lièrent les mains. Le traître Girard vint vers Gérasme qui était abattu auquel il ouvrit le côté droit où étaient la barbe et les dents mâchelières qui y avaient été mises par Oberon le magicien; Huon voyant le vieux Gérasme par terre, dit à Girard: Je te demande grâce pour ce vieux gentilhomme. Frère, lui dit Girard, je ne lui ferai point de mal pour le présent. Ils lui lièrent les pieds et les mains, ils vinrent ensuite vers Esclarmonde qui était tombée en faiblesse, alors ils lui lièrent les pieds et les mains et lui bandèrent les yeux, ils la mirent ensuite sur un roussin malgré elle, elle poussait des cris douloureux; Huon l'entendit et s'écria: Mon frère, je vous prie au nom de Dieu, de ne pas faire de mal à mon épouse. Frère, dit le traître, j'en ferai à ma volonté. Ils vinrent ensuite vers Huon qu'ils mirent sur un cheval; le traître Girard fit ensuite prendre les corps des douze Barons qui avaient été tués et les fit jetter dans la rivière de Gironde.

Ils partirent ensuite pour aller à Bordeaux; il n'y avait rien de plus triste que d'entendre les lamentations de Huon et sa triste compagnie; Esclarmonde disait à Huon: Hélas! vous me disiez que quand je serais dans votre pays, vous me feriez porter la couronne d'or; maintenant il faut que je périsse misérablement. Huon lui dit: Ma tendre amie, calmez votre douleur, le malheur qui nous poursuit ne sera pas de longue durée. Ils arrivèrent enfin à Bordeaux, où ils furent droit au palais, ils descendirent de leurs chevaux et conduisirent Huon, Esclarmonde et Gérasme dans un cachot très-profond, il fut ordonné qu'ils auraient un peu d'eau et trois pains d'orge; et il fut défendu à personne de leur parler.

Comme les traîtres retournèrent à l'Abbaye, tuèrent l'Abbé et prirent les richesses que Huon y avait laissées.

Vous avez vû le malheur dans lequel nos gens sont tombés; mais vous apprendrez ce qui arriva au bon Abbé, car les traîtres Gibouars et Girard sortirent de Bordeaux et vinrent à l'Abbaye de S. Maurice, où ils arrivèrent à l'heure de midi, et quand ils furent venus, Girard manda le bon Abbé de venir lui parler. Dès que l'Abbé le sut, il vint au-devant de lui et lui dit: Sire, soyez le bien-venu, je vous prie de me dire quel est le sujet qui vous amène. Sire, dit le traître, depuis que mon frère est sorti d'ici, il s'est souvenu d'avoir laissé ici des trésors, il m'a chargé de vous dire de me les remettre pour en faire des présens à tous les Barons de la cour de Charlemagne. Sire, lui répondit l'Abbé, lorsque Huon votre frère sortit d'ici, il m'a laissé beaucoup de richesses, et m'a défendu de les donner à personne qu'à lui; à ces paroles, Girard répondit: Vous en aurez le démenti, car je les aurai malgré vous. Alors, aidé de Gibouars, il prit l'Abbé par les cheveux et le jetta par terre d'une telle force, qu'il lui cassa la tête. Quand les moines virent que leur Abbé était tué, ils prirent la fuite; mais les deux traîtres coururent sur eux l'épée à la main; les moines qui virent bien qu'ils ne pouvaient échapper, se jettèrent à genoux, leur demandant grâce et leur disant qu'ils leur montreraient le lieu où étaient enfermés les trésors, ce qu'ils firent aussitôt et leur donnèrent les clefs de tout. Ils prirent tous les trésors de Huon et les ornemens de l'église. Parmi les moines, il y en avait un qui était cousin de Gibouars; il fut élu Abbé: ils s'en retournèrent à Bordeaux, où étant arrivés, ils furent bien regardés des bourgeois qui paraissaient curieux de savoir où leur Seigneur avait eu tant de richesses; ils vinrent droit au palais, où ils déposèrent tout. Quand ce fut fait, il en mit ce qu'il voulut dans ses coffres et ensuite il fit charger le reste sur deux sommiers et le fit conduire à Paris; alors Girard et Gibouars se mirent à table; quand leurs chevaux furent prêts, ils partirent avec leur nouvel Abbé, ils rejoignirent les gens qui menaient leurs sommiers et marchèrent avec eux; ils arrivèrent ensuite à Paris, firent leurs présens, ils donnèrent deux sommiers d'or à la Reine et trois au Roi qui les reçut avec plaisir, chaque Baron eut un présent; mais le bon Duc Naimes n'en voulut point recevoir. Le Roi Charles fit transporter les présens dans ses coffres et ne voulut pas y regarder qu'il n'eut parlé auparavant à Girard qu'il fit asseoir auprès de lui; car, comme on dit communément, celui qui donne est toujours considéré. Charlemagne dit à Girard: Soyez le bien-venu, je vous prie de me dire le sujet pour lequel vous êtes venu ici. Sire, lui répondit Girard, je vais vous l'apprendre, j'ai bien besoin de vous et de vos Barons, il me coute beaucoup de vous dire ce que je pense, j'aimerais bien mieux être au-delà de la mer que de vous le dire, et malgré que je sois repris de ce que je vais vous dire, je préfère mon honneur au reste du monde. Vous avez raison, lui dit Charlemagne, il est beau d'aimer la vérité.

Comme le traître Girard conta au Roi Charlemagne que son frère Huon était revenu sans avoir fait son message, et comme le Roi commanda d'aller chercher Huon qui était prisonnier à Bordeaux pour le faire mourir.

Girard dit à Charlemagne: Il est vrai que vous m'avez fait chevalier, et je suis tenu de vous porter honneur; mais je vais dire une chose qui ne fera certainement plaisir à votre cour ni à moi-même. Parlez, dit Charlemagne. Sire, dit Girard, comme j'étais à mon hôtel avec mes Barons, je vis venir mon frère Huon avec une Demoiselle et un vieux gentilhomme nommé Gérasme. Quand le Duc Naimes de Bavière entendit Girard, il dit en lui-même : Ah ! grand Dieu, j'entends une chose que j'ai bien de la peine à croire ; car si c'est ce Gérasme que je connais, c'est un de mes grands amis. Sire, dit Girard, j'ai encore quelque chose à raconter. Il est vrai que quand j'ai vu mon frère, je lui ai fait un bon accueil, je lui ai demandé s'il avait été à Babylone, s'il avait exécuté vos ordres, lorsqu'il m'eut écouté, il ne put me répondre ; quand j'ai vu qu'il restait interdit, je l'ai fait prendre et mettre en prison, et suis venu pour vous avertir d'en faire à votre plaisir. Quand les Princes qui étaient là entendirent Girard qui disait avoir détenu son frère prisonnier, ils ne purent s'empêcher de croire Girard capable de trahison.

Quand l'Empereur Charlemagne entendit le rapport de Girard, toute la haine qu'il portait à Huon, à cause de la mort de son fils Charlot, se ranima entièrement, et il dit tout haut : J'ordonne à tous ceux qui furent amis de Huon de me le livrer afin que j'en fasse à ma volonté. Quand il eut ainsi parlé, il se remit et appela le Duc Naimes à qui il dit : Sire Duc, vous avez entendu ce que Girard vient de dire de Huon son frère. Sire, dit Naimes, je l'ai bien entendu ; mais il faut prouver ce que Girard a dit. Sire, dit Girard, vous parlez comme il vous plaît, mais je prends Dieu à témoin, mon beau-père Gibouars, ce bon moine et son clerc ; alors Gibouars et l'Abbé avec son clerc répondirent que ce que Girard avait dit était vrai. Le Duc Naimes leur répondit : Vous êtes quatre voleurs et faux témoins, le Roi est mal conseillé, s'il vous croit. Naimes, dit le Roi, dites-moi ce que vous pensez de ces deux frères. Sire, dit le Duc Naimes, c'est une chose qui demande attention, car si Huon était ici, il pourrait se défendre. Dieu ! que je trouve étrange de dire que si j'avais un frère qui fut banni de France et qui vint se réfugier chez moi, je pourrais l'accuser devant un Prince ! non, je dis que jamais un honnête homme ne fera une pareille action à son frère. Je dis que tout ce qu'ils ont dit est faux, ce n'est que trahison de leur part, ainsi ils sont dignes de mort.

Quand Girard entendit Naimes, il devint tout pale et se repentit du mal qu'il avait cherché à son frère Huon, il maudissait Gibouars ; lors il dit au Duc Naimes : Sire, je pense que vous avez tort de me détester comme vous faites. Girard, lui dit Naimes, c'est par rapport à ta méchanceté ; tu voulais être un des douze Pairs de France ; mais le Roi n'a pas besoin d'un pareil conseiller. Naimes, dit Charles, faites venir devant moi tous ceux qui sont caution pour Huon. Le Duc fit aussi-tôt venir devant le Roi tous ceux qui étaient répondans. Le Roi leur dit : Vous savez ce que j'ai ordonné, si Huon ne faisait son message ; or il ne l'est pas. Si vous ne me remettez Huon, je vous ferai tous mourir. Sire, dit Naimes, je vous prie de m'écouter et de me croire : Il faut envoyer à Bordeaux des principaux de votre noblesse, ils ameneront Huon devant vous et vous lui demanderez s'il a rempli votre commandement. Vous parlez juste, lui dit le Roi, ainsi je vais ordonner qu'on l'aille chercher et qu'on l'amène.

Comme l'Empereur Charlemagne alla lui-même à Bordeaux pour faire mourir Huon, tant il le détestait.

Le Duc Naimes fit tant envers Charlemagne, qu'il lui avait promis qu'il ferait amener Huon ; mais il ne voulut se confier à personne et conclut d'y aller lui-même. Premièrement il voulut faire mettre en prison tous ceux qui étaient en ôtage, mais le Duc Naimes en répondit, et ils furent libres. Le Roi partit et emmena avec lui onze de ses Pairs ; ils marchèrent vers Bordeaux. Que Dieu conduise Huon et le sauve du danger : le Roi et ses Pairs arrivèrent à Bordeaux. Le traître Girard dit à Charlemagne : Sire, si c'était votre plaisir, j'irais dans la ville faire préparer ce qui convient pour vous recevoir comme il faut. Cela n'est pas nécessaire, lui répondit Charlemagne ; car il y en a d'autres qui sont chargés de ce soin, vous n'y entrerez pas que je n'y sois entré le premier. Quand le Duc Naimes eut entendu le Roi parler ainsi, il lui dit: Vous avez répondu en sage Prince; ils entrèrent enfin à Bordeaux, sans que les habitans en fussent prévenus, ils vinrent au palais où ils entrèrent dans la salle; on leur prépara à dîner; ils se mirent tous à table, on faisait un si grand bruit dans le palais que Huon l'ayant entendu, demanda ce que c'était. Il n'est pas nécessaire que vous demandiez à le savoir; mais puisque vous désirez en être instruit, je vous dirai que c'est le Roi Charlemagne qui est venu pour vous faire mourir. Huon lui dit: Va-t-en, puisque tu n'as point d'autres nouvelles à me donner. Le Roi était à dîner, et ne pensait à autre chose, mais le Duc Naimes ne put boire ni manger; il frappa du pied si rudement, qu'il renversa ce qui était sur la table; le Roi lui dit qu'il avait grand tort. Sire, dit Naimes, j'ai mes raisons pour cela, car je crois que vous êtes venu à Bordeaux pour boire et manger, et non pour rendre la justice. Noble Empereur, que voulez-vous faire? Songez que ce n'est pas peu de chose que de faire mourir un des douze Pairs, et il ne nous conviendrait pas d'aller rendre un jugement après avoir bu et mangé; mais au nom de Dieu, si quelqu'un mange aujourd'hui, je cesse d'être de ses amis. Naimes, lui dit le Roi, je suivrai votre avis; alors le Roi fit amener Huon qui vint avec Esclarmonde sa femme et le vieux Gérasme; Huon voyant Charlemagne au milieu de ses Barons, vint auprès de lui; ceux qui s'étaient rendus pour lui en ôtage dirent au Roi: Sire, voilà celui pour qui nous nous sommes rendus ôtages; le Roi leur dit qu'ils pouvaient se retirer quand ils voudraient, et qu'il les tenait quittes; Huon se mit à genoux devant le Roi. Le Duc Naimes voyant Huon dans cette humiliante posture, dit au Roi de vouloir bien donner audience à Huon. Volontiers, répondit le Roi. Huon dit alors au Roi: Sire, j'ai à me plaindre devant vous et tous les Barons qui sont ici, de ce traître que je vois. il est mon frère, mais il est plus méchant encore que Caïn qui tua son frère Abel. Tous les Barons qui le regardaient, disaient entr'eux: Qu'est devenue la beauté de Huon? on voit bien à son visage qu'il a eu bien des misères. Huon recommença à parler, et dit au Roi: Sire, il est bien vrai que je me sois acquitté du message dont vous m'aviez chargé auprès de l'Amiral Gaudisse, et je lui ai proposé tout au long ce qui m'avait été recommandé, j'ai passé la mer, j'ai été à Babylone vers l'Amiral, et lui ai demandé, en présence de tous ses Barons, qu'il me donna sa barbe et ses quatre dents mâchelières. Quand il eut entendu ma demande, il me regarda pour fou et me fit mettre dans une prison où je serais mort de faim, si ce n'eut été la fille de l'Amiral et le bon Roi Oberon, à qui j'ai beaucoup d'obligations, c'est un Roi de féerie qui demeure à Montmur; dès qu'il a su que j'étais en danger, il est venu me secourir, et nous avons mis à mort tous ceux qui dans Babylone ne voulaient pas croire en Jésus-Christ. Nous montâmes au palais où nous mîmes tout en pièces; je tranchai ensuite la tête à l'Amiral, et quand ce fut fait, je lui arrachai les dents mâchelières et lui coupai la barbe; après cela, je demandai au Roi Oberon qu'il lui plût me donner un moyen pour rapporter en sûreté la barbe et les dents de l'Amiral. Alors Oberon, par la grace de Dieu, les mit dans le côté de Gérasme, de manière qu'on ne pouvait les voir. Sire, je suis persuadé que vous n'avez jamais vû un homme semblable à lui.

Quand j'eus fait votre message, et que j'eus accommodé toutes mes affaires, je me mis en chemin et emmenai avec moi Esclarmonde, la fille de l'Amiral, et les douze gentilshommes que vous me donnâtes quand je partis de Paris, ils ne m'ont point quitté. Ah! Sire, si je vous faisais le récit de mes malheurs, il me faudrait un tems considérable; tout ce que j'ai à dire, c'est que si Dieu ne m'eût aidé, jamais je ne serais revenu; nous arrivâmes à Rome où le S. Père nous reçut avec joie, il me maria avec Esclarmonde, fille de l'Amiral Gaudisse; elle est comme vous pouvez voir bien triste, elle en a le sujet. Quand les Barons eurent entendu les plaintes de Huon, la pitié leur attendrit l'ame, surtout quand ils virent Esclarmonde verser des pleurs. Huon dit ensuite au Roi : Sire, si vous ne me voulez pas croire, envoyez vers le S. Père et vous saurez la vérité. Je suis donc revenu de Babylone et j'ai rapporté avec moi beaucoup de trésors et de richesses ; j'avais résolu de ne m'arrêter nulle part que je ne vous eusse parlé ; mais quand je fus à l'Abbaye de S. Maurice, qui est sur vos terres, j'y logeai et fus bien reçu par l'Abbé qui fit savoir mon arrivée à mon frère ; il vint avec un écuyer. Je ne le crus pas coupable de trahison. Le Duc Naimes lui dit alors : Huon, vous avez raison, car si votre frère eut bien agi, il aurait emmené avec lui tous ses Barons pour aller au-devant de vous. Sire, dit Huon, il a fait autrement, car étant avec moi, il s'informa de mon affaire, si j'avais fais mon message, je lui ai tout raconté. Le traître me demanda ensuite où j'avais mis la barbe et les dents de l'Amiral, je lui dis où elles étaient ; il m'engagea à me lever à minuit et à faire préparer mes gens pour nous mettre en chemin, et quand nous fûmes près d'une croix où il y avait plusieurs chemins ; je voulus prendre celui de France, il me chercha noise. Il y avait près de-là un petit bois, où Gibouars était en embuscade avec quarante hommes armés, ils ont tué tous mes gens et les ont jettés dans la rivière de Gironde, ils m'ont ensuite jetté par terre, lié les pieds et les mains, ils m'ont bandé les yeux, en ont fait autant à ma femme, ensuite au vieux Gérasme, et mon traître frère lui ouvrit le côté où étaient la barbe et les dents mâchelières qui y avaient été mises par le Roi Oberon. Après avoir blessé Gérasme, il le jetta par terre et lui arracha ce qu'il avait dans le côté ; vous pouvez le savoir de lui : Gérasme s'avança et montra au Roi la plaie qu'il avait au côté et que chacun pût voir. Huon continua ainsi : Quand ils eurent fait ce qu'ils voulurent, ils nous mirent sur trois roussins, nous emmenèrent dans cette ville, il nous fit mettre ensuite en prison où il nous a tenus au pain et à l'eau, il nous a ôté tout ce que nous avions. S'ils disent le contraire, qu'ils s'arment, et je leur ferai raison. Huon parle juste, répondit le Duc Naime.

Girard prit la parole et dit au Roi : Mon frère parle comme il veut, parce qu'il sait bien que je ne veux pas me revolter contre lui. Grand Dieu ! comme le traître cherche à s'excuser. Le Roi dit à Huon : Je ne sais comment vous avez fait, mais je veux que vous montriez la barbe et les dents de l'Amiral Gaudisse. Sire, dit Huon, mon traître frère me les a dérobées. Vous savez que quand vous sortîtes de France, je vous ai défendu de retourner à Bordeaux sans m'avoir parlé auparavant, en sûreté de quoi vous me livrâtes des ôtages, je les ai laissé libres, puisque je vous tiens, il est à mon pouvoir de vous faire pendre. Sire, dit Huon, je ne crois pas qu'un Roi de France fasse une pareille cruauté, je vous prie de me juger selon droit et raison. Ma foi, dit le Duc Naimes à Huon, vous demandez bien peu, si vous avez droit, vos terres et vos seigneuries doivent vous être remises. Il dit ensuite au Roi qu'il fallait rendre justice à Huon, le Roi lui répondit qu'il était en son pouvoir de le faire mourir ; mais que comme il était Pair de France, il le laissait en jugement. Les Barons furent bien aises ; mais le Duc Naimes dit au Roi : Sire, pourquoi voulez-vous mener Huon en jugement, puisqu'il offre de prouver, par le S. Père, tout ce qu'il a dit. Huon se retira, et le Roi appela tous ses Barons et leur dit : Seigneurs, je vous prie, sur la foi que vous me devez, de juger Huon et son frère sans partialité ; alors ils entrèrent dans une chambre, et le Duc Naimes leur dit : Seigneurs, vous savez que le Roi nous a recommandé de dire la vérité, vous savez aussi la haine qu'il a contre Huon, c'est pour cela que je vous conjure de dire chacun votre avis.

Comme les Pairs de France se retirèrent dans une chambre pour rendre le jugement de Huon, pour ou contre lui.

Comme nos Barons discouraient ensemble, il se leva un Baron qui était de la famille de Ganelon, il dit à haute voix: Seigneurs, je pense, vu le cas, que le Roi peut sans péché faire mourir Huon.

Quand Gauthier eut dit sa raison, Henry Comte de S. Omer dit: Retirez-vous, car votre parole ne sera de nulle valeur. Seigneurs, dit Henry, pour juger loyalement, je dis que les terres de Huon lui doivent être rendues; car son fait est tout prouvé, et par bons témoins, tel que le S. Père; vous savez qu'il a été trahi par son frère Girard, pourquoi il doit être traîné à la queue d'un cheval, ensuite pendu; quand il eut dit son avis, il se retira en sa place.

Quand Henry de St. Omer eut fini, le Comte de Flandres se leva et lui dit, qu'il ne serait rien de tout ce qu'il venait de dire; mais, reprit-il, voici mon avis: Vous savez, Seigneurs, que le monde est bien méchant, il n'y a plus d'amitié entre les frères, vous le voyez par ces deux qui sont ici présens, et dont nous jugeons la cause, c'est pourquoi nous devons employer tous les moyens qui peuvent les remettre en grâce auprès du Roi, le prier d'avoir pitié d'eux et rendre à Huon les terres qui lui appartiennent.

Comme les Pairs de France laissèrent la cause au jugement du Duc Naimes de Bavière, et malgré tout cela, le Roi Charlemagne condamna Huon à mort.

Le Comte de Flandres eut à peine fini de parler, que le Comte de Châlons se leva et dit: Comte de Flandres, votre raison est assez bonne, mais je pense que le Roi n'en fera rien; ainsi il vaut mieux nous en rapporter à l'avis du Duc Naimes.

Ils vinrent tous auprès du Duc et le prièrent de se charger du jugement, qu'ils s'en rapporteraient à ce qu'il déciderait: quand le Duc Naimes de Bavière entendit les Barons, il ne leur répondit pas. Ils se mirent à parler entr'eux; quand la belle Esclarmonde vit Huon si triste, elle lui dit: Nous avons bien du malheur, puisque dans votre Patrie vous êtes en danger de mourir. Personne ne veut croire que vous ayez été à Babylone, je vois que tout est contre vous. Huon tâchait de la consoler en lui disant: Ayez confiance en Dieu qui nous a toujours secouru, j'espère qu'il ne nous abandonnera pas. Naimes sortit alors du conseil et dit: Seigneurs, je ne sais quoi décider. Ils lui répondirent qu'il n'aurait pas de conseil d'eux: mais doit-il être pendu? Alors celui qui avait parlé le premier, dit que cela ne pouvait être autrement. Votre conseil ne sera pas suivi, répondit le Duc Naimes; dites-moi, Seigneurs, si vous vous en rapporterez à moi. Oui, lui répondirent-ils d'un commun accord. Naimes s'en vint alors vers le Roi et lui dit: Sire, vous plaît-il de nous entendre? Oui, dit l'Empereur, car c'est mon envie. Sire, dit le Duc Naimes, je vous demande en quel pays vous voulez que l'un de nos Pairs soit jugé. Le Roi lui répondit: Vous êtes prud'homme et vous voulez sauver Huon. Vous avez tort de parler ainsi, lui répondit Naimes, dites seulement où vous voulez qu'il soit jugé. Si vous le souhaitez je vais vous le dire. Il y a trois villes dans votre Royaume, la première est St. Omer, la seconde Orléans, la troisième Paris; ainsi, si par jugement vous voulez mener Huon, il faut le mener dans une de ces trois villes, car il ne sera pas jugé en cet hôtel. Le Roi lui répéta: Je vois bien que vous faites cela pour le sauver; car je vous ai dit d'en rendre le jugement parmi vous, et vous n'en avez rien fait; ainsi Huon sera pendu avant que je mange. Le Roi ordonna que l'on mit les tables. Girard qui avait entendu ce que le Roi venait de dire en fut bien joyeux, mais il ne le fit pas apercevoir.

Quand Esclarmonde entendit le Roi qui venait de jurer la perte de Huon, elle poussa des cris si douloureux, qu'elle eut attendrit les cœurs les moins sensibles; elle disait à Huon: Je vois bien qu'il faut nous séparer;

que n'ai-je des armes, je me poignarderais devant ce tyran. Le vieux Gérasme disait en pleurant: Que maudit soit le moment où je suis né, j'ai passé ma jeunesse, et maintenant que je suis vieux, il faut que je meure honteusement; ils pensaient mourir tous les trois; mais il n'y a personne qui puisse nous nuire, si Dieu nous veut aider, et s'il plaît à Dieu, le Roi Oberon fera faire un parjure au Roi Charlemagne. Je vous laisserai à parler de Huon et de sa triste compagnie, et vous parlerai du noble Roi Oberon qui était alors dans son bois.

Comment le Roi Oberon vint secourir Huon de Bordeaux, et fit reconnaître à Girard toute la trahison qu'il avait faite à son frère.

On a vu, dans le chapitre ci-dessus, la haine que le Roi portait à Huon, comme étant arrivé à Rome il s'était confessé de tous ses péchés et en avait reçu l'absolution. Le Roi Oberon, satisfait de sa conduite et connaissant la triste situation où il se trouvait, ne put retenir ses larmes. Ses gens s'en aperçurent et lui demandèrent quel était le sujet de son chagrin; il leur répondit: Je me souviens de ce pauvre Huon qui a repassé la mer, il a été à Rome, a épousé Esclarmonde, s'est confessé de tous ses péchés dont je l'ai assez puni, il est tems maintenant que j'aille à son secours; car Charlemagne a juré qu'il ne boira ni ne mangera, que Huon ne soit pendu; mais il s'en parjurera, car je le secourerai, le pauvre homme est en grand danger, lui et Esclarmonde, ainsi que le vieux Gérasme, ils sont à Bordeaux et ont les fers aux pieds. Le Roi est à table, je souhaite la mienne auprès de la sienne et plus haute de deux pieds que la sienne, je veux qu'on mette sur ma table mon hanap, mon cor d'ivoire et le haubert que Huon a conquis; je souhaite avec moi cent mille hommes armés, comme j'ai coutume de mener en bataille; il n'eut pas plutôt souhaité que, par la puissance de Dieu, sa table se trouva auprès de celle du Roi, telle que le Roi Oberon l'avait souhaité. Quand le Roi Charlemagne vit cette table plus haute que la sienne, le cor, le hanap et la cotte d'acier, il en fut bien surpris et dit à Naimes de regarder ce que cela signifiait; il croyait avoir été enchanté. Sire, je n'ai jamais vu une pareille chose; tous les Barons étaient bien surpris; Gérasme qui était auprès de Huon, aperçut la table sur laquelle était posé le hanap, le cor et la cotte de maille, j'aperçois que le Roi Oberon vient à votre secours; Huon regarda, mais quelle fut sa joie à la vue d'Oberon! il leva les mains au ciel, et remercia Dieu. Il vint à propos dans la ville de Bordeaux; les habitans étaient surpris de voir tant de monde; quand Oberon fut dans la ville, il ordonna à ses Barons de faire garder les portes et d'empêcher tout le monde de sortir. Il y eut dix mille hommes à chaque porte de la ville; Oberon monta au palais, il laissa dix mille hommes à la porte et leur dit que dès qu'ils entendraient le cor, ils montassent aussi-tôt et missent tout à mort. Le Roi Oberon monta au palais et ses Barons, il était richement habillé; il passa vers Charlemagne sans lui rien dire; le Roi dit: Qui peut être ce nain bossu? il est bien fier, car il n'a pas daigné parler; je verrai ce qu'il voudra faire, car je ne sais ce qu'il a pensé. Quand Oberon fut passé il vint vers Huon, et souhaite que leurs fers fussent ôtés à tous trois, il les prit par la main et les mena devant le Roi. il s'assit et les fit asseoir, il prit son hanap, sur lequel il fit trois signes de croix, aussitôt il se trouva rempli de vin; le Roi Oberon le prit, en donna à Esclarmonde, ensuite à Huon et à Gérasme; il dit ensuite à Huon: Ami, levez-vous, portez ce hanap à Charlemagne et lui dites qu'il boive à vous en signe de paix; Huon se leva de table et vint vers le Roi à qui il donna le hanap; mais à peine le Roi l'eut-il touché, qu'il se trouva desséché, et il n'y resta pas une seule goutte de vin. Vassal, dit Charlemagne, vous m'avez enchanté. Sire, dit Oberon, ce sont les péchés dont vous êtes rempli qui lui ôtent toute sa vertu, car personne ne peut y boire qu'il ne soit exempt

de

de péché mortél. Quand l'Empereur eut entendu le Roi Oberon, il fut bien surpris, Huon reprit aussi-tôt le hanap qui fut rempli de vin, il le porta au Duc Naimes qui était auprès de Charlemagne: Naimes le prit et but à son plaisir; Huon retourna ensuite vers Oberon et s'assit auprès de lui.

Oberon appela le Duc Naimes et lui ordonna de se lever et de se mettre à son côté; quand il y fut, il lui dit: Sire Duc, vous êtes prud'homme, vous avez toujours défendu mon ami Huon; et vous, Sire, c'est à tort que vous avez déshérité Huon, il est prud'homme, et je vous dis en vérité qu'il a fait son message à l'Amiral Gaudisse, c'est moi qui l'ait aidé dans son entreprise; il lui a arraché la barbe et les quatre dents mâchelières, je les ai enfermées par la volonté de Dieu dans le côté de Gérasme. Vous voyez devant vous le traître Girard, qui ne cherche que la perte de son frère; et pour que vous en soyez plus certain, je vais lui faire avouer devant vous. Oberon dit alors à Girard: Je vous conjure, par la puissance divine, de dire la trahison que vous avez machinée contre Huon.

Quand Girard eut entendu Oberon lui parler ainsi, il trembla de frayeur, car il vit bien qu'il ne pouvait s'empêcher de dire la vérité. Sire, dit Girard, je vois bien qu'il est impossible de vous rien cacher; il est vrai que dès que je sus que mon frère était à l'Abbaye de S. Maurice, j'en fus extrêmement fâché, d'autant que je savais bien qu'il fallait que je lui rendisse ses terres; je fus trouver mon beau-père Gibouars, qui me donna conseil de faire ce que j'ai fait, il m'invita de l'aller voir, et quand j'eus su tout son dessein, il me dit qu'il se mettroit en embuscade, dans un petit bois, avec quarante hommes armés, et que quand nous approcherions du bois je cherchasse querelle à mon frère, et qu'il sortirait du bois et ferait périr Huon et ses gens.

Quand nous eûmes tué les gens de mon frère, nous les jettâmes dans la Gironde, et nous prîmes mon frère, sa femme Esclarmonde et le vieux Gérasme, nous leur liâmes les pieds et les mains, leur bandâmes les yeux, et ensuite je vins auprès de Gérasme à qui j'ouvris le côté, et j'y pris la barbe et les dents mâchelières que je suis prêt d'aller chercher si vous le désirez. Non, dit Oberon, je les aurai bien sans vous. Nous amenâmes donc nos trois prisonniers dans ce château et nous partîmes pour l'Abbaye de St. Maurice, où mon frère avait déposé son trésor, nous le demandâmes à l'Abbé; mais il ne voulut pas nous le donner; nous le tuâmes, prîmes tout et avons fait Abbé ce moine qui est parent de Gibouars. Voilà, Sire, tout le contenu de ma maudite trahison, je n'y eus jamais pensé sans les funestes avis de Gibouars. Oberon lui dit: Vous serez pendu et personne ne peut vous sauver; il dit ensuite au Roi: Vous venez d'entendre la trahison de Girard et de Gibouars; mais par la foi que je dois à Dieu et à St. Denis, ils seront pendus.

Comment le Roi Oberon fit pendre les quatre traîtres Girard, Gibours et les deux faux témoins. De la paix de Huon avec Charlemagne, et comme le Roi Oberon donna son Royaume à Huon de Bordeaux.

Quand le Roi Oberon eut entendu Girard, il dit: Je souhaite la barbe et les dents de l'Amiral sur cette table; il n'eut pas plutôt souhaité qu'on les vit paraître au grand étonnement de tous. Huon dit alors au Roi Oberon: Sire, qu'il vous plaise pardonner à mon frère, je lui donnerai la moitié de mes terres, afin que nous puissions vivre ensemble. Les Barons qui entendirent Huon demander la grace de son frère, ne purent s'empêcher de dire que c'eût été dommage que la chose eût été autrement; Huon redemanda la grace de son frère; mais Oberon lui dit qu'il ne le ferait point; il dit: Je souhaite qu'ils soient tous quatre pendus dans cette prairie Aussi-tôt l'on vit Girard, Gibouars, l'Abbé et le Moine pendus; ainsi périrent ces traîtres. Le Roi Oberon, après avoir parlé de plusieurs choses à Charlemagne, appela Huon et lui dit: Porte au Roi la barbe et les dents mâchelières, et dites-lui qu'il vous rende vos Seigneuries; alors Huon vint vers Charlemagne et lui dit: Sire, voici la barbe et les dents de l'Amiral. Le Roi lui répondit: Je vous tiens quitte et vous rends vos terres, je veux que vous soyez mon ami. Sire, dit Huon, j'en suis bien reconnaissant; le Roi l'embrassa en signe de paix et tous les Barons en témoignèrent bien de la joie. Le Roi Oberon dit à Huon: Si vous m'aimez, je vous recommande de venir dans quatre ans me trouver à Montmur, je veux vous donner mon Royaume, je le peux; puisqu'à ma naissance il m'a été donné le pouvoir de donner ma couronne à qui je voudrais; comme je vous aime, je vous ferai Roi et vous donnerez vos terres à Gérasme, il les a bien méritées par les peines qu'il a eues avec vous. Souvenez-vous, lui dit-il, du jour où je vous ai dit cela, car il est tems que je parte de ce monde pour aller en Paradis; si vous ne vous trouvez pas à pareil jour, je vous ferai mourir honteusement. Huon voulut baiser ses pieds; mais Gloriand le releva, et Huon le remercia du don qu'il lui avait fait.

Comme le Roi Oberon prit congé du Roi Charlemagne et de Huon; du départ de Charlemagne, et comment Oberon étant retourné à Montmur, parlait de ce qui devait arriver à Huon.

Quand le Roi Oberon eut dit à Huon tout ce qu'il avait à lui dire et qu'il lui eût fait ses adieux, il laissa échapper quelques larmes; Huon lui demanda ce qu'il avait à pleurer. Oberon lui répondit: C'est sur toi que je pleure, car je prévois que tu auras encore bien des peines et ta chère épouse aussi. Sire, lui répondit Huon, j'espère que vous ne m'abandonnerez pas et que vous voudrez bien me laisser votre cor d'ivoire, afin que je sonne pour avoir votre secours.

Oberon lui répondit: Puisque je t'ai remis en grâce avec Charlemagne, n'attends plus aucun secours de moi, sois satisfait de ce que je te donne mon Royaume et ma puissance; Huon l'embrassa et lui dit: Je suis bien fâché que cela ne puisse être autrement. Le Roi Oberon fit ses adieux à Charlemagne, au Duc Naimes et à tous ses Barons; il embrassa ensuite Huon et Esclarmonde et lui dit: Soyez toujours sage, portez respect à votre mari, gardez-lui la foi; il prit congé de Gérasme auquel il fit grand honneur. Après son départ, l'Empereur et tous ses gens prirent congé de Huon et d'Esclarmonde; Huon et Gérasme montèrent à cheval pour reconduire le Roi jusqu'à deux lieues.

Le Roi lui dit: Si la guerre vous vient, faites-le moi savoir, je vous enverrai des gens pour vous secourir. Huon le remercia humblement.

Il s'en retourna à Bordeaux où il fut bien reçu. Revenons maintenant au Roi Oberon qui s'en retourna à Montmur, il y fut à peine arrivé, qu'il se mit à pleurer amèrement. Gloriand lui demanda ce qu'il avait à pleurer; il lui répondit: Ah! mon ami, je pleure ce pauvre Huon qui est demeuré seul dans son château, et je sais certainement qu'il doit avoir bien du mal par rapport à son épouse; il a eu bien du mal, il en aura encore plus. Comment, dit Gloriand, cela pourrait-il se faire, puisqu'il est grand Seigneur? Oberon lui répondit: Que Dieu veuille l'aider. Oberon dit encore à Gloriand: Je vous répète que Huon sera, avant qu'il soit un an, dans une telle misère, que quand il aurait vingt Royaumes, il ne les pourrait sauver. Gloriand lui dit: Sire, vous n'abandonnerez pas Huon. Je lui ai donné mon Royaume et ma puissance, ainsi je ne peux l'aider en aucune chose. Nous parlerons maintenant de Huon qui est resté à Bordeaux.

Comme Huon prit possession de ses terres et seigneuries ; comment il punissait les rebelles et les deux Pélerins par qui il arriva tant de mal, et comment le Duc Raoul d'Autriche, par le rapport des deux Pélerins, s'amouracha de la belle Esclarmonde, et du tournois qu'il fit crier pour mettre à mort Huon de Bordeaux.

Huon étant à Bordeaux, assembla ses Barons et leur dit qu'il voulait aller voir ses Seigneuries et en prendre possession ; il y alla et fut bien reçu partout, excepté dans un seul Château nommé Angelars. Ce Château était à trois lieues de Bordeaux. Quand Huon vit qu'Agelars ne voulait lui rendre obéissance, il le menaça de l'assiéger et de le faire mourir honteusement. Huon en fit le siége, qu'il tint pendant huit jours, le neuvième il donna un assaut général et emporta le château à force ouverte, il fit mourir Angelars et soixante hommes qui étaient avec lui ; il donna ensuite le Château à un de ses Gentilshommes. Esclarmonde était à Bordeaux avec les Demoiselles, et comme elles conversaient, trois Pélerins entrèrent, qui saluèrent humblement Esclarmonde ; elle leur demanda d'où ils venaient : Du Saint-Sépulcre, lui répondirent-ils, où nous avons eu beaucoup de maux ; si vous vouliez nous donner à manger, nous prierons Dieu pour vous. Alors la Duchesse appela deux de ses chevaliers pour qu'on menât ces Pélerins dans une chambre et qu'on leur donnât à manger ; alors la Duchesse les vint voir et leur demanda d'où ils étaient. Ils lui répondirent qu'ils venaient de Vienne et désiraient s'en retourner. Que Dieu vous conduise ; alors elle leur donna dix florins. Quand ils eurent dîné, ils reprirent le chemin de Vienne. Quand ils furent à une demi-lieue de Vienne, ils rencontrèrent le Duc Raoul qui était un homme hardi et traître. Les Pélerins le rencontrèrent, il leur demanda d'où ils venaient. Ils lui répondirent qu'ils venaient du St. Sépulcre, et qu'ils avaient passé à Bordeaux où une honnête Dame leur avait donné à manger ; c'est la plus belle personne qui soit au monde, elle mériterait avoir un chevalier comme vous. Quand Raoul eut entendu les Pélerins, il devint amoureux d'Esclarmonde, et fit serment qu'il ferait mourir Huon, et qu'il épouserait Esclarmonde. Raoul retourna à Vienne, manda ses plus particuliers Barons, et leur dit qu'ils amenassent ses gens, qu'il voulait aller vers son oncle l'Empereur, auquel il manda qu'il fit faire un tournois au lieu où bon lui semblerait, afin que tous les Barons du pays y allassent montrer leur puissance, le traître fit cela afin que Huon qui était très-courageux et hardi, y vint, pensant qu'il le ferait mourir. Le messager alla droit à Strasbourg, où il trouva l'Empereur qui était le fils de Raoul son frère. Quand il y fut arrivé, il fut bien aise d'apprendre des nouvelles de son neveu Raoul qu'il aimait, et pour l'amour de lui, il fit faire un tournois et manda toute la noblesse qu'ils vinssent à certain jour qu'il leur fit savoir à Mayence où il tiendrait sa Cour ouverte : il ne savait pas la trahison que son neveu Raoul voulait faire. Raoul appela ses plus affidés Barons et leur apprit pourquoi et à quel sujet le tournois était fait, et il leur dit : Je vous prie de m'aider à faire mourir Huon, afin que j'aie Esclarmonde en mariage. Il y avait là un garçon qui avait servi Huon en sa jeunesse ; quand il eut entendu cette trahison, il partit précipitamment de Vienne et vint droit à Bordeaux où il trouva le Duc Huon avec ses Barons qui conversaient de ce tournois, dont ils étaient déja avertis ; le valet entra aussi-tôt et salua bien respectueusement Huon qui lui dit : Où as-tu été depuis que je ne t'ai vu ? Sire, dit le valet, j'arrive de Vienne en Autriche, le duc Raoul qui en est prince, a fait publier un tournois, afin que vous y puissiez aller pour vous faire mourir, et qu'il puisse avoir Esclarmonde votre femme en mariage. Sire, qu'il vous plaise ne pas y aller, car ils sont bien vingt mille hommes. Quand le Duc Huon eut entendu le valet, il fit serment que s'il pouvait, en telle manière que ce soit, Raoul lui payerait cher. Alors la belle Esclarmonde se jetta à genoux devant Huon, le priant de ne point aller au tournois; mais Huon ne voulut rien écouter; alors la belle Esclarmonde lui dit: Sire, qu'il vous plaise donc de mener dix mille hommes avec vous, j'irai aussi. Non, lui dit-il, vous n'y viendrez pas; car vous êtes trop avancée. Alors il fit crier que tous ceux qui voudraient venir au tournois de Mayence avec lui, qu'ils s'apprêtassent aussi-tôt. On sut partout que Huon voulait aller au tournois, de manière que Raoul en entendit les nouvelles, alors il dit que comme Pélerin il irait voir Esclarmonde dont il était tant amoureux; il prit la robe de Pélerin, l'écharpe et le bourdon, il se frotta d'une herbe, dont il devint fort laid, il défendit à ses gens de ne rien dire. Il partit alors de Vienne et vint droit à Bordeaux, où étant arrivé, il vint au château, monta les degrés et vint à la salle où Huon était avec ses Barons qui parlaient du tournois de Mayence; Raoul vint vers Huon et lui demanda à manger pour l'honneur de Dieu; Huon lui dit: Tu en auras; je te prie de me dire d'où tu es. Sire, je suis du Berry et je viens du Saint Sépulcre. Huon lui fit donner à dîner.

Comme après que le Duc Raoul eût été à Bordeaux, comme Pélerin, il revint à Mayence, et comme Huon prit congé d'Esclarmonde et s'en alla au tournois de Mayence.

Après que Huon eut conversé avec le Pélerin, il fit mettre les tables où il s'assit, et Esclarmonde sa femme auprès de lui, puis il fit mettre le Pélerin au bout de sa table et le fit servir comme il fallait; mais le traître Pélerin ne se souciait pas de boire et de manger, il faisait seulement cela pour contempler la belle Esclarmonde, laquelle il regarda tant et trouva si belle, qu'il en était charmé, alors il résolut en lui-même de faire mourir Huon. Ah! que s'il eut plût à Notre-Seigneur de découvrir la trahison du Pélerin qu'il l'eut payé cher. Après qu'ils eurent dîné, Huon fit donner des habit, bas et souliers au Pélerin, qu'il reçut et n'osa refuser cela de Huon; il prit congé de lui et arriva bientôt à Vienne, dont il était Seigneur et Maître; quand il fut arrivé en son Palais, il fut bien reçu de ses Barons et se prépara diligemment; il fit aussi préparer ses gens et prirent le chemin de la Cité de Mayence. Bientôt l'Empereur fut averti de la venue de son neveu Raoul, il alla au-devant, et quand il l'eut vu, il l'embrassa bien tendrement et lui dit: Beau neveu, je suis content de votre venue. Ah! si le bon Empereur eut su la trahison de son neveu, il ne l'eut pas enduré, car il aimait bien Huon. L'Empereur et son neveu Raoul entrèrent en grande joie dans la Cité de Mayence; déja dans la ville se trouvaient plusieurs Barons qui étaient venus pour joûter; Huon était encore dans Bordeaux; mais voyant qu'il était tems de partir, il fit apprêter ses gens et prit congé de la belle Esclarmonde sa femme, laquelle se mit à pleurer quand elle vit le départ de son cher mari; alors il monta à cheval et ses gens aussi: ils marchèrent si bien qu'ils arrivèrent à Cologne sur le Rhin où il demeura deux jours entiers, et le troisième il dit à ses gens: Seigneurs, je prends congé de vous, car nul de vous ne viendra avec moi, je ne veux mener avec moi que Dieu et ma bonne épée; ne vous étonnez de rien, car celui qui m'a toujours aidé ne m'abandonnera point. Ainsi Huon s'en alla seul.

Il partit et laissa ses gens qui pleuraient amèrement; il marcha tant que de loin il aperçut les tentes et pavillons dans une plaine, il passa outre et entra dans la Cité où il vit plusieurs Barons qui étaient dans les rues. Huon passa outre et vint vers le Château où était l'Empereur et son neveu Raoul; quand Huon fut devant le palais, il regarda et vit l'Empereur et Raoul son neveu qui montaient les degrés. Quand Huon fut arrivé là, il trouva un Allemand qu'il mit à la raison, et lui dit: Ami, qui sont ces deux Princes qui marchent devant moi? Sire, dit l'Allemand, le premier qui marche c'est l'Empereur, et celui qui va après c'est Raoul son neveu; le tournois est fait exprès pour lui, car après le tournois, il doit épouser une belle Dame que peu de gens peuvent nommer. Quand Huon entendit l'Allemand, le sang lui monta au visage. Ami, dit Huon, je te prie de me faire le plaisir de tenir mon cheval jusqu'à mon retour que j'aie parlé à l'Empereur et à ses Barons: Sire, dit l'écuyer, je le ferai volontiers. Dieu veuille aider à Huon; car il va entreprendre un grand ouvrage.

Comme Huon tua le Duc Raoul en la présence de l'Empereur, son oncle, des merveilles qu'il fit, et comme à la chasse que l'on fit après lui, il renversa l'Empereur et gagna son cheval.

HUON, plein d'ire et de colère, monta au Palais; l'Empereur se mettait à table pour dîner, lorsque Huon entra l'épée nue et vint devant l'Empereur et lui dit: Sire, je vous conjure, par la vertu divine, que vous ayez à dire la vérité: Si vous aviez une Dame épousée remplie de toutes bonnes vertus, qui vous portât foi et loyauté, et qu'il vint un traître qui finement la voulut avoir, que lui feriez-vous? Ami, dit l'Empereur, certes, je vous dirai la vérité; sachez que si j'avais une femme telle comme vous dites, et qu'un traître voulut faire ce que vous dites, je lui passerais mon épée au travers du corps.

Quand Huon eut entendu l'Empereur, il dit: Oh très-noble et vertueux Empereur, juste et loyal, quel jugement vous avez fait! Sire, je vous dirai qu'il m'a plû de vous dire cela, parce que votre neveu Raoul conspire et trame ma mort comme un traître, à la fin d'avoir Esclarmonde ma femme, et tous mes héritages; c'est pourquoi, Sire, je désire de m'en venger selon le jugement que vous avez fait, quand je trouve celui qui m'a offensé; alors il tira son épée hors du fourreau. Quand Raoul le vit, il s'effraya à cause qu'il était désarmé, et quand il vit que Huon eut levé son épée pour le frapper, il s'enfuit vers son oncle; mais Huon qui avait le cœur sur lui, le poursuivit si vivement, qu'il l'atteignit d'un revers qu'il lui donna par telle force, qu'il lui abattit la tête, et le corps tomba devant l'Empereur. (*Voyez la planche.*) Dieu me fasse bien réussir, dit Huon, jamais ce drôle ne sera amoureux de ma femme, j'en suis bien assuré. L'Empereur fut bien triste quand il vit son neveu mort; il commença à crier à ses gens: Gardez que ce vassal ne vous échappe; car je ne boirai ni ne mangerai qu'il ne soit pendu et étranglé. Huon, qui l'entendait, ne s'en sousiait guère; car il frappait à droite et à gauche, et en mit tant à mort que c'était merveille. L'Empereur et ses gens furent vîte s'armer; mais Huon voyant qu'il y avait du pire, gagna les degrés du Palais où était son cheval, il monta lestement dessus et le piqua des éperons et s'en alla; mais Galeran, cousin-germain de Raoul, alla après et lui cria: Vassal, tu as tué Raoul; retourne, où je te frapperai par derrière. Quand Huon l'entendit il se retourna, baissa sa lance et Gáleran la sienne; Huon l'atteignit si bien, qu'il le fit tomber de son cheval; l'Empereur, qui s'était armé, vint vers Huon et s'entremêlèrent si bien qu'il n'y demeura écu ni haubert qu'il ne perçât; la lance de Huon eut telle force qu'elle jetta l'Empereur par terre de son cheval: alors Huon laissa son cheval et prit celui de l'Empereur qui était bien meilleur; quand il fut monté sur ce cheval, il ne craignait personne, il le piqua de l'éperon et partit. Plusieurs Allemands voulaient courir après; mais l'Empereur leur dit qu'ils perdraient leur tems, car il avait son bon cheval. Alors ils lui demandèrent s'il avait quelque mal. Non, dit-il, grace à Dieu, je n'ai pas de mal qui m'empêche de marcher; mais ce qui me fâche, c'est que je vois Huon qui s'en va et emmène mon bon cheval; outre cela, il a tué mes deux neveux. Seigneurs, je vous conseille de ne pas aller après; mais s'il plaît à Notre-Seigneur, avant qu'il soit trois mois, je mettrai tant de gens sur pied, que les vallées en seront pleines. Ensuite je les mènerai devant Bordeaux, et n'en partirai point que je n'aye pris Huon, et si je puis le tenir, je le ferai mourir de mauvaise mort et lui prendrai toutes ses terres.

Comme Huon, après qu'il eut monté le bon cheval de l'Empereur, vint à Cologne où il trouva ses gens, et comme il partit; comme l'Empereur se mit en embuscade dans un bois pour faire mourir Huon, de la bataille qui se fit, et des trèves entre l'Empereur et Huon.

Ainsi, comme vous avez ouï, Huon en partit, et ainsi comme l'Empereur et les gens devisaient de l'exécution qu'avait fait Huon; il survint un chevalier qui avait nom Goudom, lequel était né de Nuremberg, il vint avant et dit: Sire, si vous me voulez croire, vous retournerez à Mayence cette nuit et vous y reposerez, ensuite vous prendrez ici quatre cent compagnons que vous enverrez à deux lieues d'ici au grand chemin de France, et trouveront un bois où ils s'embusqueront jusqu'à ce que Huon passe par-là; je sais de certain qu'il va droit à Cologne et logera en l'hôtel d'un Français qui demeure là, et le lendemain il partira et passera par le bois où sera l'embuscade, ainsi il lui sera impossible de se sauver. Ils le prendront ou l'occiront, comme la chose pourra tourner. Quand l'Empereur entendit Goudom, il fut joyeux et dit que plus de quarante hommes il y voulait mener; car il désirait d'avoir Huon. Or, prenons donc notre chemin devers Cologne: alors dix mille hommes furent prêts, il renvoya les autres à Mayence; ils marchèrent tant qu'ils arrivèrent au petit bois, où il posa son embuscade, et Huon marcha si bien depuis qu'il eut quitté l'Empereur, qu'il arriva à Cologne, où ses gens, qui l'attendaient, le reçurent en grande joie. Quand Gérasme vit Huon, il lui dit: Sire, je vous prie de vouloir nous dire quelle est votre réussite. Alors Huon de Bordeaux leur raconta mot pour mot comme il avait occis Raoul, et de son départ de Mayence, de la poursuite que fit l'Empereur. Gérasme et ses compagnons furent bien joyeux d'entendre Huon et remercièrent Notre-Seigneur de cette belle aventure; mais ils ne pensaient pas que l'Empereur était embusqué dans ls bois, et qu'il attendait que Huon passât. Huon et ses gens demeurèrent à Cologne jusqu'au point du jour; il ouït la messe, monta à cheval, puis sortit de Cologne accompagné de treize mille bons combattans; étant donc sorti de la ville, il commande à ses gens de se mettre en bataille comme bons soldats; ils se mirent en chemin, le tems était beau et clair, ainsi ils pouvaient voir de loin; et comme ils approchaient le bois, Huon aperçut les gens de l'Empereur, et dit à ses Barons: Seigneurs, voici beaucoup de gens qui viennent furieusement vers nous, je vous prie que chacun se montre tel qu'il est. L'Empereur dit à ses gens: Seigneurs, je crois que ceux qui sont ici devant nous sont Français, et je crois que le premier est Huon, c'est pourquoi je vous prie qu'un chacun de vous donne dedans, et que l'on ne manque point de prendre Huon; car ma volonté est de le faire mourir misérablement.

De la grande bataille qui se fit près de Cologne entre l'Empereur et Huon, des trèves qu'ils firent, comme Huon les accorda, et du Prévôt de Cologne qui vint attaquer Huon de Bordeaux.

Après que Huon eut donné courage à ses gens, et qu'il les eut mis en rang de bataille, ils avancèrent et Huon se mit le premier en bataille; il allait comme la foudre, et le premier qu'il rencontra fut Gondom, il baissa sa lance et le frappa si roidement, qu'il lui passa sa lance au travers du corps, il vint après contre Crassin de Polinger, qui portait l'enseigne impérial, Huon l'atteignit de sa lance par tel effort, que le maître et le cheval tombèrent par terre; Huon fit un tel carnage que la campagne était toute couverte de sang. L'Empereur voyant le dégât que lui faisait Huon, il dit: Huon, Dieu te maudisse, quand aujourd'hui tu m'as fait mourir tant d'hommes dont je suis bien fâché. Sire, dit Huon, avant que de me renier je vous en ferai bien mourir d'au-

tres et peut-être vous-même ; croyez que tout ce malheur ne provient que de votre neveu Raoul, qui me voulait enlever ma chère Esclarmonde. Ils s'éloignèrent et baissèrent leurs lances ; mais comme ils voulaient s'approcher, les Allemands y accoururent à grande force, car ils avaient peur de l'Empereur ; alors arriva le vieux Gérasme qui fièrement le combattait ; Huon tenait son épée de laquelle il faisait merveille. Huon et ses gens firent tant qu'ils firent retirer les Allemands : mais il y en eut un qui, voyant la perte de l'Empereur, se retira vers Cologne. Quand il fut entré dans la ville, il s'en alla desuite à l'hôtel du Prévôt, et lui conta la misère où était l'Empereur. Alors le Prevôt, ayant entendu le danger où était l'Empereur, fit sonner la cloche blanche de la ville et fit publier, de carrefour en carrefour, que ceux qui pourraient porter les armes, s'armassent promptement. Alors tant chevaliers que gens de pied, vinrent au nombre de vingt mille. Le Prévôt se mit le premier et enseignait à ses gens comment il fallait se tenir en bataille ; l'Empereur voyant que ses gens étaient presque tous occis, chercha Huon de tous côtés, tellement qu'il l'aperçut qui découpait et taillait ses gens en pièces. Il se mit à crier : Vassal, tourne ton écu vers moi, car il me fait mal de te voir ainsi détruire mes gens ; alors ils s'éloignèrent l'un de l'autre et se donnèrent de si terribles coups que c'était merveille. Huon avait une grande et grosse lance, dont il frappa l'Empereur si roidement, qu'il tomba par terre, dont il se rompit la cuisse ; alors ses Barons le relevèrent et le mirent sur une litière, et étaient bien fâchés de le voir comme il était ; ses Barons lui conseillèrent de faire la paix avec Huon, ce qu'il fit ; car il envoya deux de ses chevaliers vers Huon et lui manda qu'il se voulait accorder et faire bonnes et loyales trèves, ce que Huon lui accorda volontiers. Ha ! malheureux Huon, pendant que tu as le dessus, que ne mets-tu tout à mort ; car un jour tu t'en repentiras. Les messagers de l'Empereur retournèrent vers lui, et lui dirent comme Huon avait accordé les trèves, et comme il avait défendu à ses gens de ne plus avoir de bruit avec les gens de l'Empereur, ce qu'ayant entendu, l'Empereur fut bien joyeux de ce qu'il était accordé avec Huon, car la trève était faite pour six mois. Alors Huon fit sonner la retraite, aussi firent les Allemands qui en eurent bien de la joie ; l'Empereur se fit porter dans une litière jusqu'à Mayence et il fit penser sa cuisse. Huon et ses gens s'en retournaient à Bordeaux bien joyeux de ce qu'ils avaient la victoire ; ils ne firent pas long chemin, que Gérasme regarda sur la droite et vit les bourgeois de Cologne qui venaient vers eux l'enseigne développée. Quand Huon les eut aperçu, il fut bien étonné et dit à ses gens : Seigneurs, je vois bien que je suis trahi ; car l'Empereur, sous ombre de trève, fait courir après moi. Seigneurs, je vous prie que nous allions dessus et que nous mettions tout à mort. Huon ordonna sa bataille en attendant les autres qui étaient bien vingt mille d'autre part ; le Prévôt admonétait ses gens de bien tenir leur rang ; le Prévôt et ses gens piquèrent des éperons et vinrent bien furieusement donner dans le bataillon ; Huon et ses gens qui n'étaient pas endormis, en ce premier combat il y eut de braves hommes tués. L'Empereur qui était hors du bois, se mit en chemin lui et ses gens ; alors il ouït le bruit de la bataille, de quoi il fut bien étonné, il demanda à ses gens ce que ce pouvait être. Sire, Huon et ses gens sont assaillis. Dieu ! de quels gens peut être haï Huon, sinon que de nous ; je vous prie, dit-il, que je sache ce que c'est. Sire, dit un chevalier de Bavière qui était là, sachez que c'est le bon Prévôt Guire, lequel n'étant pas averti des trèves qui étaient faites, venait pour nous donner secours, alors il s'est jetté dessus Huon et ses gens. Certes, dit l'Empereur, si je savais qu'il eut fait cela sachant que les trèves étaient faites, je le ferais mourir ; alors il dit qu'incontinent on lui allasse dire qu'ils criassent merci à Huon, ou s'il ne le veut faire, mettez-le incontinent à mort comme rompeur de trève. Quand l'Empereur eut fait son commandement,

dement, un de ses chevaliers, à pointes d'éperon, vint vers le Prévôt qui était triste d'avoir perdu quatre mille de ses bourgeois, alors le chevalier de l'Empereur dit au Prévôt: Sire, que faisiez-vous quand vous avez attaqué Huon qui a fait sa paix avec l'Empereur, allez vîtement lui crier merci, car par moi l'Empereur vous le mande. Alors le Prévôt, sans plus attendre prit son épée, s'en alla se jetter aux pieds de Huon en le priant d'avoir pitié de lui, disant qu'il ne savait pas les trèves qui étaient faites entre lui et l'Empereur. Huon ayant entendu le Prévôt, lui pardonna, sachant que c'était pour secourir son Seigneur et que c'était pour un bon sujet qu'il en avait fait. Alors le Prévôt prit congé de Huon, et s'en retourna vers l'Empereur et Huon tira devers Bordeaux.

Comme Huon arriva à Bordeaux, et des conseils que lui donna Esclarmonde, lequel il ne voulut croire, et de la joie que Huon eut de la naissance de Clairette sa fille.

Quand Huon eut quitté le Prévôt, lui et ses gens vinrent droit à Bordeaux où ils furent reçus des bourgeois en grande solennité; Huon fut reçu d'Esclarmonde sa femme en grande joie, elle lui demanda s'il était sain et sauf et comment il avait fait ses affaires. Dame, dit Huon, sachez que je suis allé à Mayence, où j'ai trouvé Raoul, lequel j'ai tué; quand je l'eus tué, je partis de Mayence; mais je n'étais pas loin de la ville que l'Empereur courut après moi pour se venger de la mort de son neveu, alors nous baissâmes nos lances et nous frappant si roidement que d'un coup que je lui donnai, je le fis tomber de son cheval, et lui pris; alors je m'en revins à Cologne où j'avais laissé mes gens; mais je n'y fus pas longtems que l'Empereur et ses gens allèrent se mettre en embuscade dans un petit bois, et quand nous passâmes par le bois, ils me livrèrent bataille; mais par la grace de Dieu et de mes bons vassaux, nous les mîmes à destruction, et l'Empereur eut la cuisse cassée. Huon, dit Esclarmonde, vous devez remercier Notre-Seigneur de ce qu'il vous a gardé de vos ennemis. Il y a trève pour six mois entre lui et moi, et les six mois passés, il doit relever la guerre. Alors Esclarmonde dit à Huon: Si vous voulez me croire, vous ferez bien, j'ai un frère qui se nomme le Roi Salabrau, il est puissant Seigneur, il y a long-tems qu'il désire d'être Chrétien; il vous faut donc l'aller trouver, lui conter vos affaires, il s'en viendra avec vous, vous accompagner de trente mille hommes, et vous l'emmenerez avec vous dans cette cité, pour vous défendre contre l'Empereur. Sire, écoutez mes conseils pour cette fois, si vous n'y allez vous pourrez vous en repentir. Quand Huon eut bien entendu parler sa femme, il lui dit: Ma chère et loyale compagne, ce que vous me dites est le témoignage de l'amitié que vous me portez, dont j'en suis bien joyeux; mais par Dieu qui me forma, je ne chercherai aucun secours que je n'aie vu Allemands et Bavarois, et que je ne leur fasse sentir la force de mon bras. A tant nous laisserons ce discours, et parlerons d'autres choses. Très-grande joie et grande fête firent nos Barons un grand espace de tems, tant que la belle Esclarmonde sentit le mal d'enfantement; elle se retira dans sa chambre en réclamant Dieu et la Vierge; elle accoucha d'une belle fille: Huon fut incontinent averti, dont il en fut bien joyeux; il remercia humblement Notre-Seigneur; la chambre fut incontinent pleine de fées, lesquelles donnèrent de la vertu à l'enfant; on le porta baptiser à l'église, puis les fées lui firent chacune une croix et elles s'en retournèrent, dont Huon fut bien étonné. Ha! Sire Oberon, vous ne m'avez pas oublié, ne doutez l'Empereur ni sa puissance. Alors Huon entra en la salle où il lui fut présenté sa fille; quand il la vit, il la prit entre ses bras et la montra à ses Barons; chacun était bien aise de voir une si belle fille. A tant je le laisserai à parler de la naissance de Clairette, et nous reviendrons à l'Empereur.

Comme l'Empereur assembla grand ost et s'en vint en Bordelois; comme il assiégea la Cité de Bordeaux, et comme Huon s'apprêta pour sortir sur ses ennemis, et de la prise de Gérasme.

Vous savez comme la Duchesse Esclarmonde avait donné avis à Huon son mari, qu'il allât devers son frère; mais il ne voulut rien faire. Sachant donc que l'Empereur venait assiéger la cité, il manda par tous ses pays, que ceux qui voulaient porter les armes, le vinssent trouver à Bordeaux; tellement qu'en peu de tems il eut beaucoup de gens, il fit accommoder ses tours et murailles; en ce tems Bordeaux n'était pas si fort qu'il est maintenant. Après que Huon vit que la cité était bien fournie de bons garçons, il dit au vieux Gérasme: Mon bon ami, celui que j'aime le plus, vous voyez comme l'Empereur désire nous faire la guerre, vous voyez les soldats que nous avons en cette cité, c'est pourquoi, mon cher ami, je désire qu'avec moi vous gouverniez la ville et les soldats qui sont dedans. Gérasme lui dit: Sire, je vous remercie de l'honneur que vous me faites, je vous assure que je ferai ce qui me sera possible. L'Empereur étant sorti de sa terre entra dans le Bordelois, où il mit tout à feu et à sang; il fit tant de chemin qu'il arriva devant Bordeaux où il planta le siège: l'Empereur fit entourer toute la ville de soldats, et Huon regarda leurs gestes. Quand il eut vu leur contenance, il s'arma et fit armer ses gens. Huon et Gérasme mirent ordre dans la cité et prirent dix mille hommes, puis sortirent hors de la ville. L'Empereur était pour lors au dîner, qui était bien joyeux: Huon et ses gens se jettèrent dans l'ost de l'Empereur, où ils firent grande exécution. Huon rencontra un des familiers de l'Empereur qui sortait de son ost; il lui donna un si merveilleux coup d'épée qu'il le tua roide; il mettait à mort tout ce qu'il rencontrait, tant que le bruit de ses gens alla jusqu'à l'ost de l'Empereur, et l'Empereur demanda ce que c'était.

Sire, dit l'un de ses gens, c'est Huon votre ennemi, lequel est sorti et a mis beaucoup de vos gens à mort. Quand l'Empereur entendit son homme, il monta sur son cheval et trouva ses gens qui étaient prêts; alors il choisit Huon entre les autres, et puis il le montra à ses gens, et leur dit: Seigneurs, que l'on m'attrape ce galand qui est notre ennemi. Alors l'Empereur et ses gens se mirent à batailler. Huon était si désireux de vaincre ses ennemis, qu'il les repoussa jusques dans leurs tentes. Savari qui était là, vint secourir l'Empereur et ses gens; le vieux Gérasme se mit en bataille si avant, que son cheval fut tué sous lui, tellement qu'il tomba par terre; alors il fut pris et emmené en l'ost de l'Empereur. Huon était parmi la bataille dont il faisait merveilles; mais il ne savait pas que son ami Gérasme était pris. Huon et ses gens s'en retournèrent à Bordeaux, et quand il fut dans le palais il regarda à l'entour de lui, et ne vit point Gérasme, dont il fut bien étonné, il demanda à ses gens ce qu'était devenu Gérasme. Sire, dit un chevalier, sachez qu'il est prisonnier en la main de vos ennemis. Quand Huon entendit que le vieux Gérasme était pris, il le réclama bien et loua ses forces; mais les autres Barons le réconfortèrent. Alors il monta au Palais où il trouva la belle Esclarmonde et l'embrassa. Sire, dit la Dame, comment allez-vous? Belle, dit Huon, je suis bien triste d'avoir perdu de mes gens et principalement Gérasme, lequel est demeuré prisonnier entre les mains des ennemis. Ha! Sire, dit Esclarmonde, si vous eussiez été vers mon frère comme je vous avais dit, vous n'auriez pas perdu vos gens. Dame, dit Huon, n'en parlez plus. Votre plaisir soit le mien, dit Esclarmonde; mais je suis fâchée du vieux Gérasme qui est prisonnier. Dame, dit Huon, Gérasme n'est pas encore mort, nous l'aurons moyennant la grace de Dieu.

Comme l'Empereur Thiery fit lever une fourche pour pendre le vieux Gérasme, et comment Huon sortit de Bordeaux et secourut le vieux Gérasme.

L'Empereur étant retiré dans son hôtel, commanda qu'on lui amena les prisonniers qui avaient été pris dans la bataille ; alors on les alla quérir, on amena le vieux Gérasme, homme puissant et fort, il avait une grande barbe qui était toute blanche, il était beau vieillard. Quand l'Empereur le vit, il lui demanda d'où il était et comment il avait nom. Sire, dit-il, j'ai nom Gérasme, sachez que je suis parent à Huon, et c'est lui que j'aime. Vassal, dit l'Empereur, demain au matin, devant que je mange, vous et vos compagnons serez pendus. Sire, dit Gérasme, auparavant que cela soit, je ferai encore bien mourir de vos gens. Vieillard, dit l'Empereur, vous avez grand tort de parler ainsi. Alors il fit dresser des fourches sur un petit rocher qui était proche de Bordeaux, tellement que du château on pouvait voir les fourches ; quand les fourches furent faites, l'Empereur dit à Gérasme : Je verrai tantôt si Huon que vous aimez tant vous viendra secourir.

Dès que Huon fut levé, il vint à une fenêtre, regarda vers l'armée où il aperçut les fourches qui étaient apprêtées pour faire mourir ses gens ; alors il dit à ses Barons : Seigneurs, que chacun de vous s'arme, je vois des fourches dans l'armée de l'Empereur, et je crois que c'est pour pendre Gérasme et ceux qui ont été pris avec lui, c'est pourquoi, si nous voulons sauver nos amis, il faut s'armer et les aller secourir. L'Empereur appela un chevalier de son armée, auquel il dit : Othon, je veux que vous preniez trois mille hommes et que vous meniez ces prisonniers aux fourches, et faites-les mourir. Quand Othon entendit l'Empereur, il fut bien étonné et était bien dolent d'avoir cette commission ; car en sa jeunesse il avait été nourri dans la maison du Duc Sevin, père de Huon, et était un peu son parent ; mais pour ce tems il s'en était enfui de Bordeaux, et avait été servir l'Empereur ; dès qu'il eut ordre de mener ces prisonniers au supplice, il fut bien triste, et dit à l'Empereur : Sire, vous faites mal de faire mourir ces prisonniers, car si Huon tenait quelqu'un de vos gens il ferait de même. Sire, croyez-moi, ne les faites pas mourir si promptement. Sire, dirent les Barons, le conseil que vous donne Othon est bien profitable. Mais voyez-vous, dit l'Empereur, ce fou qui veut m'empêcher de prendre vengeance de mes ennemis ; par le Dieu qui me créa, le premier qui m'en parlera davantage, je le ferai mourir. Othon, faites ce que je vous commande ; alors Othon partit et emmena Gérasme et ses compagnons aux fourches ; mais aussi-tôt qu'il y fut, le bourreau mit la main sur Gérasme et le fit monter sur l'échelle. A peine avait-il monté trois échelons, que Huon et ses compagnons arrivèrent ; Huon allait le premier : quand il fut aux fourches, il aperçut celui qui voulait pendre Gérasme. Alors Huon lui donna un tel coup d'épieu, qu'il lui perça tout le corps ; alors il dit à Gérasme : Descendez, armez-vous de ces armes ; il descendit bien joyeux de ce qu'il était secouru. Huon se mit donc en la mêlée où il faisait merveille ; il frappait si furieusement qu'ils moururent tous excepté Othon, lequel s'était fort bien défendu ; alors il se rendit à Huon et lui conta comment il avait voulu détourner l'Empereur de mal faire ; mais que sa parole ne lui avait rien servi. Vassal, dit Huon, de mort n'ayez peur, pourvu que vous me vouliez aider à vaincre mes ennemis. Sire, dit Othon, que je sois haï de Dieu si je ne vous sert bravement. A donc il revint devers Gérasme et le délia, puis après ils s'en retournèrent ensemble vers Bordeaux.

Mais ils ne firent pas une demi-lieue qu'ils aperçurent derrière eux les ennemis qui venaient et couraient après eux ; Huon dit à ses gens : Seigneurs, retournons et ne nous montrons point poltrons : alors la lance baissée, ils se mirent dans la presse et se montrèrent gens qui savaient manier les armes. Ils firent une telle charge d'un côté et d'autre, que c'était pitié de les voir ; alors nos gens ayant repoussé plusieurs Allemands, ceux qui étaient dans les tentes et pavillons commencèrent à sortir; ce que voyant Huon, il dit à ses gens : Seigneurs, retirons-nous vers la cité de Bordeaux; car nous sommes las et oppressés ; alors ses gens le crurent et s'en retournèrent au petit galop vers Bordeaux.

Comme l'Empereur fit assaillir Bordeaux par deux fois, où il fit grande perte de gens, et comment Huon envoya son messager Habourie vers l'Empereur, pour acquérir la paix, et de la réponse de l'Empereur.

Après que Huon se fut retiré à Bordeaux, les Barons et soldats de l'Empereur lui dirent: Sire, nous ne savons ce qu'il vous plaît de faire; car voilà un grand nombre de vos gens qui ont été tué par Huon; Sire, il faut regarder à faire la paix avec lui. Quand l'Empereur entendit ses gens, il devint tout rouge; alors il leur dit qu'il n'en ferait rien, et qu'au contraire il voulait aller donner un assaut à la ville. Ses Barons lui dirent: Vous ferez ce qu'il vous plaira; mais vous n'y gagnerez pas. Il leur dit: Seigneurs, que l'on assemble mon armée, je manderai à mon frère qu'il amène ses gens, et il conduira mon armée, ce qui fut fait; car ses gens furent prêts et son frère venu; enfin son armée fut faite et vinrent devant Bordeaux. Huon s'était désarmé lui et ses gens, dès qu'il entendit le bruit de ceux qui voulaient donner l'assaut, ils prirent promptement chacun une soupe de vin, s'armèrent et vinrent sur les murailles, là où Dieu sait qu'ils ont fait des merveilles: Huon et Gérasme tiraient arbalêtres et ne manquaient de tuer leurs ennemis. L'assaut dura très long-tems, tellement que les Allemands furent contraints de se retirer. L'Empereur dolent et couroucé, déconforté et et plein de colère, vint vers ses gens, leur dit mille injures et voulut qu'ils retournassent, et leur dit qu'ils s'arment promptement et qu'ils retournassent donner un assaut général à Bordeaux, ce qu'ils firent incontinent; ils vinrent avec des échelles, épieux et autres armes; mais nos gens leur montroient qu'ils étaient gens de défense; ils se défendirent si bien qu'il y eut beaucoup d'Allemands jettés par terre; l'Empereur et son frère ne savaient que penser, voyant le carnage que faisaient nos gens. Ils firent retourner leurs gens, et firent sonner la retraite et s'en retournèrent en leurs tentes. Quand Savari fut désarmé, il vint vers l'Empereur et lui dit: Sire, que pensez-vous faire? il vous est impossible de prendre cette cité, car elle est trop forte. Quand l'Empereur entendit Savari, il fut bien triste, fit serment qu'il ne quitterait qu'il n'eut Huon pour faire son plaisir. Huon et ses gens s'en retournèrent au palais, remerciant Dieu de ce qu'il l'avait aidé; mais les pauvres gens étaient bien tristes; car de vingt mille hommes qu'ils étaient, ils ne restèrent plus que six mille, tellement que Huon dit à ses gens, voyant l'Empereur qui avait encore tant de soldats et que lui n'en avait guères, que tous les jours il lui venait du secours, et qu'à lui ses gens diminuaient, qu'il était d'avis d'envoyer son messager à l'Empereur, pour lui parler de paix. Alors ses Barons lui dirent qu'il parlait bien. Huon appela Habourie son messager, et lui dit qu'il fallait qu'il allât vers l'Empereur, pour lui dire qu'il désirait avoir la paix avec lui, et qu'il voulait être son ami, que sur le Carême, il irait au Saint Sépulcre prier Dieu pour ses neveux qu'il avait tués. Aussitôt partit Habourie qui ne cessa d'aller jusqu'à tant qu'il vint au lieu où était l'Empereur. Quand il fut devant lui, il le salua et lui dit mot à mot tout ce que Huon lui avait dit. Et après que l'Empereur eut entendu le messager, il devint rouge comme un charbon embrasé, il regarda fièrement Habourie, et lui dit: Va, glouton, si ce n'était que tu ès messager, je te ferais mourir d'une mauvaise mort; va dire à ton Seigneur que par sa faute j'ai perdu plus de vingt mille hommes sans mes trois neveux, mais par Dieu qui me forma, je n'aurai paix ni accord avec lui, que je n'aye fait ma volonté de son corps. Quand Habourie eut entendu l'Empereur, il eut grande peur, et eut voulu être à Bordeaux; il sortit de la tente sans dire mot, et ne cessa de marcher qu'il ne fut à Bordeaux, où étant il alla au Palais où il trouva Huon et lui conta comment l'Empereur avait reçu son message, comme il ne voulait point faire d'accord, et voulait me faire mourir, ainsi je me suis sauvé et l'ai laissé à table. Huon ayant entendu son messager, il ne savait ce qu'il devait faire; il appela ses gens et leur dit: Seigneurs, je vous prie que tout fraîchement nous allions donner le dernier mets à l'Empereur; alors ils allèrent s'armer. Huon monta dessus Amphage et prit congé de la belle Esclarmonde, et partit de Bordeaux. Alors il se mit dans la mêlée et ses gens après lui. Huon cria tout haut Bordeaux, baissa sa lance de laquelle il atteignit un chevalier si roidement qu'il tomba mort à terre; ses gens étaient derrière lui qui faisaient merveilles; enfin en peu d'heures trois cents hommes de l'Empereur furent massacrés. Huon et ses gens rompaient tentes et pavillons, tellement que les Allemands se mirent à crier de telle façon que l'Empereur les entendit et monta son cheval, vingt mille Allemands avec lui qui jurèrent la mort de Huon; que Dieu veuille le préserver; car s'il demeure long-tems, il sera en danger de sa vie; mais Huon qui était bien subtil et appris en l'art de la guerre, aperçut bien vingt mille hommes qui venaient sur eux; alors il dit à ses gens: Seigneurs, pour bien faire retirons-nous à Bordeaux. Sire, dit Gérasme, nous sommes prêts à faire votre volonté; ils s'en retournèrent au petit trot à Bordeaux; mais l'Empereur qui désirait la mort de Huon, se hâta lui et ses gens, tellement qu'étant proche, il commença à crier à Huon: Traître, qui ne cesse de troubler mon esprit, tourne-toi vers moi ou je te tuerai en fuyant. Alors Huon se retourna bien fièrement, ils baissèrent leurs lances et s'entrechoquèrent de telle façon qu'on les admirait; Huon avait une lance de laquelle il atteignit l'Empereur si fort, qu'il tomba de son cheval. Alors Huon tira l'épée de quoi il pensait achever l'Empereur; mais les Allemands y arrivèrent, lesquels le mirent le mieux qu'ils purent sur un cheval. Quand il fut dessus il fut bien aise; alors il dit que jamais il ne se battrait contre Huon, mais qu'il le poursuivrait de si près, qu'il lui serait impossible de savoir où se mettre.

Comme Huon sortit de Bordeaux, et enleva tout le bétail qui était aux pâtures, et comment Huon se mit en chemin pour aller quérir du secours, et du deuil qu'en mena Esclarmonde.

Vous avez ouï comment Huon s'était battu avec l'Empereur, et comment il avait instruit ses gens; alors il leur dit: Seigneurs, retournons à Bordeaux, et s'en allèrent tous ensemble. Huon s'en alla droit au palais où il trouva Esclarmonde qui vint au-devant de lui et lui demanda s'il se portait bien. Oui, Dieu merci, dit Huon; mais je suis bien fâché d'avoir perdu tant de mes gens; alors Esclarmonde et ses gens le réconfortèrent. L'Empereur qui, sachant que Huon n'avait plus guères de soldats, approcha son armée le plus près qu'il pût; alors, quand il fut près de la ville, on lui tirait arbalêtres et javelots, tellement que plusieurs hommes firent là leur cimetière; Huon fut bien dolent de voir sa cité assiégée, ses tours rompues et la ville dégarnie de soldats; celà fut cause qu'il alla vers Esclarmonde, et lui dit: Dame, vous plaise me donner conseil pour ce que je ferai. Sire, dit Esclarmonde, vous avez tort de vous plaindre devant moi; car si vous eussiez été quérir mon frère, comme je vous avait dit, vous ne seriez pas en la peine où vous êtes. Dame, dit Huon, tout ce que vous dites peut bien être; je ne voudrais pas pour trois cités que j'y fusse été et je vous eusse laissé seule. Je sais bien que si je va quérir du secours, que j'aurai bien du mal et vous aussi; si je demeure ici sans aller quérir du secours, la ville sera prise, et si le Roi nous peut tenir en ses mains il nous fera mourir; si vous voulez que je m'en aille vers votre frère pour avoir du secours, j'irai.

Sire, dit Esclarmonde, il est bien tard pour y aller, car nous n'avons point de vivres. Vous y pouvez aller; mais il ne faut pas beaucoup tarder. Dame, dit Huon, je vous dirai comment cette cité sera nourrie; devant la ville, dans ces prairies, sont deux cents hommes qui gardent des bœufs, vaches, porcs et quantité de moutons, au plaisir de Dieu, je les amenerai dans la ville, puis nous les ferons tuer et saler. Ce sera pour vous pendant que j'irai querir du secours. Sire, dit Esclarmonde, Dieu vous veuille aider. A tant laisserai-je à parler jusqu'au souper, et quand il fut nuit, Huon pensa que ces bergers étaient endormis; il vit que le tems était trouble comme il le désirait, il fit armer ses gens, et s'arma lui-même, puis ordonna des gens pour garder la porte, il fit amener son cheval sur lequel il monta, et ceux qui devaient aller avec lui, en firent de même. Alors il fit ouvrir la porte le plus doucement qu'il put, ils prirent le chemin vers la prairie et cheminèrent tant qu'ils vinrent où était le bétail. Huon, qui était sur un bon cheval, commença à crier: Fils de vauriens, le pâturage où vous êtes est le mien, au malheur vous amenez ici vos bêtes. Dès qu'ils entendirent Huon, ils eurent grande peur, ils voulaient monter sur leurs chevaux; mais Huon venait à l'encontre d'eux, il baissa son épieu dont il en frappa un qui venait devant lui à cheval, il lui donna un tel coup, qu'il tomba mort à terre, après il alla au second, puis au troisième; il ne s'arrêta tant que son épieu dura; après il prit son épée et mettait tout en pièces, d'autre part le vieux Gérasme, Othon et Richier s'éprouvèrent bien bravement, tellement qu'en peu de tems les deux cents hommes qui gardaient le bétail furent tués, excepté un qui s'en fut dire à l'Empereur que Huon était sorti avec ses gens et qu'il avait emmené tout son bétail.

Quand l'Empereur eut ouï les nouvelles, il fut bien troublé dans son entendement, fit monter ses gens à cheval pour aller vîte boucher le passage: Huon qui les vit venir, dit à ses gens: Seigneurs, tournons à l'encontre de ces drôles qui voudraient ravoir leurs bêtes; alors tous d'un accord poussèrent chacun le sien à terre, puis mirent la main aux épées, de quoi ils firent merveilles; Huon les accablaient tellement que c'était pitié de voir ces pauvres Allemands, et quatre mille hommes furent tués de ce coup-là; Huon et ses gens s'en retournèrent avec leur proie dans la cité de Bordeaux, où étant Huon s'en alla dans le Palais où il trouva Esclarmonde, il ôta son héaume, l'embrassa; alors elle lui demanda comment il avait fait. Belle, dit Huon, sachez que nous avons tué plusieurs Allemands pour avoir la proie; car toute l'armée de l'Empereur est demeurée sans porcs, vaches ni moutons, parce que nous avons tout emmené dont j'en remercie Notre-Seigneur; il nous faut faire saler et accommoder le bétail, et vous aurez assez de vivres pour un an; je peux aller quérir du secours à votre frère. Sire, dit Esclarmonde, je vous prie bien chèrement que vous teniez compte de mon frère. Dame, dit Huon, n'en doutez pas, je ferai comme à mon frère. Alors il appela ses Barons les plus privés, et leur dit: Seigneurs, vous savez le péril où nous sommes, et pour ce qu'à toutes choses nécessaires on doit mettre provision en cette cité, il y a assez de vivres, il ne nous est besoin de faire quelque sorte; si l'Empereur voulait parler de paix, regardez bien ce que vous ferez; car s'il vous pouvait tenir entre ses mains, ce serait pitié; pour moi, au voyage que je désire faire, je reviendrai le plutôt qu'il me sera possible. Sire, dit Gérasme, Dieu vous en fasse la grâce. Alors ils commencèrent à pleurer. Seigneurs, dit Huon, je vous prie de ne vous point tourmenter; car vous savez ce qui cause mon départ; si je me tiens ici, il nous en arrivera mal. Gérasme, dit Huon, vous êtes mon bien-aimé, c'est pourquoi je vous recommande ma femme et ma fille. Sire, dit Gérasme, tant qu'il plaira à Dieu de me conserver la vie, je les garderai et conserverai. Esclarmonde ayant ouï Huon, elle commença une vie pitoyable. Ah! pauvre Esclarmonde, vous avez sujet de pleurer: car auparavant que vous puissiez revoir Huon votre mari, vous endurerez bien des travaux. Après que Huon eut parlé à tous ses Barons et qu'il eut fait tout ce qu'il voulait faire, il se retira dans sa chapelle où il se confessa à l'Evêque de Bordeaux.

Comme Huon sortit de Bordeaux et navigua tant qu'il vint en haute mer, et comme il arriva au port de l'Aymant.

HUON après avoir reçu la bénédiction de l'Evêque, auquel il avait confessé ses péchés, sortit hors de la chapelle et vint dans la salle où était Esclarmonde et l'embrassa; mais cette pauvre désolée se laissa tomber entre ses Barons; Huon la releva et lui dit: Comment, ma chère amie, voulez-vous vous tourmenter de cette façon? Ha! Sire, j'ai bien sujet de me plaindre, car vous me laissez seule dans cette cité, qui est assiégée de tous côtés. Dame, dit Huon, ne vous tourmentez pas, car je ferai bref retour, alors ils s'embrassèrent l'un l'autre; il prit congé d'elle et la recommanda à Notre-Seigneur; alors Huon et ceux qui devaient aller avec lui sortirent du Palais, et se mirent sur la Gironde, où était une nef apprêtée et garnie de tout ce qu'il fallait; Huon et ses gens entrèrent dedans tous armés, et à son départ il donna son bon destrier en garde à Bernard son cousin; ils firent lever les voiles et firent tant de chemin que c'était merveille, il regrettait souvent sa femme, sa fille et ses Barons, alors ils naviguèrent d'une telle roideur, qu'ils se détournèrent du chemin qu'ils devaient tenir; ils allaient tellement qu'ils arrivèrent à un port, et quand ils y furent ils jettèrent leur ancre. Alors Huon appela le maître de la nef et lui dit s'il ne savait pas le chemin du royaume d'Anfamie. Sire, dit le marinier, jamais je n'y fus; mais dans ce port il a bien quelques bons patrons qui d'ordinaire vont en ce pays-là, il nous en faut chercher un. Ami, dit Huon, je vous prie d'en trouver un qui nous mène jusques-là; le marinier et Huon cherchèrent dans le port, tellement qu'ils trouvèrent un vieil homme qui autrefois y avait été, il leur dit qu'il les menerait bien; Huon lui dit: Si vous pouvez nous mener au royaume d'Anfamie, je vous donnerai or et argent à foison tant que vous serez riche. Sire, dit le vieux patron, je ferai votre plaisir; mais une chose que je vous dirai, c'est que le voyage est fort périlleux. Quand Huon entendit le patron, il commença à pleurer et à regretter sa femme, sa fille et ses Barons; car il vit bien que d'un an il ne pouvait retourner; néanmoins il ne laissa pas de faire son voyage. Il commanda à ses gens de prendre tout ce qui était dans leur nef, et de mettre tout dans celle où ils devaient entrer et prirent congé de leur premier patron, puis firent lever leurs voiles. Le vent leur fut bien favorable six semaines, et s'il eut été tel encore un mois, ils seraient arrivés où il voulaient aller; mais ils ne furent pas long-tems qu'un vent s'éleva, leur fit mille peines; un orage vint après, lequel élevait la nef, puis l'engloutissait tellement qu'Huon et le marinier ne savaient que dire; Huon commença à réclamer Notre-Seigneur, car ils étaient en pleine mer, et il y avait huit jours entiers qu'ils n'avaient point vu de terre, ils ne voyaient seulement que le ciel et la mer. Huon était assis en la pouppe de la nef, lequel dit au marinier: Je vous prie de regarder si vous ne verriez point quelque château ou quelque maison. Le marinier qui était curieux d'obéir à Huon monta dessus la galerie et regarda tout autour de lui.

Il aperçut devers le midi un rocher bien haut, et auprès du rocher un château lequel était bien beau, alors il fut bien aise. Il descendit et vint raconter ce qu'il avait vu; quand Huon eut entendu son marinier, il remercia humblement Notre-Seigneur. Après ils eurent assez bon vent; mais néanmoins ils ne savent où ils vont, car ils vont dans un lieu, que si Dieu ne les aide, ils mourront misérablement; car vous pouvez croire que ce château qu'avait vu le marinier, est le château de l'Aymant, lequel château attire le fer, et là est un abime bien grand.

Comme Huon devisait avec son patron en regardant le château de l'Aymant, et comme une galiotte de Sarrasins vint assaillir Huon, lesquels furent tous tués, et aussi furent tous tués les gens de Huon, et comment Huon vint au château de l'Aymant, où ils ont tué le grand Serpent.

Le château de qui je vous ai parlé était beau et bien fort; car s'il y eut eu des soldats pour le garder, il eut été imprenable. Ce château de l'Aymant avait telle vertu, qu'une chose où il y avait du fer, et qu'elle approcha de ce château, il fallait qu'incessamment il la tirât proche de ce lieu. Or la nef de ces gens qui était toute chevillée de chevilles de fer, ce qui fut la cause qu'ils allèrent au port qui était devant ce château. Le marinier, qui était bien sage, commença à dire à Huon qu'ils étaient tous perdus d'être arrivés à ce port d'Aymant. Quand Huon entendit son patron, il se donna grande merveille et lui demanda comme il disait cela; car, dit-il, il faut voir si dans ce château il y a des Sarrasins, Géans ou Diables d'enfer. Certes, dit Huon, il faut que j'y entre, et tant que mon épée durera, je verrai ce qu'il en sera. Alors il appela un de ses chevaliers qui avait nom Arnoul, et il lui dit: Allez à ce château, et me sachez à dire qui en est le Seigneur. Sire, dit Arnoul, je ferai votre plaisir; il partit et s'en alla de nef en nef, de sorte qu'il vint à se trouver à terre; il vit les degrés par où l'on entrait au château, il monta en haut; mais quand il fut à la porte, il commença à appeler ceux qui étaient céans; mais personne ne lui répondait; il commença à crier: mais on n'avait garde de lui répondre, car il n'y avait personne dedans. Quand il vit que personne ne lui répondait, il se baissa regardant vers la salle, où il aperçut un horrible serpent lequel était d'une extrême grosseur, lequel ayant entendu tout le bruit que faisait Arnoul à la porte, commença à venir à lui; mais Arnoul s'enfuit d'une telle sorte qu'il ne pensa faire qu'une marche de tous les degrés qu'il avait monté, il ne cessa d'aller tant qu'il fut devant Huon, auquel il dit qu'il n'y avait personne dans le château qui lui avait répondu, et que voyant cela, il avait regardé par-dessous la porte, et avait vu dans la cour un horrible serpent. Hélas! dit Huon, je vois bien que maintenant nous sommes tous perdus, car je vois bien qu'il nous est impossible de nous retirer de ce rocher de l'Aymant. Le maître marinier appela Huon et lui dit: Sire, il nous convient que nous partagions nos viandes, car nous en avons bien peu; alors Huon dit: Ami, faites comme bon vous semblera; alors le patron fit apporter tout ce qu'ils avaient de vivres furent partagés; Huon en eut la moitié, et l'autre fut pour ses gens. Et ainsi comme ils étaient en ce danger, voici une galiotte où il y avait trente payens, il était nuit; bien se donnèrent merveilles de voir la nef de Huon, et disaient que bien leur venait cette nef, car ils croyaient avoir d'abord la nef de Huon. Quand Huon vit la galiotte, il ne savait quelles gens c'étaient, il fit allumer une torche et s'en alla au bout de la nef et leur cria: Seigneurs, qui venez sur cette galiotte, soyez les bien-venus. Quand les Sarrasins entendirent Huon, ils s'apperçurent bien qu'il était Chrétien, et commencèrent à se regarder l'un et l'autre en riant tous; il y en eut un qui lui dit: Vassal, il vous faut dire qui nous sommes; nous sommes Sarrasins et vous Chrétiens, par quoi il faut que vous mettiez tous bas. Payens, dit Huon, si vous avez la nef, vous la payerez bien cher; alors Huon cria à ses gens: Armez-vous promptement pour défendre vos corps; ils furent incontinent armés et Huon aussi; mais ils ne furent pas sitôt prêts que les Sarrasins étaient déja entrés dans leur nef: Huon fut au-devant d'eux l'épée à la main; le premier qu'il rencontra il lui donna un tel coup, qu'il lui abattit la tête jusqu'aux épaules, au second il en fit de même ainsi qu'au troisième, tellement qu'il coupait et tranchait ce qui se présentait devant lui, tant vint le maître des Sarrasins, lequel voyant la perte qu'Huon faisait de ses gens, il s'approcha de lui pour le frapper; Huon qui était bien adroit,

adroit, lui donna un tel coup qu'il en mourut: d'autre part était Arnoul qui coupait et tranchait. Il y eut un Sarrasin qui, voyant Arnoul qui se battait avec un autre Sarrasin, vint derrière Arnoul et lui donna un tel coup de hache, qu'il le fendit jusqu'à la ceinture.

Huon voyant son ami Arnoul tué, fut bien courroucé; mais il ne mit guère à se venger de sa mort. Le patron de la nef prit un gros bâton de quoi il frappait les Sarrasins; mais il fut aussi tué. Huon voyant son bon patron tué, prit son épée d'une telle roideur, qu'il frappa un Sarrasin à mort. Des trente Sarrasins qui avaient assailli Huon, ils ne sont plus que sept, ils craignent tant Huon qu'ils n'osent se montrer, ils pensaient s'enfuir dans leur galiotte; mais Huon et ses gens les tinrent de si près, que dans ce lieu ils furent tous tué. Huon les fit jetter dans la mer, puis prirent leur vivres et les apportèrent dans leur nef: ils eurent des vivres pour long-tems; mais après qu'ils furent mangés ce fut la pitié. Huon voyant qu'ils n'avaient plus de vivres fut bien triste, il se mit à pleurer et disait en soupirant: Ha! Dame Esclarmonde, Dieu vous veuille aider, car je ne vous verrai plus de mes jours.

Après ces regrets, Huon se retourna vers ses trois derniers chevaliers qui rendirent leur ame à Dieu et moururent de faim. Quand il eut vu cela, ses douleurs se renouvellèrent, il commença à pleurer et à soupirer tristement. Quand il eut été là long-tems, il ne savait que dire; il se tourna vers le château, et dit en le regardant: Vrai Dieu! est-il possible que dans ce château il n'y ait personne qu'un horrible serpent? certes, dit-il, j'irai dans ce chateau quoiqu'il puisse m'arriver, je verrai la force de ce serpent; alors il mit son héaume et prit son épée, puis quitta les morts en pleurant amérément. Alors de nef en nef il vint jusqu'au château, et monta les degrés; quand il fut en haut, il regarda un écrit qui disait qu'un homme se gardât bien d'entrer là-dedans, s'il n'est assez hardi pour combattre le serpent, et que s'il était tel, qu'il prît la clef qui était dans un armoire près de-là. Alors Huon commença à se réclamer à Notre-Seigneur, et dit: J'aimerais mieux mourir comme vaillant, que de mourir de faim; alors il ouvrit l'armoire et prit la clef de la porte; il ouvrit, entra dedans, et referma la porte après lui.

Comme Huon combattit, tua le grand et horrible Serpent dans le château de l'Aymant.

Huon étant entré, regarda devant lui et vit le serpent. Quand il vit cette bête si horrible, il pria Notre-Seigneur qu'il lui plût aider à tuer cette si cruelle bête. Quand la bête eut aperçu Huon, elle s'en donna grande merveille, elle commença à étendre ses ongles et virolait sa queue, elle vint bientôt devers Huon, lequel quand il la vit approcher, fit le signe de la croix et se recommanda à Dieu; il prit sa bonne épée et vint bien hardiment à l'encontre du serpent. Le serpent se voyant proche de Huon, commença, d'une de ses pattes, à saisir son écu, et l'arracha d'une telle façon que les boucles et annelets n'y purent rien faire, Huon qui était alerte, se retira de côté et lui donna un revers de son épée qu'il croyait lui avoir abattu la tête; mais il n'avait fait qu'entamer la peau; il fut bien fâché de voir ce coup donné si mal-à-propos. Ha! dit Huon, je suis perdu; néanmoins il retourna vers le serpent, et lui donna un tel coup, qu'il entama un peu la chair. Le serpent se sentant offensé, donna un tel coup de sa queue au travers du corps de Huon, qu'il le jetta par terre. Huon qui était léger se releva promptement et alla vers la porte où il trouva un épieu, lequel était bien tranchant, il rengaîna sa bonne épée et vint droit au serpent qui avait la gueule ouverte pour l'engloutir; mais il lui fourra son épieu dans la gueule, et lui mit si avant qu'il lui perça le cœur de part en part. Quand le serpent se sentit blessé, il jetta un cri si horrible, qu'on l'entendit une heure à la ronde. Ainsi fut tue cette effroyable bête. Huon voyant cette misérable bête morte, se mit à genou et remercia Notre-

Seigneur de la force qu'il lui avait donnée ; après avoir considéré le serpent, il entra dans une belle salle où il vit plusieurs merveilles : quand il se fut bien reposé dans la salle, il se leva et aperçut au-dessus de la porte un écriteau qui enseignait l'endroit où étaient toutes les clefs des chambres du château. Quand il eut vu cela, il alla prendre les clefs et parcourut de chambre en chambre, où il vit un raccourcissement des merveilles de ce monde. Vrai Dieu ! dit Huon, je crois qu'au monde on ne peut trouver tel trésor comme il y en a ici. Après avoir admiré ce qui était dans ces chambres, il entra dans une autre qui regardait dans un jardin par excellence. Huon entra dans cette chambre, puis regarda dans ce jardin qui lui plaisait beaucoup ; il en prit la clef qui était dans une armoire, entra dans le jardin, cueilla des fruits et en mangea sa suffisance : les fruits étaient si beaux que c'était merveille de les voir sur les arbres. Il y avait dedans des herbes propres pour la guérison de toutes sortes de maladies. Quand Huon eut été long-tems à manger du fruit, il vint en une chambre où il se dévêtit tout nud et prit des chemises, bas et souliers, et quand il fut bien accommodé, c'était le plus bel homme du monde ; il se promenait de chambre en chambre, écoutant s'il entendrait quelqu'un. Il fut huit jours entiers là-dedans et ne mangeait que des fruits qui étaient dans ce beau jardin dont il en devint si faible, qu'à peine pouvait-il se soutenir. Nous laisserons à parler de Huon, et parlerons d'Esclarmonde.

Comme après que Huon fut parti de Bordeaux l'Empereur fit faire plusieurs assauts à la cité, et ne la put prendre ; du conseil du comte Savary de Vienne, dont la cité fut prise ; la mort du vieux Gérasme ; comme Esclarmonde parla à l'Empereur.

Vous avez ouï parler ci-devant comment Huon sortit de Bordeaux et laissa Esclarmonde en grande tristesse et tous ses Barons. Or il arriva que l'Empereur fut averti que Huon était allé quérir du secours, il dit à ses gens : Seigneur, il nous faut aller donner un assaut général à la ville pendant que Huon n'y est pas. Alors les gens répondirent que c'était bien parlé, il fit sonner cors et buccines, et vinrent l'enseigne déployée devers la cité ; alors avec échelles et épieux assaillirent la ville. Les habitans de la ville se défendirent bien vaillamment, il faisait bien beau voir le vieux Gérasme comme il enseignait ses gens de bien faire ; alors on ouït de toutes parts Barons et bourgeois, lesquels faisaient merveilles : ils firent un tel dégât à l'Empereur, qu'il fut contraint de se retirer avec une grande perte. Quand l'Empereur fut désarmé, il dit à ses Barons : Seigneurs, il y a bien long-tems que nous sommes ici sans avoir rien fait que de perdre des hommes, je vous demande si nous laisserons la cité comme elle est, ou ce que nous devons faire. Alors le Comte de Savary se leva et dit : Sire, il m'est d'avis que ceux de la cité ne sont pas pour tenir encore long-tems, car ils n'ont plus de vivres ; il y a là-dedans un vieillard bien hardi, c'est pourquoi il serait bon de le mettre à mort : je dis qu'il faudrait envoyer une quantité de moutons, bœufs et vaches dans la prairie, et quand le vieillard saura cela, il sortira pour avoir sa proie ; il y aura dix mille hommes caché, lesquels le tueront ainsi que ceux qui viendront avec lui, alors la ville sera bien affaiblie, ce qui fera que vous y entrerez facilement. Alors les Barons dirent que le Comte Savary parlait sagement. L'Empereur fit mener du bétail dans la prairie, comme son frère l'avait conseillé ; il envoya soixante hommes seulement pour garder le bétail ; ensuite il commanda que dix mille hommes fussent armés et se cachassent dans quelque lieu par où nos gens passeraient ; comme ils eurent apprêté leurs embûches, nos gens furent curieux de faire une sortie, tellement que Gérasme, qui était commandant dans la cité, fit armer ses gens comme soldats qui vont en bataille, que chacun fut prêt et que la ville fut ordonnée comme il le fallait ; Gérasme vint prendre congé d'Esclarmonde. Ah ! cher camarade, Huon et gentil chevalier, vous allez quitter la fleur de vos amis; car jamais vous ne retournerez dans Bordeaux; ayant donc pris congé de ses amis, ils sortirent de la ville si secrètement que ceux qui étaient à l'embûche n'entendirent point le bruit; Gérasme et ses gens avancèrent dans les tentes et pavillons, ils coupèrent les cordes qui soutenaient les pavillons et détachèrent Allemands d'une telle façon qu'on eut dit que c'était le diable d'enfer; après qu'ils eurent fait leur charge: Gérasme dit à ses gens: Nous pourrions trop demeurer ici, retirons-nous devers notre cité: alors lui et ses gens pensaient se retirer; mais l'Empereur était déja monté sur son cheval, et il courut après eux avec ses gens: Gérasme les ayant aperçu commença à donner courage aux siens. Ah! que ce fut là qu'il montra un trait de sa gentillesse. Les dix mille hommes qui étaient en embûches entendirent le bruit tellement qu'il vinrent et enfermèrent nos gens, il y en eut dans cette bataille de côté et d'autre. Le vieux Gérasme fut reconnu par l'Empereur à cause de sa barbe qui était tout-à-fait grise: l'Empereur se mit à côté de Gérasme et piqua son cheval d'une telle façon qu'il lui passa sa lance toute au travers du corps, tellement qu'en la retirant, notre gentil Chevalier tomba mort par terre. Adieu la fleur de la noblesse, adieu donc cher ami de Huon, adieu donc cher Commandant de la cité de Bordeaux, et vous, Dame Esclarmonde, que direz-vous quand on vous apportera la nouvelle de la mort de ce gentil chevalier? que direz-vous quand on vous dira que votre père gardien a été tué? Or pour revenir à notre propos, notre gentil chevalier fut donc tué, de quoi l'Empereur fut bien joyeux; car lorsque le capitaine est mort, les soldats ne valent plus rien; nos Barons ne laissèrent pas que de se défendre vaillamment; il y avait un tel nombre d'Allemands que nos gens n'y purent résister. Quand Bernard vit qu'il ne pouvait échapper à ce péril, il piqua son cheval devers Bordeaux, puis s'en alla toujours pleurant pour ses compagnons qui étaient tous occis, alors il entra dans la ville en cet état. Les bourgeois furent bien étonnés de voir entrer Bernard tout seul, et lui demandèrent où étaient les Barons: alors en pleurant, il leur conta tout. Ensuite il alla au Palais où était Esclarmonde et lui conta comment Gérasme et ses compagnons étaient morts. Quand Esclarmonde l'eut entendu elle tomba pâmée; aussi-tôt Bernard la releva et lui donna du vin; puis quand elle eut repris ses sens, elle commença à se plaindre.

Hélas! mon cher époux, est-ce aujourd'hui le jour que notre séparation doit se faire? où êtes-vous, vie de mon ame! où êtes-vous, dis-je, que ne venez-vous pour secourir une pauvre misérable laquelle va être ravie entre les mains de ses ennemis. Ha! que le ciel est bien courroucé contre moi, de m'avoir aujourd'hui ravi celui que mon bien-aimé m'avait laissé pour ma garde. L'Empereur sachant que le désordre et la douleur régnaient dans la ville, dit à ses gens: Seigneurs, pendant que la ville est en désolation, allons donner un assaut général; il n'eut pas plutôt dit ces propos, que ses gens s'armèrent et vinrent devant la ville, plantèrent leurs échelles et ceux de la ville ne laissèrent pas de monter sur la muraille, où ils se défendirent le mieux qu'ils pûrent; mais l'Empereur qui avait beaucoup de soldats, entra dedans par force. Quand l'Empereur se vit Seigneur de la cité, il fit crier de carrefour en carrefour, qu'aucune personne ne touchât aux femmes ni aux filles, ni que l'on ne touchât point aux Églises. Quand la belle Esclarmonde vit la cité prise, vous pouvez juger comme elle fut désolée, elle était dans son palais avec beaucoup de monde, et ils n'avaient point de vivres. Elle commença à réclamer notre-Seigneur, ensuite elle dit à Bernard: Très-cher ami, vous voyez comme l'Empereur nous tient, il a déja pris la cité; j'ai grande peur qu'il n'entre ici par force. Je vous prie, Bernard mon cher ami, sur l'amitié que vous portez à Huon mon mari, que vous trouviez manière de sortir de cette ville et que vous emportiez ma fille Clairette dans l'Abbaye de Clugny, que vous donnerez à l'Abbé qui est son oncle, et vous lui raconterez la peine où je suis. Dame dit Bernard, je ferai tout ce qu'il vous plaira. Alors l'enfant fut enveloppé et accommodé, puis il fut donné à Bernard, lequel le prit et l'emporta à Clugny, l'Empereur fut devant le château, Esclarmonde vint vers la porte et demanda à parler à l'Empereur. Alors l'Empereur entra dedans et Esclarmonde se jetta à ses pieds et lui dit : Je sais que vous êtes puissant Seigneur ; aussi suis-je né d'un puissant Roi, lequel était Payen ; or j'ai quitté ma loi pour prendre celle de Jésus-Christ, c'est pourquoi je vous supplie d'avoir pitié de moi et de tous ceux qui sont ici dans ce château ; je vous supplie qu'il n'y ait point de sang répandu, et dès maintenant je vous rends la ville et le château, l'Empereur ayant entendu Esclarmonde, en eut pitié et compassion ; alors il fit crier derechef défenses à toutes sortes de personnes de rien dire à ceux de la ville. Ainsi fut donc prise la ville de Bordeaux. Bernard s'en alla à Clugny avec ce petit enfant, étant dans l'Abbaye, il descendit de cheval, ensuite il alla à la salle où il trouva le bon Abbé, il lui présenta Clairette et lui dit : La désolée Esclarmonde vous mande joie et salut, voici sa fille Clairette qu'elle vous envoie, vous prie humblement de la nourrir et d'en tenir compte comme votre propre nièce, elle se recommande très-humblement à vos bonnes prières. La ville de Bordeaux a été prise par l'Empereur ; Huon nous avait laissé à Bordeaux pour aller chercher du secours au royaume d'Aufamie ; le Roi de ce pays est le frère de la femme de Huon ; Gérasme et les Barons firent une sortie où ils furent tués.

Quand l'Abbé eut ouï Bernard, il commença à pleurer, puis il prit l'enfant et envoya quérir une noble Dame pour le nourrir. Quand Bernard fut parti, l'Empereur dit à Esclarmonde : Dame, ne voulez-vous pas tenir votre promesse ? Oui, Sire, dit Esclarmonde, pourvû que l'on ne fasse point de mal à mes Dames et Demoiselles. Alors l'Empereur lui promit que non, et aussi-tôt il fit prendre Esclarmonde et les Dames et Demoiselles et tous ceux qui étaient dans la ville, il les fit mener à Mayence pour être emprisonnés. Esclarmonde fut mise dans une tour en grande pauvreté, et y resta jusqu'à ce que Huon l'en eût retirée. L'Empereur était à Bordeaux, et manda par toutes les villes qui dépendaient du Duché, qu'on lui vint rendre honneur et respect, alors chacun de tous côtés vint à Bordeaux, et puis après l'Empereur s'en fut faire son entrée, puis s'en retourna à Mayence, où il fut reçu en grande joie. Nous laisserons à parler de l'Empereur et parlerons de Huon qui est dans le château de l'Aymant en grande pauvreté et misère.

Comme il arriva un vaisseau au château de l'Aymant, rempli de Sarrasins et monté par l'Evêque de Lisbonne, comme Huon les fit Chrétiens et les mena tous dans le château où ils trouvèrent des vivres à foison.

On a entendu parler ci-devant comme Huon était dans le château de l'Aymant en famine, car il n'y avait plus rien à manger que des pommes, dont il devint si faible qu'à peine pouvait-il se soutenir. Après qu'il eut été huit jours dans le château à regarder les merveilles qu'il renfermait, il entra dans une chambre où il y avait une très-belle chaise, riche à merveille. Huon qui était si foible, s'assit dessus pour se reposer, étant sur cette chaise, son manteau qui était grand, essuya la poussière qui était au pied de la chaise ; il aperçut un écriteau en lettres d'or où il était dit : Ci-dessous est un cellier où il y a pain, vin et viande ; sachez que celui qui entrera ici, s'il a quelque péché mortel, il mourra de mauvaise mort. Quand Huon eut aperçu ces lettres, il eut grande surprise, ensuite il pensa que lorsqu'il sortit de Bordeaux, il se confessa à son Evêque et à son Prélat auparavant qu'il fut mort et ne pensa pas avoir commis de péchés mortels, alors il se mit en prière et en oraison ; ensuite il se recommanda à Dieu, prit la clef et ouvrit le guichet, regarda dedans, et descendit les degrés ; quand il fut dedans

Il regarda à droite et vit un grand four qui était là pour le chauffer, et dans un autre four, il vit des pâtés et des gâteaux qui cuisoient. Huon salua ceux qui étaient là, et s'approchant, il leur dit : Seigneurs, je prie Dieu de garder toute la compagnie. Quand ils entendirent Huon, ils ne répondirent rien et se regardèrent l'un et l'autre. Quand Huon vit qu'ils ne lui répondaient mot, il fut courroucé, et leur dit : Seigneurs, qui êtes ici, je vous conjure par le grand Dieu vivant que vous parliez à moi, alors tous ensemble cessèrent leur ouvrage et regardaient Huon. Le maître de tous commença à parler et dit : Vassal, vous aviez grand tort de nous conjurer, je veux bien que vous sachiez que si vous étiez Payen ou Sarrasin, vous ne sortiriez point d'ici que vous ne soyez détruit ; mais votre prouesse, votre loyauté et prud'hommie vous ont préservé, et je sais que vous êtes bien aimé de Dieu, vous aviez bien eu faim ; car il y a bien six jours que vous ne bûtes et mangâtes que des pommes qui sont en ce jardin, je sais bien aussi que vous avez grande faim, et pour boire et manger vous aurez assez de viandes comme il vous plaira, entrez dans cette chambre où vous trouverez la table mise. Mais, Sire, je vous prie dorénavant d'une chose, c'est que vous vous gardiez bien de ne plus parler à nous, tout ce que vous pourrez souhaiter vous l'aurez. Sire, dit Huon, je ne parlerai plus ; mais je vous prie de me dire quels gens vous êtes dans ce château, et comment il s'appelle. Lors il lui répondit bien fièrement : Huon, traître et déloyal, vous êtes bien méchant de me demander cette chose, je vous le dirai, et après, un seul mot ne vous sera répondu de ceux qui sont céans. Sire, dit Huon, je vous prie, si je vous parle, que vous me répondiez. Non, certes, je ne le ferai, dit le maître. Je vous dirai donc ce que je vous ai promis, puisque vous le voulez savoir. Apprenez que Jules-César, qui fut père du noble Roi Oberon, fit faire et compenser ce château par féerie ; lequel château ne peut être grevé ni pris par force ; il arriva que Julius-César, après qu'il eut déconfit le grand Pompée, vint en Alexandrie vers le Roi Ptolomeus d'Egypte, lequel il déconfit et lui ôta toutes ses terres pour les donner à sa sœur la belle Cléopatrice, qui en fut Dame et Reine, laquelle depuis avait épousé Marcus-Antonius. Après que Julius-César eut fait pour soi rafraichir, il s'en vint avec la Dame de l'île Célée, laquelle en cette nuit emmena César en ce château, jusqu'à ce que par certaine aventure il y eut trois Rois du langage de Ptolomeus, sachant que César était dans ce château, se mirent en armes grande foison de vaisseaux, et vinrent mettre et poser le siège devant cette place, laquelle ils furent un grand espace qu'on ne put profiter d'un denier, et si long-tems y furent qu'il leur en déplût. Ils pensèrent s'en retourner dans leur contrée, ils n'en purent partir pour l'Aymant que le fer attire toujours vers lui, et par ainsi y furent si long-tems que tous moururent de faim et de rage, il n'y en eut aucun qui pût partir, s'il n'était monté sur une nef ou bâteau qui ne soit fait et chevillé de chevilles de bois, parce que vous me demandez d'où vient ce trésor qui est céans, sachez que ce sont les trésors de ces trois Rois qu'ils avaient amenés dans leurs navires, lesquels trésors César fit apporter ici, et avant qu'il mourût, il me donna la garde du château et du trésor qui y est, je suis ici moi quarantième, condamné par féerie à demeurer céans jusqu'à la fin du siècle ; mais jamais dehors nous n'irons, et quand les nouvelles vinrent au Roi Oberon que Julius-César son père avait été tué et meurtri, aussi-tôt il passa dans le Sénat de Rome, car c'étaient ceux à qui il se confiait le plus, il prit de tel déplaisir qu'il fit serment que jamais il n'entrerait dans cette place ; il le fit parce que s'il y venait, alors il était dit qu'il mourrait de deuil pour la grande amitié qu'il portait à son père César, et si tu veux savoir mon nom et qui je suis, je me nomme Gloriadas, et le château s'appelle l'Aymant ; je vous ai dit toute la vérité selon votre demande, ainsi vous ne sortirez point d'ici, si vous ne volez en l'air comme un oiseau.

Quand Huon entendit Gloriadas, il fut

fâché et courroncé; après qu'il eut mangé et bu à son plaisir, il prit congé et s'en alla; il vint vers la porte d'une chambre au-dessus de laquelle était écrit, en lettres d'or, où était la clef de cette chambre: il la prit et ouvrit la porte, entra dedans et vit que tout était fait de cristal, tout était peint d'or et d'azur, toutes les batailles de Troyes et les faits d'Alexandre y étaient représentés, des fleurs et autres herbes odoriférentes, qui y étaient parsemées, donnaient une odeur admirable; on y voyait des oiseaux qui volaient et chantaient agréablement; il est impossible de peindre la richesse et la beauté de cette chambre. Huon s'y plaisait beaucoup; car il ne pouvait assez en admirer la richesse; il vit une table chargée de viandes, et sur cette table étaient des tasses d'or et d'argent, et d'autres garnies de pierreries, dont la moindre valait plus de vingt mille écus; il y avait un bassin à laver les mains qui était sur un pilier de jaspe garni de perles précieuses, le pilier était suffisant pour payer la rançon d'un Roi. Quand il eut remarqué toutes les choses les plus rares qui fussent en cette salle, voici Gloriadas avec dix ou douze qui étaient vers le four, lesquels Huon méconnaissait parce qu'ils étaient habillés de drap d'or et d'argent; l'un lui porte une aiguière et lui présente à laver ses mains, un autre lui présente un linge pour essuyer ses mains, puis il s'assit à table où il mangea de bon appétit de toutes sortes de viandes qu'il trouvait bien à son goût; il s'assit sur une chaise de tapisserie qui était belle et avait des clous qui étaient d'or massif; il mangea donc bien à son aise, car il ne faisait que demander à Gloriadas, et il était incontinent servi. Gloriadas ne voulut jamais permettre que Huon se servit. Huon voyant l'honneur que Gloriadas lui faisait, il souhaita Esclarmonde et sa fille Clairette auprès de lui, ainsi que le vieux Gérasme, Bernard et tous ses Barons qu'il avait laissé à son départ dans Bordeaux. Huon était servi et honoré dans le château. Quand il eut dîné, on leva la nappe, et on lui apporta le linge et le bassin pour se laver; puis quand Huon eut lavé ses mains, il se leva de table et rentra au cellier où il vit ceux qu'il avait vu auparavant; il les salua en passant; mais aucun ne lui répondit un seul mot, il vint aux degrés où il avait descendu, il monta les sept-vingt degrés, puis vint s'ébattre de chambre en chambre et alla ensuite au jardin se divertir. Quand bon lui semblait il descendait dans le cellier, puis entrait dans la chambre où il trouvait sa table mise, et les viandes dessus comme auparavant; mais il voyait avec peine que ceux qui le servaient ne lui disaient mot: il demeura un mois entier dans le château de l'Aymant, en s'ébattant et se donnant du plaisir, de sorte que sa force et sa beauté lui revinrent; néanmoins il commençait à s'y ennuyer, parce que personne ne voulait lui parler. Il se souhaitait bien souvent à Bordeaux, avec cent mille hommes armés, pour donner bataille à l'Empereur qui lui avait fait tant de maux et de dommages. Il arriva un jour, comme Huon se promenait dans la salle du Palais, en disant ses oraisons, il regarda sur la mer et vit un grand vaisseau qui venait à pleines voiles pour arriver au port du château de l'Aymant, sur lequel étaient quatre-vingt marchands Espagnols, lesquels ne savaient ni ne connaissaient le port où ils devaient aborder.

Comment Huon de Bordeaux étant appuyé sur une fenêtre du château, regarda en bas vers le port, et vit un vaisseau arriver.

Quand Huon les vit venir, il s'appuya à une des fenêtres de la salle qui regardait sur le port. Quand il vit le vaisseau arriver, il soupira et dit: Vrai Dieu! quantité de personnes et loyaux marchands ont été ici perdus et morts de faim; ceux qui viennent aborder ici ignorent, hélas! le malheur qui les y attend; il regarda et vit le vaisseau entrer dans le port si précipitamment, qu'il vint se frapper contre les autres vaisseaux, il ne s'en fallut guères qu'il ne coulât à fond.

Mais les vaisseaux contre lesquels ils arrivèrent étaient tous pourris et camoussés, parquoi leur vaisseau fut garanti; ce vaisseau avait été tourmenté, et en grand péril vingt jours durant; ceux qui étaient dedans ne pouvaient presque plus se soutenir, tant ils avaient essuyé de misères. Quand Huon les vit pleurer, il commença à les plaindre et regretter, car il voyait qu'ils étaient tous perdus et que jamais ils ne partiraient de là; quand le vaisseau fut arrivé, ils eurent grande peur et commencèrent à se réclamer à Mahomet, et le pâtron du vaisseau qui était au bout de devant, se leva à l'instant et regarda en haut vers le château.

Comment Huon de Bordeaux parla à ceux qui étaient dans le vaisseau.

Alors ceux qui étaient dans le vaisseau regardèrent le château, et aperçurent Huon appuyé à une des fenêtres; ils eurent bien de la joie de le voir; car ils pensaient qu'il en était le Seigneur, et se disaient l'un à l'autre qu'ils étaient arrivés à bon port. Le pâtron commença à saluer Huon au nom de son Dieu Mahomet.

Quand Huon l'entendit, il sut certainement qu'ils étaient tous Sarrasins, et qu'ils parlaient tous la langue espagnole; il répondit au pâtron et lui dit: Vassal, qui êtes ici arrivé, dites-moi la vérité: d'où venez-vous et qui êtes-vous? Alors le pâtron répondit à Huon, et lui dit en pleurant: Sire, vous qui nous demandez d'où nous venons et qui nous sommes, sachez de vérité que je suis d'Espagne, de la cité de Lisbonne, et ceux qui sont venus avec moi sont tous des marchands de Portugal, qui viennent de la cité d'Acre, charger ce vaisseau de marchandises; nous avons eu bon vent jusqu'à ce que nous eûmes passés les détroits de marée et que nous fûmes prêts de notre patrie; mais le vent et la tempête nous ont jettés bien loin de notre pays; cette tempête a duré vingt jours, il nous fut force de nous abandonner au vent; nous arrivâmes près d'un rocher où nous jettâmes nos ancres; étant là, nous trouvâmes l'Evêque de Lisbonne avec son chapelain qui voguaient sur le mât de leur vaisseau qui avait péri avec tout l'équipage; ils me prièrent, pour l'amour de Notre-Seigneur, de vouloir bien les aider et les recevoir dans mon vaisseau, et quand je les eu vus en la pitié où ils étaient, je les fis entrer et je leur donnai des vivres que j'avais: car si je n'eusse point fait cela, ils seraient morts de faim et de fatigue; maintenant je n'ai plus rien à manger ni pour moi, ni pour ceux qui sont venus avec moi dans ce vaisseau; ainsi donc, Sire, je vous prie pour l'honneur de Dieu que vous me veuilliez dire à qui appartient ce château de l'Aymant. Ami, dit Huon, sachez que ce château s'appelle l'Aymant, lequel a telle vertu et telle nature que toujours il attire le fer; et quand un vaisseau serait à une journée d'ici, si les chevilles étaient en fer, il faudrait, malgré les mariniers, qu'il vint dans ce port. Quand le pâtron eut entendu Huon, il fut bien étonné, et répondit: Je ne m'étonne point de ce que vous me dites. Ami, dit Huon, tout ce que je vous ai dit est véritable; mais si vous me voulez croire, et que vous veuillez recevoir le Saint Baptême et la foi de Jésus-Christ, je vous menerai dans ce château où vous aurez à boire et à manger. Quand le pâtron ent entendu Huon, il répondit: Sire, apprenez de vrai qu'il y a plus de sept ans que je suis croyant en Notre-Seigneur Jésus-Christ, je vous remercie de la grande courtoisie que vous m'offrez à faire, et dès maintenant je me mets en la sainte garde de Dieu et de sa Sainte Mère la Vierge Marie.

Quand Huon l'entendit, il en fut bien joyeux et dit au pâtron: Ami, tu iras en ta nef et diras à tes gens de quitter leur loi et prendre celle de Jésus-Christ; remontrez-leur le péril où ils sont, et joint à cela, vous leur ferez sentir le bien et le plaisir qu'ils recevront dans ce château, s'ils ne veulent accorder à mon dire, dis-leur que je leur mande que leur fin est venue. Les deux prud'hommes qui sont sur ce vaisseau, lesquels tu as sauvé et garanti de mort, fais-les venir devant moi sans s'arrêter. Sire, dit le pâtron, je vais auprès d'eux et je les enverrai. Alors il alla dans son vaisseau, où il raconta et dit à ses gens tout ce que Huon avait dit et ce qu'il leur avait enjoint.

Quand les marchands payens eurent entendu le pâtron et qu'il leur eut raconté ce que Huon lui avait dit, ils dirent tous qu'ils étaient contens, dont le pâtron fut bien aise: puis après qu'ils eurent accordé, le pâtron fut dire au bon prud'homme l'Evêque de Lisbonne et son neveu, qui était son chapelain, et leur dit: Seigneurs, sachez qu'il y a un Seigneur au chateau, lequel vous mande qu'incontinent vous montiez là-haut pour lui parler. Quand l'Evêque entendit le pâtron, il répondit qu'il ferait volontiers son commandement; il le quitta, et lui et son neveu montèrent les degrés pour parvenir jusqu'au château, où ils admiraient les merveilles qu'il renfermait; ils vinrent vers Huon qui les attendait vers la porte de la salle. Quand ils furent près de lui, ils le saluèrent humblement. Seigneurs, dit Huon, Dieu vous garde, je vous prie de me dire d'où vous êtes et de quel pays vous venez à présent.

Fin du premier Livre.

www.ingramcontent.com/pod-product-compliance
Lightning Source LLC
LaVergne TN
LVHW020335230826
846091LV00003B/888

* 9 7 8 2 3 2 9 7 5 0 0 4 0 *